JN135617

想起の文化

忘却から対話へ

Das neue Unbehagen an der Erinnerungskultur

Eine Intervention

想起の文化

忘却から対話へ

アライダ・アスマン 著 Aleida Assmann
安川晴基 訳 Haruki Yasukawa

岩波書店

DAS NEUE UNBEHAGEN AN DER ERINNERUNGSKULTUR
Eine Intervention,
2nd ed.

by Aleida Assmann

Copyright © 2016 by Verlag C. H. Beck oHG

First published 2013
by Verlag C. H. Beck oHG, München.

This Japanese edition published 2019
by Iwanami Shoten, Publishers, Tokyo
by arrangement with
Verlag C. H. Beck oHG, München.

凡例

一、原文においてイタリックで表記されているタイトルには『 』を用いた。
一、原文においてイタリックで強調されている箇所には傍点を付した。
一、原文の« »には「 」を、‹ ›には〈 〉をそれぞれ当てた。
一、原注は(1)、訳注は〔1〕で示し、巻末に掲げた。
一、訳者による文中の補足は〔 〕で示した。
一、原文の誤記・誤植と思われる箇所は訳者の気づいた範囲で訂正した。
一、人名索引の項目は本文(序論、第1章〜第7章、結び)で言及されているものに限った。

目次

序 論

一九三〇年にジークムント・フロイトはウィーンで『文化の中で覚える不快感』という表題のテクストを刊行した。そのテクストで彼は文化のことを、自我の願望を一般の福祉のために制限する、一種の集合的プロジェクトとして論じている。現代文化というプロジェクトを駆動する技術の進歩は、フロイトによれば、そのまま個々人に幸福感をもたらすわけではない。また、環境を意のままにする力が絶えず増大しているからといって、実際の充足をもたらすわけでもない。フロイトはまだ、幸福と充足が訪れない理由は、技術的＝科学的な文明の脅威とリスクが増大しているという意識の高まりにあるとは見ていない。そうではなく、文化が拡張するにつれて超自我も膨張し、自我をますます圧迫するようになったという事情にあると考えた。というのも文化は、フロイトによれば、個人を一連の無理な要求や過度の倫理的要請に直面させるからだ。社会が人々に課してくる諸々の「文化的理想」は、それゆえ、人為的に活発な状態に保たれている罪意識という、高い代償を払って得られた。この罪意識が個人の良心の基礎になった。したがって、「文化の進歩の代償は幸福の損失」であり、それは「罪責感の高まりによって贖われる」[1]。この核となる論拠に集中するならば、フロイトの論証は、ドイツの戦後史の急所も突いている。文化の進歩はまさに罪責感のある種の高まりによって贖われているのだ。この国が文明諸国に再び仲間入りしたとき、その土台となったのは、ある否定的な記憶だった。その記憶は、かつて自らが犯した罪の歴史を集合的な自己像に組み入れ、罪を公に告白することで、その前史を儀礼的に活発な状態に保っている。もっとも、今日問題になっている罪とは、ある太古の父祖が、結託した息子たちに殺害されたという『トーテムとタブー』（一九一二／一三）や『モーセと一神教』（一九三九）などでフロイトが説いた〕虚構的な構成ではない、そうではなく、ドイツ人によって案出され、細部にいたるまで計画され、国々をまたいだ〔対独〕協力によって実行された、ヨーロッパのユダヤ人やそのほかの民間の無防備なマイノリティの殺害である。原父殺害というフロイトの考えが学問的な神話だったとすれば、ユダヤ人に対するジェノサイドは、最近の、史料によって綿密に記録された、人道に対する罪である。この罪の重みは、感情的に担うことができ償うことができるものすべてをはるかに凌駕しているのだから、その重みは将来の世代にもかかり、未来に背負っていかなければならない。

本書が扱う〈想起の文化 Erinnerungskultur〉は、この歴史的出来事に対する一つの応答である。一九九〇年代以降、この概念は学問の言説、政治家のスピーチ、さらにメディアや、それどころか日常語にまで浸透してきた。中身のない綺麗事の演説から『シュピーゲル』誌の表紙にいたるまで、私たちは日常的にこの概念に出くわす。その結果、これが新たな造語だということを、私たちははっきり意識しなくなってしまった。これから示すように、この場合には言葉だけではなく、それが指し示す事柄も新しい。あの世紀の犯罪に対するこの応答は、どうしてこんなにも遅れて現れたのだろうか。第二次世界大戦が終わったあと、なぜいかなる〈想起の文化〉もなかったのだろうか。どうして長い間、沈黙するほうがよりよい選択肢と見なされたのだろうか。この新しい語とともにある新しい態度も生まれた。この態度は、未来と現在と過去の間の、これまで有効だった関係を根本的に変えた。徹底的な価値の転換という言い方もできる。この転換は一九八〇年代にまで遡る。ここで問題となっているのは、私たちが疑いも抱かずに自明と見なしている事柄の規範《カノン》に生じた、ある種のずれである。これら自明と見なしている事柄は、私たちの世界像の一部をなしているので、それ自体としてテーマになることはない。環境学者は、基準となる参照点が暗黙のうちにずれるのを説明するときに、〈基準推移《シフティング・ベースラインズ》〉という言い方をする。人々は、自分たちの社会的あるいは物理的環境の変化を、通常、意識的に知覚することはない。なぜなら人々は、「自分を取り巻く世界の状態であっても、自分の人生経験の時間に重なる状態こそ、〈自然な〉ものと見なす」からだ[2]。

一九八九年にベルリンの壁が倒れ、それとともにソビエトを盟主とする東側ブロックの政治体制が崩れたとき、さらに別のものも瓦解した。つまり、未来に期待して過去を忘れる近代化信仰である。想起の文化の成立と近代化信仰の没落は、相互にじかに関係しており、西洋の時間感覚が変化したことを標している。この時間感覚の変化はかすかに意識されるようになったばかりだ(3)。この新たな想起の文化とともに、想起の従来の諸形式は根本的に変わった。これまでになかったことだが、英雄のごとく想起され哀悼されるのは、もはや自分たちの側の戦没者だけではない。自国が犯した罪の被害者も想起と哀悼の対象になる。彼らに対する責任をも国家と後継世代は引き受ける。この自己批判的な想起は歴史上まったく新しい展開だ。

過去三〇年の間に、この想起の文化はドイツで、多大のエネルギーを注ぎ、資金を投入し、市民が進んで参加することで築かれてきた。それ以来、たくさんの機関や市民運動、記念の場所やミュージアム、行事や番組のおかげで、誰にでも手が届き、看過できないものになった。この想起の文化は、メディアを介して、まったく自然に日常生活に入り込んだ。一歩家の外に出ると躓きの石〔1〕の姿で眼前にあり、そびえ立つ建造物やモニュメントとなって地域を越えて目に見える。ドイツの想起の文化は、こつこつと築かれていったこの段階が過ぎた今、試練の時を迎えている。この想起は今後、私たちの社会でいかなる役割を果たすべきか。この想起はそもそも継続されるべきか。そしてもしそうだとしたら、どのように継続されるべきか。この道はどこに向かうべきか、そして誰がこの道を進むべきか。これらは、目下議論されるのをまって山積している、根本的な問いのいくつかである。

「自分もその一人だったのに、そのことをしかるべきときに後悔して白状しなかった、と人々がまだ咎め立てることができるかもしれない、最後の〔ナチの〕少年団員は、まもなく地下に眠るだろう」と、ヘルマン・リュッベは二〇〇七年に書いた(4)。ハラルト・ヴェルツァーによれば、「ナチズムの過去、あの戦争、ホロコーストの想起の強度は今後弱まり、活力を失うだろう。それを多くの事柄が物語っている」。彼はこのことを次の事実と関連づける。つまり、

「ホロコースト後の第四世代と第五世代が成長するにつれて、この一連の歴史的出来事に対して、世代が直接的な結び付きを持たなくなる」という事実だ[5]。

「時代の生き証人がいる短い時期」はまもなく過ぎ去る。しかしだからと言って、それとともにこの歴史の一時期を想起することも〈自然に〉終わりを迎えると結論できるのだろうか。第二次世界大戦とホロコーストはまもなく「歴史書の一章」にすぎなくなるのだろうか（フランク・シルマッハー）。出来事は、ある集合的な〈私たち〉が、自己を規範的に定義する際に引き合いに出す要素ではなくなったとき、歴史的なものになり過ぎ去ったと見なされうる。つまり、その出来事を〈私たち〉は忘れる（そして歴史家に委ねる）ことができる。さもなければ次のように言われる。この出来事を〈私たち〉はこの国の市民として忘れてはならない。〔肯定的な歴史経験だけではなく〕否定的な歴史経験までもが私たちのアイデンティティに関わっているという可能性を、すでにニーチェが指摘して、次のように書いている。「私たちはなんといっても先行する諸々の世代の結果なのだから、彼らの過ち、情熱、謬見、それどころか犯罪の結果でもあるのだ。この連鎖から完全に身を解くことはできない。私たちが彼らの過ちを非難して、自分たちはその過ちを免れていると考えても、私たちがそれらの過ちに由来するという事実は消えない[6]」。

それゆえに問うべきは、世代が次に、あるいはさらにその次に交代したあとにもなお、この想起の文化に未来があるのかどうかではなくて、むしろ、この想起の文化はいかに形作られねばならないかだろう。つまり、どんなアクチュアルな課題、危険、挑戦、チャンスが、未来において私たちを待ち受けているかという問いだ。想起するということは、内的な圧力と外的な状況に左右されて不断に変化する、ダイナミックなプロセスだ。例えば〈連鎖〉と〈由来〉というニーチェの系譜学的なコンセプトは、共通の罪を負った一つの民族集団の存在を前提にしている。このような集団は、グローバル化、移住、それに伴う想起の多元化の時代にはもはや維持できない。私たちは人口統計学上の、そして文化の転換期にいる。それゆえ、私たちは焦眉の課題として、この変化した状況に改めて適応するだけではなく、進むべき方向について省察し話し合わなければならない。したがって、ドイツの想起の文化の立ち位置と発展のダイナミズムについて自己批判的に議論することが、現時点で是非とも必要に思われる。

本書を書く直接のきっかけになったのは、想起の文化に対する不快感が高まっていることだ。この不快感は目下、多くの態度表明や気分に表れている。こうした態度表明や気分は、私たちが一つの曲がり角にさしかかっていることを示す明確なシグナルだ。この曲がり角では、想起の文化が二一世紀に被るであろう重要な変化が待ち構えており、すでに進行している。何よりもこの曲がり角は二重の世代交代なのだ。一方で私たちは、すでに言及したように、時代の生き証人の退場という事態に直面している。生き証人たちはこれまで仲介者となって、個人的な経験としての歴史と、単なる学習内容としての歴史の間に重要な橋を架けてきた。生存者や時代の生き証人が学校や記念の場所に姿を現すことで、少なくとも、何かしらを間接的に経験することができた。そして彼らの登場は、出会いと出来事として、後に生まれ育った人々の個人的な記憶に、数字や事実が純粋な知識記憶に保持されるのとは別様に焼きついた。

他方で私たちは現在、六八年世代[2]の〔歴史〕解釈の力が消えようとしているのを目の当たりにしている。この世代は、高射砲部隊の補助員〔第二次世界大戦中の一九四三年以降、ドイツ国内で、空軍と海軍の高射砲陣地に動員された一五歳から一七歳までの少年兵〕や戦中生まれの子供たちのようなもっと上の世代と一緒に、ドイツの想起の文化の建築家、設計者、運営者として、責任を担ってきた。この世代は責任を今や若い人々の手に委ねなければならない。〔想起の文化に〕不快感を表している最近の言説は、後継世代がいや増しに自分たちの〔歴史〕解釈の力に気づき、自分たちの考え、感情、着想、価値、造形コンセプトを抱いて議論での発言権を求めている明白なサインだ。私自身がこの議論でもう一度発言を申し出ているのはただ、ドイツの想起の文化のあり方、目的、形式、パースペクティヴについて根本的な問いを投げかけているこの議論が、アクチュアルでもあり刺激的でもあると考えているからだ。想起の活動が広まって日課のようにせわしなく営まれているが、その中では省みられる機会のないこれらの重要な問いと挑戦に、正面から向き合うべきときなのだ。

時代の生き証人が退場し、世代が交代していること以外に、ドイツの想起の文化に対して現在不快感が漂っている理由がさらにある。第二次世界大戦とホロコーストの想起は、まもなく、もっぱらメディアによってのみ媒介されることになるだろう。また、メディアの風景が、デジタルメディアへのアクセス、とりわけソーシャル・メディアへのアクセスが普通になったことで、大きく変わっていることも重要である。誰もが誰からも等しく隔たっていて、イメージ、テクスト、音声の同一のレパートリーにアクセスすることができるようなデジタル世界では、国籍にまだどんな意味があるというのだろうか。同様に、移住の時代には社会の構成は根本的に変わった。加えて、ドイツ人はますます自分たちの歴史を、一つの共通のヨーロッパ史の一部としても理解するようになっている。こうしたことすべては、過去に接近する新たな方法を要請し、また可能にしている。それらの新たな接近方法は想起の文化の質に影響を及ぼすだろう。

一九九八年に同じように総括的に省察するきっかけとなり、この議論を解剖する気にさせたのは、マルティン・ヴァルザーがフランクフルトのパウロ教会で行なった演説(3)だった(7)。今回、この議論の鍵となる概念を同定して、さらに掘り下げて省察しようという気になったのは、不快感の声のせいである。本書はドイツの想起の文化を批判的な視座から子細に検討するが、その対象は、〔ドイツの公共放送局〕ZDFの三部作『我らの母たち、我らの父たち』〔本書三一頁以下参照〕のようなメディアが提供する最新の作品から、広範囲にわたるトランスナショナルな関係にまでいたる。この検討はしかし、現況のスナップショットに留まるのではなく、この議論をさらに広いヨーロッパの、そしてグローバルなコンテクストに移す。そうすることで、想起をめぐる言説を、ドイツの内向きの議論から今一歩外に向けて解き放し、想起の意義と未来についてトランスナショナルな視点でも問うつもりだ。

この転換期に検討されるべく控えている多くの問題を、本書で余すところなくテーマにすることはできない。しかし、こうして介入することで私が願っているのは、重要なキーワードや繰り返し現れるテーマを不快感の言説の中から拾い上げて、批判的に考えるための刺激としてそれらの価値を認めることだ。その際に、関連する諸概念を精緻にし、諸々の具体的な問題の輪郭を描いてみたい。その狙いはこの重要な討論のためにより広い土俵を築くことだ。私の願いは、想起の文化が、明白な問題を抱え、誤った展開を見せることがあるにもかかわらず、私たちの市民社会を支える要素であることを証明することだ。不快感はしばしば怒りとなって表れる。不快感がたまるとフラストレーションとなって吐き出され、凝縮して論争になる。不快感が正確には何に対して向けられているのか、いつもはっきりしているわけではない。問題となっているのは特定の人物に対する誹謗だろうか。方向性をめぐる専門家たちの争いだろうか。うんざりだという気持ちと世間一般の反発だろうか。こうしたさまざまな声は一つの危機の表現なのだろう。それが感情に染まった諸々の表現となって出てきている。これらの表現形式はまた、鬱積してまだ実際には議論や討論の形に移されていない、未処理の諸問題があることを示唆している。これらの言説に介入することで、模糊とした不快感を、批判的な考察の言語へと翻訳することに寄与したい――そうすることで、自己を啓発して想起の文化という共通のプロジェクトを更新することにも、何かしら寄与できるのではなかろうか。

忘却、黙殺、想起

想起することは必然的に恵みなのだろうか。忘れることはいつも呪いなのだろうか。私たちが過去を利用する、そのどの仕方も正しいのだろうか。

ツヴェタン・トドロフ(1)

第一章　記憶研究の諸問題

想起の文化に対する不快感について研究を始めるにあたり、そもそも想起することそれ自体に対する不快感について、そして、このコンセプトの根底にある諸概念に対する批判について、まず簡単に述べておこう。というのも、想起の文化の諸形式に不満を抱いているばかりでなく、〔集合的次元でも記憶の営みがあるという〕この事実そのものを否認する人々がいるからだ。彼らには、想起と忘却が個人だけではなく、集団、社会、国家のような集合名詞にも見られる認知活動であるという前提からして、納得できない。それゆえ、ここではまずいくつかの概念上の基礎を明確にして、特に〈集合的想起 das kollektive Erinnern〉というコンセプトを詳しく検討することにしよう。少なからぬ人がこのコンセプトを相変わらず頑固に拒んでいる。

個人的記憶と集合的記憶

とりわけ歴史家の間に、〈集合的記憶 das kollektive Gedächtnis〉という概念に手を焼いている不可知論者がいつもいる。この伝統はすでにマルク・ブロック〔一八八六〜一九四四、フランスの歴史家〕とともに一九二〇年代に始まっている。この『アナール』学派の共同創始者は、記憶研究の先駆者であるモーリス・アルヴァックス〔一八七七〜一九四五、フランスの社会学者。『記憶の社会的枠組み』（一九二五）や『集合的記憶』（一九五〇）などで社会構成主義的な記憶理論を先取りする〉を、次のように非難した。〈集合的記憶〉という概念はメタファーに基づいており、それゆえ虚構である、このメタファーは、有機体が記憶を〈持っている〉のと同じように、集団が一つの記憶を〈持っている〉という考えを容易に起こさせると。もっとも、アルヴァックスはそんなことは一度も述べていない。彼は、非常に具体的な社会学的研究で、集団がいかにして自分たちの記憶を作るかを調べた。ただし、この共通の記憶は、一つのLANパーティに接続された複数のコンピュータのように、個々人の脳をつなぎ合わせているのではない。そうではなく、人々が参加したり互いに語り合ったりする、共通の儀礼、象徴、物語に基づいている。個人の経験と思い出から一つの集合的記憶にじかに通ずる道はない。集合的記憶は、個々人の思い出の集積ではなく、再構成された物語であり、この物語が個々人の思い出のための枠組みを画定する。そうして人々は、自らが体験した事柄もろとも自己をその物語の中に再認し、あるいは、この物語に自己を加えることができる。集合的記憶は二重の意味で代表的である。それは中心的と評価された過去の一断面を代表する。そして、個々人の運命を代表する。ここで問題となっているのはつねに二重の問いだ。すなわち、私たちは何を想起しようと欲するか、そして、私たちは何を忘れることができるか。この問いにはその都度異なる答えが与えられなければならない。まさにこの点に完了させることのできないプロセスである想起のダイナミズムがある。

個々人がコミュニケーションに参入し、共通の伝承を分かち持つことで、集団の記憶は築かれる。それらの集団の記憶は、安定性、範囲、拘束性の度合いがその都度まったく異なる。ミュージアムで展示され、記念碑に体現され、教科書で伝達されるものにのみ、後継世代にさらに伝えられるチャンスがある。集合的記憶によって社会のメンバーは、空間と時間の隔たりを超えて過去の中に準拠点を確保し、方位を確認するための共通の形式を築くことが可能になる。こうして人々は自分のことを、個人の経験をはるかに越え出る、より大きなまとまりの一部として了解することができる。ここでごく手短に要約した、文化的記憶の研究の基本的前提は、前述の不可知論者の間ではいかなる同意も得ていない。反対にこうした人々は、想起の文化をめぐる研究のコンセンサスを、好戦的な常識論でもって絶えず新たに疑問に付す使命が、自分にあると感じている。大物の例として、二〇〇六年に亡くなった歴史家のラインハルト・コゼレック（一九二三〜二〇〇六、ドイツの歴史家。『批判と危機』（一九五九）など）を挙げよう。

私のテーゼは以下の通りです。私に思い出すことができるのは、私自身が経験したことだけです。思い出は過去の個人的な経験に結び付いています。私には、私自身が経験したこと以外に、思い出はありません。それどころか、あえて次のように言いたいくらいです。誰もが自分自身の思い出に対する権利を持っています。これは、その人自身の来歴に対する権利、その人自身の過去に対する権利です。この過去は、いかなる集団化によっても、いかなる同質化によっても、いかなる無茶な要求によっても、その人から奪うことはできません。この思い出は、ドイツ国民が一月二七日に、つまりロシア人によってアウシュヴィッツが解放された日に公に祝っている思い出とは、何かまったく異なるものです。[2]

このテーゼにはいくつかの確信が含まれている。それらをここで一つずつ検討しよう。「私には、私自身が経験したこと以外に、思い出はありません」。これが言わんとしていることは誰にでもすぐにわかる。つまり思い出は（これまでのところまだ）移植してもらうことはできない。思い出は、まさに自分だけの知覚と経験のパースペクティヴに束縛されており、それゆえに個人の譲渡不可能な所有物に属している。したがって、コゼレックに言わせると、この思い出に対するある種の人権がある。なぜなら思い出は、信仰上の確信と同じく、自由で真正な自己を構成する基本的な要素の一つだからだ。この確信は納得できる。もっとも、もう少し詳しく観察するならば、疑問符がいくつか加えられるかもしれない。すでにコゼレック自身が次のことを強調している。「集合的な思い出は存在しませんが、

（……）思い出を可能にする集合的な条件はあります」。誰もが自分の経験から次のことを知っている。自分の一揃いの思い出には，ほかの人々のイメージや逸話が否応なく混ざっており，それこそ幼い頃の思い出になると，自分が体験した事柄と，人から聞いた事柄の間に明確な線を引くことはできないことを。そのうえ，私たちはほかの人々と，私たちの言語や文化の諸々のカテゴリーを分かち合っているのみならず，モーリス・アルヴァックスが〈記憶の枠組み〉と呼んだものも共有している。この概念で彼が要約しているのは，出来事を選別して重要性を与え，解釈の図式を当てはめ，感情を充当するときに用いられる，それぞれの集団に特有の基準のことである[3]。それゆえ，相手の論拠を逆手にとって，逆の問いを立てることもできる。つまり，「集団コンセプトを批判する人々が主張するような，純粋に個人的な想起なるものがありうるのだろうか[4]」。反対のテーゼを挙げるならば，個々人はやはり独我論的にひとりで想起するだけではない。そうではなく，自覚していようとなかろうと，つねにすでにより大きな想起の共同体に属している。それらの枠組みの中で，個々人はほかの人々と一緒に，あるいはほかの人々に対抗して想起するのである。

コゼレックの熱のこもった発言が言わんとしているのは，個人の想起と集団の想起は絶対に区別されなければならない，ということだ。しかし，そうすると彼は，集合的な想起の現象があることは認めているわけだ。つまり，集合的な想起というものはまったくのメタファーでも，現実に対応するものがない理論家たちの空想の産物でもなく，ちゃんと存在しているのだ。別の次元ではあるにせよ。すなわち記念の次元である。コゼレックは正当にも，想起のこの二つの形式を同一視する試みに抗弁している。もっとも，これまで個人の想起と集団の記念を一緒くたにせよという要求を掲げた人がいたかどうか，定かではないが[5]。私はいずれにせよ次のことを前提にしている。つまり，一月二七日にアウシュヴィッツの解放に思いを寄せるドイツ人たちは，自分がこの場所に対してなんら個人的な思い出を持っていないのを，重々承知している。彼らは写真や映画を見たり，演説を聞いたり，テクストを読んでほかの人々とそれについて話し合ったり、展示会や記念の地を訪れたりして、毎年この歴史的出来事を思い出すことができる。しかしまた、彼らはこの日付をあっさり無視することもできる。というのも、集合的アイデンティティの準拠点としてこの知識に関与するかどうかは、根本的に任意であり、民主社会では強制されえないからだ。カレンダーのこの日付は、それゆえ、普遍的で画一的な想起の指令に対応しているのではなくて、想起のきっかけを提供しているにすぎない。そのきっかけは各人が自分の利害関心や動機に応じて利用することができる。

歴史と記憶

というわけで、コゼレックに倣って、何が何でも集合的な想起と個人的な想起を区別しなければならない。コゼレックは、個人の想起は集団の想起によって画一化され、口を封じられてはならないと熱弁する。明らかに彼は、ナチズムの全体主義社会で彼自身が経験したことを念頭においているようだ。彼はその社会を、生徒、それから兵士として、自覚的にそして積極的に体験した。オーウェルが戦後、小説『一九八四年』で具象的に描いたように、全体主義社会は過去を、権力にその都度都合のいいイメージに従って形作ろうとし、その際に、この集合的なフィクションに否を突きつけかねない、個人の想起の転覆的な力を抑えつける。政治的に危険な、もっぱら権力の利益のみを支える過去の構築に対する〔オーウェルと〕同じ抵抗が、歴史学についてのコゼレックの考え方も規定している。彼は歴史家として真実の側に立っている。「記憶や想起が何を産出しようとも、真実は何人《なんぴと》によっても否認され変えられてはならず、またそうされることはできません」(6)。彼はかくも熱烈に個人の想起の真正さを擁護し、集合的な想起に反対するが、それだけに熱烈に歴史の真実を擁護し、記憶の策謀に反対する。「人間の数と同じだけ思い出もたくさんあります。そして、それらの思い出の上に被せられるどんな集合性も、私の考えでは、始めからイデオロギーか神話です。それに対して、イデオロギーでも神話でもないのは、歴史学の批判のフィルターを通過した思い出だけです[7]」。

コゼレックが構築したこれらの二項対立には、〈善 対 悪〉もしくは〈現実的 対 虚構的〉という明確な価値判断が書き込まれている。ここで迷わず批判的な歴史記述の側を選ばずに、イデオロギーと神話の側を択る人がいるだろうか。もっとも、このような認識論を土台にすると、集合的もしくは文化的記憶という主題に近づく道は、きっぱり遮断されてしまう。この道を開くことができるかもしれない鍵の名はアイデンティティという。この考え方によれば、人々は個人として一緒に生きているだけではない。人々はもちろん、つねに個人のままだが、それだけではなく、社会、集団、文化の中でも生きている。人々は、その社会、集団、文化に自分が属していると感じ、それらの助けを借りて自分自身を理解し、定義する。そのようなアイデンティティは、先達に倣って自分の方針を定めるためであれ、自分に対して釈明するためであれ、自らの過去に立ち戻ることなしにはやってゆけない。しかしながら、コゼレックにとって、歴史家はつねに反対側にいなければならない。「思い出をひとまとめに《コレクティーフ》して売り込むことを標榜する人々がいますが、歴史学の任務は、私の考えでは、それよりも高尚で、重要です」。そして彼はさらに踏み込む。歴史家の「任務は、アイデンティティを打ち立てることではなく、それを無に帰せしめることです[8]」。

この言葉は、記憶研究だけではなく、記憶を作る人々にも向けられた明白な挑戦だ。誰が記憶の構築物に責任を負っているのだろうか。その答えは政治的共同体の形式に左右される。全体主義の社会では、集合的記憶を作り管理するのは国家である。民主社会では、これに加えて市民、芸術家、政党、そしてとりわけメディアがそれにあたる。コゼレックは、次に挙げる「七つの大文字のＰ」が、指導的イデオローグならびに神話メーカーとして記憶の構築物に責任があると考えているが、その際に彼は、この〔二つの社会の〕重要な違いを見落としている。〔「七つの大文字のＰ」とは〕「大学教授 Professoren、神父 Priester、牧師 Pfarrer、ＰＲ専門家、報道関係者 Presseleute、詩人 Poeten、政治家 Politiker です。これらは集合性を指向する、社会の七つのカテゴリーです。これらのカテゴリーはその集合性を、同質化、集団化、単純化、簡素化、間接化を通じて自ら作り出そうとします」[9]。コゼレックの設定した〈歴史の真実〉対〈想起の神話〉という対立にはまり込む人は、それゆえ、記憶研究という新たな分野をひとまとめに拒否するほかない。しかしながら、人間はばらばらの個人としてのみならず、文化的経験、歴史的刻印、社会的忠誠の絆で束ねられた集団の中でも生きている。このことを出発点にする人には、記憶に潜在する結び合わせたり衝突させたりする力を問うならば、広くて新しい研究領域が開ける。

この一歩を踏み出して、記憶史に分け入る人の眼前には、多彩なイメージが現れる。その人は、真実と〔批判的〕距離の統べる保護された学問領域をあとにして、歴史の行為者たちが、価値、野心、象徴実践、感情投入の織りなす関係の網の目の中にいるのを目にする。そのわけはほかでもない、人々は自分たちにとって役に立つ過去をしつらえ、自分たちの歴史の重荷となるエピソードに悩まされ、あるいは、何らかの仕方でこの過去の重荷に立ち向かうからだ。人々は想起を媒質にして、現在において、未来のためにともに目標を設定する。〈イデオロギー〉や〈神話〉という概念は、この見方をすると、意味が変わる。これらの概念は途端に〈眩惑〉や〈嘘〉を表すのをやめて、人々をまとめ、その助けを借りて人々が自分たちの生を組織する、象徴的な構築物を表すようになる。これにさらに次の認識が加わる。人々は、そのような構築物なしにやってゆくことはできず、共同体の後ろ盾を確保して針路を定めるための象徴形式に頼らざるをえない。この一歩を踏み出せば、次の段階ではもちろん、これらの構築物の役割と性状を問うことができるし、問わなければならない。というのも、構築物は一様というわけではないからだ。つまり、あとでもっと詳しく示されるだろうが、記憶の地平には攻撃的なものもあれば、生産的なものもあり、暴力を活発にするものもあれば、洗練するものもあるのだ。

したがって、想起には異なる形式――個人的形式と集合的形式――があることを出発点にしてよい。これらの形式は決して互いに打ち消し合ったり排除し合ったりしない。同じく記憶の構築物と歴史研究は並存する。ここでも不快感という入り組んだ問題に出くわす。この不快感から絶え間なく、苛立ち、非難、論戦、不明瞭さが生まれている。それゆえ、ここで（望むらくは）誤解を避けるための説明を若干しておこう。〈記憶〉と〈歴史〉を攻撃的に対置することは一九九〇年代の一つのトポスになった。両者の関係は、今日では、互いに排除し合うものとして論じられることがますます少なくなり、互いに補い合うものとして論じられることがますます多くなった。一方では、歴史家は民主社会に、何をどのように想起せねばならないかを指図することはできない。この種の規範的な問いは彼らの仕事ではない。このような不当な要求がなされたら、彼らはそれをきっぱりと拒否しなければならない。というのも、こういった任務を期待するとしたら、彼らにまったく過大な要求をすることになるだろう。歴史家の「任務は、アイデンティティを打ち立てることではなく、それを無に帰せしめることです」と語ったとき、コゼレックはまさにこのことを意味していた。アイデンティティを打ち立てること、そんなことは〈権力に仕える歴史家〉の仕事だろう。このような仕事に対して、〈真実に仕える歴史家〉は、できるだけはっきりと距離を取らなければならない。他方では、記憶の構築物には、歴史研究の対象になることを免除してはならない。ある社会が、自らの過去を引き合いに出すときに拘束力のある基礎として選び出すものは、批判的研究の光にさらさなければならない。独立した歴史記述を締め出すような国家が過去を独占してしまうと、先述のような意味でのイデオロギーと神話がすぐに生まれる。その一方で、批判的な歴史記述が、記憶とアイデンティティの関わりのどんな可能性も自分に並び立つことを許さないならば、歴史はもっぱら学者の営みになってしまい、自ら財産を手放すことになる。これはすでにフリードリヒ・ニーチェを大いに悩ませたテーマだった。すなわち、文化的アイデンティティとの規範的なつながりが、近代の歴史学のせいですっかり解消してしまうのを、どうすれば防ぐことができるかという問いだ。半世紀後にヴァルター・ベンヤミンは次のように洞察した。「歴史は学問であるだけではない。それに劣らず想起 Eingedenken の形式でもある」。その後、ユルゲン・ハーバーマスはこう付け加えた。それゆえに「私たちの責任はさらに過去にも及ぶ[10]」。

個人の想起、集合的記憶（もしくは想起《アインゲデンケン》、文化的記憶）、そして歴史記述は、過去に近づくための、互いに還元されえない、これ以上単純化できない方法なのだから、過去との関わり方が複数あることを出発点にしなければならない。この並立は、ポストモダンの相対化と解する必要はなくて、むしろ一種の抑制と均衡《チェック・アンド・バランス》、相互の補完と監視のシステムと解することができる。同時に、これらの領域の境界はもはやそれほど不透過ではなく、重なり合う部分もますます見せるようになった。ただし、一方では〈批判的な歴史学〉、他方では〈イデオロギーと神話〉という、コゼレックの明確な二分法に同意する歴史家たちは、戦略上有利な立場にいる。つまり、彼らはその二分法を後ろ盾にして、相手を軽んじて論戦に臨み、つねに優越感にひたることができるのだ。〈イデオロギー〉や〈神話〉と戦う人は、自分は正しい側にいるのだと、道義的に安心していられる。しかしながら、自分の立ち位置にもイデオロギーや神話が混ざっていることを学んだ人は、明確な政治闘争の渦中にあるのでなければ、もはやこの単純な自己の位置づけを、維持しようと思わないだろう。問題となっているのは、イデオロギーと神話に対する問いではなくて、対立する政治的な選択肢についての問いである。つまり具体的には、権力の目的のために過去を一面的に道具として使うのか、あるいは、法治国家として自己批判を辞さず、歴史的責任が自分たちにあることを認めるのか、である。歴史学の内側には、想起の文化に対する不可知論者だけがいるのではない。今日、歴史と記憶の緊張の場には、多種多様な立ち位置がある。例えば、ビーレフェルト〔大学〕でラインハルト・コゼレックの同僚だったイェルン・リューゼンは、〈歴史文化〉というコンセプトで仕事をしている。このコンセプトには、トラウマが後々まで及ぼす影響、情動性、アイデンティティとのつながりのような文化学の重要な次元が取り入れられている[11]。逆説的にも、記憶研究の大部分が、今日では本職の歴史家たちに担われるようになった。彼らは明らかに、記憶研究のことを、真実か虚偽かという良心にかかわる決断とはもはや考えておらず、自分たちの方法と問題設定を拡張してくれる歓迎すべきものと考えているようだ。この展開のおかげで、文化学における記憶研究は真実に対する問いをなおざりにして、思いのままにイデオロギーと神話の生産に加担しているのではないか、という懸念も取り除かれる。というのも、記憶史の研究は決して、調査結果に対する批判的なパースペクティヴを排除しないのだから。その反対に、記憶史の研究はとうの昔に、記憶の構築物についての反省的なメタ言説に、そして、批判的な分析と診断の重要な一部門に発展した。歴史と記憶という平板な二分法を放棄するやいなや、過去と付き合うこの二つの方法が幾重にも関係しており、互いに補い合っていることが見えてくる。というのも、大量の歴史的知識に意義、パースペクティヴ、関連性という形で生命を吹き込むには、記憶が要るからだ。そして、つねに特定の権力関係の中で生まれ、現在の要求に導かれている記憶の構築物を批判的に検討するには、歴史が要るからだ。

文化的記憶

コゼレックと同じように、ハンブルク社会研究所の所長ヤン・フィリップ・レームツマは、徹底した個人主義を主張している。この立場もある排他的な要求を持ち出す。それは、自己関係のほかの諸形式を否定するか、それらの価値を無効とする。コゼレックと同様、レームツマにとっても是認されるのは、個人しか想起することができないということだ。個人の思い出は、はかなくて長続きしない。「そもそも意識的に知覚されるものはわずかしかない。さらにわずかのものしか短期記憶に取り込まれない。比較的長い間想起されるものはさらにわずかであり、自己の来歴にとって意味あるものとして一生を通じて想起されるものはほとんどない」[12]。〈文化的記憶〉なるものがあるという可能性ははっきりと否定される。しかしながら、象徴を支えとする記憶もあり、集団はそのような記憶を、自己を確認し未来の方向を定めるための形式として築き上げ、世代を超えて伝えていく。この認識は、一九八〇年代以降、文化についての私たちの理解と、現在の変化に対する私たちの視野を広げた、重要な学びの一歩だった。このテーゼによれば、文化は個人の一生の長さを超えた、共通の、知識と準拠の空間を創造する。その空間の中で、この文化の一員は、自分たち自身の経験とともに自己を位置づけ、方向を定める。過去とはそれゆえ、ひとりでに過ぎ去るもの、あるいは、歴史家にのみいくらか関係するもの、というだけではない。想起の研究に取り組む人は、過去と未来を対立するものと考えるのは間違いに陥ることを知っている。脳研究者のエリック・カンデルがアメフラシの研究で明らかにしたことだが、想起は、「未来に生き延びられるように、過去に確立した刺激パターンに立ち返りながら、現在の要請を乗り切ること」に役立つ[13]。文化の領域でも、想起は「将来の行為のために、ある現在において方向を定める」のに役立つ[14]。私たちの知るかぎり、それぞれ独自の手段を用いて、何らかの文化的記憶の戦略と実践を発展させていないような文化はない。

西洋の諸文化では過去は分業で管理される。過去は、図書館、アーカイヴ、ミュージアムのようなさまざまな機関によっていつでも使えるように用意されており、情報源として、教養財として、芸術の資源として、自分のものにしたり事後的に対決したりする対象として利用される。個人の想起と忘却は、それゆえ、つねにすでに文化の想起と忘却のより大きな連関に組み込まれている。人々は何を想起し何を想起しないかをひとりで決めるだけではない。人々は一緒に、何が未来にもなお有効性を保ち続け、後世の人々にも手が届くべきかを決める。こうして、記憶が未来に取るべき進路が不断に定められてきたし、現在も定められている。どの作家がなお読まれ、どの音楽がなお聞かれ、どの資料がなお保持され、どの出来事がなお意識に残るべきかについて、決定が下され、措置が講じられることで。何が現在に受け容れられ、何がそうでないかを選別する市場の景気循環とは異なり、文化的記憶の選定で問題となっているのは、文化の持続性である。それらの決定はたいてい少数の人々によって代理でなされる。しかし民主社会では公の言説も伴う。〈文化的記憶〉という抽象的な概念は、したがって、痕跡の保存、資料のアーカイヴ化、芸術や遺物のコレクション、それらをメディアや教育で仲介して再活性化することといった、幅広く多様な文化的実践を指している。文化的記憶とはつまり、受動的な〈蓄積的記憶〉のことだけをいうのではなく、この過去をまさに再活性化すること、そしてその過去を、能動的な〈機能的記憶〉として皆で自分のものにする可能性も含んでいる。これが意味しているのは、〔過去を〕個人や集団で再び我がものにするプロセスを可能にする参加の構造が、重要な役割を果たしているということだ。これらすべてによって、文化的記憶は、百科全書的な知識という抽象的な道具だてとは区別される。百科全書的な知識は普遍的に通用するが、アイデンティティとのつながりはない。もっとも、参加の諸々の可能性は、民主社会では、逆らえない義務としてよりも、一種の提案としてある。こうして私たちは、「私」から「私たち」になり、そうして、多くのさまざまな集団になる。それらの集団は決して、どれもが同じ響きで、あるいは同じ歩調で形成されているわけではない。同質化という形での集合化——そのようなことが求められるとしたら、それは実際、コゼレックが正当にも述べているように、無茶な要求だろう。レームツマは、集合的な「私たち」を、少数派による多数派の支配として説明している。記念施設の意味と無意味について述べたある論文で、彼は次のことを強調している。「〔自分は〕一人称複数でなされる演説を、それが多数派のことすら主張していない点で、メタファーと見なしている。（……）同様に、記念施設——それらは、〔過去の事象そのもののためにではなく、将来〕そこから生じるべきもののために建てられた——に関心を抱いているのは一部の少数派だけだ。しかしこの少数派は、それがまるで多数派の積極的な関心事であるかのように、自分たちの関心を押し通した。多数派はただそれを放っておいたにすぎないのに[15]」。

アイデンティティとのつながり

コゼレックには、彼の世代のほかの多くの人がそうであるように、今日よく用いられているようなアイデンティティというコンセプトの使いみちがない。意味があるとされるのはもっぱら個性、個々ばらばらの人々の還元不可能な差異だけだ。「これは、その人自身の来歴に対する権利、その人自身の過去に対する権利です。この過去は、いかなる集団化によっても、いかなる同質化によっても、いかなる無茶な要求によっても、その人から奪うことはできません(16)」。コゼレックはここで全体主義の経験を踏まえて語っている。そのような経験をすれば個性を保護することが至宝になったのは納得がゆく。しかしまた、彼はこの眼差しゆえに、あらゆる形式の帰属も反射的に集合化、同質化、無茶な要求として弾劾する教条的な立場に走った。集団、伝統、文化との結び付きが、アイデンティティの重要な部分として要求され、自己像に組み入れられるようになった時代には、コゼレックのパースペクティヴは尊敬に値するが、普遍的な要請としてはもはや支持できない。世界はこの間にずっと複雑になった。文化学はこの事態に応えようと試みている。今では〈虚偽としての神話〉という理解だけではなく、〈基礎づける物語としての神話〉という理解もなされるようになった。それと同様に今では、機械的に〈集団化〉と解するのではなく、新しい〈自己決定の形式〉と解さなければならないような、アイデンティティとのつながりというものがある。つまり、個性はこの場合、決して抹消されるのではなく、〈集団への帰属意識によって〉補われ、強化され、新たなアクセントが置かれるのだ。

今日ではこのテーマに関して国際的に文献が蓄積されているにもかかわらず、多くの歴史家は〈集合的アイデンティティ〉というコンセプトも、相変わらず不当なメタファーとして拒絶している。彼らがこのコンセプトを忌み嫌うのは、とりわけ、彼らがそれを、ドイツでは一九四五年以降どんなことがあっても克服しなければならない、ナショナリズム的傾向と結び付けているからだ。彼らが全体主義の過去から引き出した教訓は、ドイツ的アイデンティティなんて二度とごめんだ！というものだ。しかしながら、この教訓には思考禁止が結び付いていた。この思考禁止には問題があることがますます判明している。というのも、〈想起の政治的な枠組み〉のようなものがあること、そして、世界のいたるところで諸国民が何らかの記憶を作り、この記憶がさまざまな方法で社会において伝達され媒介されていることが、世界中にある記念日や記念式典、過去を集団で想起するそのほかの象徴実践を一瞥すればわかるからだ。

どの記憶も、特定の立場に結び付いており、パースペクティヴに左右され党派的なのだから、記憶は必然的に、その都度除外されて忘れられるものによっても規定される。民主社会では想起の集団は決して統一のとれたものではない。どの個人も、さまざまな異なる集団の記憶が交差する点にいて、これらの想起の可能性の間を自主的に移動することができる。この不統一はコミュニケーションのさまざまなレベルによっても強調される。つまり公式のレベル〔連邦議会と各州議会で述べられる事柄〕、公共のレベル〔メディアで話題になる事柄〕、私的なレベル〔飲み屋の常連席で議論される事柄〕である。ドイツでは多くの〈私たち〉が各自の集団記憶を持って並存している。ホロコーストの加害者である非ユダヤ系ドイツ人、ホロコーストの被害者であるユダヤ系ドイツ人、ナチ独裁と第二次世界大戦の被害者としての、逃避と追放の被害者としての、ドイツ民主共和国〔以下、東ドイツと表記〕の迫害の被害者としての非ユダヤ系ドイツ人、そして忘れてならないのは、それぞれに異なる出自の物語を抱えて〔国外から〕移住してきたドイツ人。だからといって、これらの異なる集団が各自の思い出を一緒に格納することができる、一つの共通の記憶の枠組みがないわけでは決してない。しかし、記憶の枠組みが問題となっているからには、この共通の記憶の枠組みも、多くの事柄を除外する。除外されるものに数えられるのは、社会が合意する道徳的規範を疑問に付す事柄である。これについてはポリティカル・コレクトネスというキーワードで後ほど取り上げる〔本書八四頁以下参照〕。しかしまた、ドイツの想起の一部にまだなりえたかもしれないのに、無思慮に忘れられてしまった事柄も含まれる。これについては〈対話的に想起すること〉というキーワードで話題にしよう〔本書二一〇頁以下参照〕。

想起と集団の結び付きは決して月並みのことではない。なぜならその結び付きのおかげで、個々人の生の長さを超えてその彼方を指し示すような記憶が、未来のために築かれるからだ。しかしながら、純粋に個人的な想起なるものに固執する人は、何らかの想起の文化が可能であり必要であることを否定する。「経験が歴史的に完了すれば出来事それ自体も終わり、明確に区切られた現在の手前に終止線を引きたくなるだろう。つまり、あまりにも速やかに過ぎ去る過去というやつだ。それゆえ、もとより集合的な性質のものである思い出の社会的性格を指摘することは、まったくの概念上の些事にこだわることではない」[17]。過去はそれゆえ、書類棚にしまっておくことができるような、知識の対象というだけではない。それだけでなく、経験、思い出、感情、アイデンティティの問いといった絆で現在と未来に結び付いている。まさにこのことを表すのに、レームツマは〔前節で引用した〕その論文で、非常に説得力のある言い方をしている。国民の想起とは「自己解釈という意味での歴史解釈」にほかならない。「つまり私たちは、私たちが何者で、何を望むことができるかを、歴史から読み取ろうとする」[18]。ヴェーラ・カッターマンも、精神分析の観点で、集合的な記念をこのアイデンティティの次元に結び付けている。「記念日に付与された意味や重要性が繰り返し取り決められ、また変化することがあるとしても、記念日はやはり、ある歴史的出来事が集団にとって有している、さしあたり合意を得た、枢要な意義を表している。〈私たちはこのことを体験したから、今日かくあるのだ。私たちの経験は私たちにとって重要な価値を基礎づける。私たちは記念の行為を通じてそのことを想起する〉」[19]。

したがって個人の想起は、集合的な想起の、より大きな文化的枠組みに包み込まれている。このことが、過去、現在、未来の橋渡しをする集合的アイデンティティの前提となる。想起を媒介にして国民は自分たちの歴史を確認する。もっともここで、コゼレックが強調した個人の想起と集団の想起の二重化が、再び重要になってくる。というのも、このナショナル・アイデンティティは、歴史のどの断面が重要なものとして選び出され、記念の行為で具現化されるかということだけではなく、人々がその都度、何をまだ個人的に想起し、何をすでに忘れたかにも基づいているからだ。

〈想起の文化〉という概念の意味

想起の文化に対する不快感には、この概念がインフレーション的に広まり、その際、まったく異なる意味で使われていることも関係している。周知のように、この語はかくもさまざまな意味で用いられているので、この概念がその都度何を表しているかについて合意に達するのは不可能に近い。例としてフォルクハルト・クニッゲのテクストを取り上げよう。彼はこの概念を〈批判的な歴史意識〉という概念で置き換えるよう求める。しかしこの場合、ブーヘンヴァルト・ミッテルバウ＝ドーラ〔強制収容所跡〕追悼記念施設の所長〔クニッゲのこと〕にとって問題となっているのは、概念を取り替えることではなく、既成の文化的実践の方向を変えることだ。彼は、私たちを想起の文化から連れ出して、反省を経た歴史意識に連れ戻してくれるような、新たな方針が必要だという。ここで肝心なのは、クニッゲが「制度化された想起の文化の長年にわたる立役者の一人として、想起のパラダイムと意識的に別れることが必要と考えている」点だ。[20] 彼はそのテクストで、想起の役人としての立場と、個人としての立場の狭間で繰り広げられる良心の葛藤劇に、私たちを立ち会わせてくれる。このテクストを書いた人は、自分が何を話しているのかはっきり理解しており、職務を遂行する中で自分自身の理想を裏切ってしまったのではないかと危惧している。〈想起の文化〉という語は、この場合、その人が自分の実践の中でため込んで膨らんだ不快感を表している。

クニッゲが廃止したいと思っている想起の文化は、彼の考える〈想起〉という語の三つの意味に基づいている。第一、に、彼は想起を「道徳的な意味で充たされた、どちらかというと曖昧な情念定型《パートスフォルメル》」として批判する。この情念定型は、想起がどんなことがあっても何か価値のあるものだと示唆する。第二に、彼は一つにまとまった同質的な想起というコンセプトに反対する。そのような想起は個々人のパースペクティヴを覆い、さまざまな歴史経験に対する眼差しを塞ぐ。第三に、彼は想起を、批判的な歴史意識と「経験に即した探求する学習」に対する、問題のある代案と考えている。しかしながら、クニッゲはこの三つの意味で〈想起の文化〉という現象を定義したわけではなく、具体的な誤解、弊害、勘違いを言い当てたにすぎない。コゼレックと同様、クニッゲも、記憶を一種の全体主義的な統一神話として論難し、「記念施設は一つの思い出を表しているのではなく、数多くの、決して一つにまとまらない思い出の結節点である」ことを強調する。クニッゲのテクストでは、すでにコゼレックのところで見たような、批判的・啓蒙的な〈歴史〉と自足的で聖職者のごとき〈記憶〉の間の古くからの論戦が再び姿を現す。彼は想起の文化を、「歴史学の探求と、方法論に基づく理性」の手綱を離れたものと定義する。しかしこれで〈想起の文化〉という現象が定義されたわけではなく、一つのよからぬ状態が記述されたにすぎない。そのような想起の文化に対する不快感はまったく正当である。しかしその不快感は、決して、この想起の文化の撤廃を正当化するものではない。それゆえ、クニッゲが論文の終わりに、かくもあからさまに別れを告げた記憶を再び登場させているのは、およそ理に適っている。彼は政治教育と倫理教育について語り、記念の重要性と、記念施設が帯びる敬虔な性格を強調する。そして、「過去への認知的なアプローチと情動的なアプローチを結び付けること」を主張する。[21] 記念が知識を必要とするのは自明のことだ。同じく自明なのは、想起の文化が「上辺だけの儀礼と皮相な当事者意識」に還元されるものではないこと、あるいは、「感情で飾り立てられた〈歴史〉政治の術策」に堕してはならないということだ。

　討論が言葉をめぐる争いに終始して無駄に費やされるのを防ぐために、そして、私たちが不機嫌を脱して議論に戻ることができる道を示すために、ここで概念を細かく分けておくのがよい。想起の文化を、できるだけ速やかに去るべき現在の邪道とみなすクニッゲの意味づけのほかに、私はこの語の意味をさらに三つ提案したい。もっともな不満の念を乗り越えて一緒に考えるための余地を広げ、さまざまなパースペクティヴを取り戻すことを期待しながら。

この語の第一の意味では、想起の文化とは、過去へのアプローチが多元化して強まったことを指し示す、一般的な総称である。長い間、過去はまだ歴史家、文書係、学芸員、史跡保護員といった本職の専門家たちの領域と見なされてきた。三〇年来こうした状況は変化した。〈想起〉という鍵概念とともに過去への関心は劇的に広がった。個人や集団、町、地域、国民はこのテーマを新たに発見したのである。

想起の文化の第二の意味は、集団が過去を自分たちのものにすることを指している。人間のこの普遍的な行動形式を早くから論じたニーチェは、この我有化の異なる形式を区別しただけではなく、〔過去との〕この付き合いはつねに両義的であり、肯定的なものにも否定的なものにも、利にも害にもなりうると力説した〔ニーチェ『反時代的考察』の第二論文「生にとっての歴史の利と害について」(一八七四)〕。彼は過去の利用を三つの理念型的形式に分けたが、価値判断を交えず、それらを純粋に機能主義的に説明した。例えば、記念碑的な想起は、歴史上の偉大な模範を支えにすることができる。そうした模範は負けずに見習うよう励ましてくれる。しかしまた記念碑的な想起は、人々を狂信に駆り立てる目的でこれらの模範像が操作されるならば、害をもたらしうる。好古的な想起は、地元に根を張り、心動かす出自の知識を手に入れるのを助けてくれる。しかし好古的な想起は、あまりにも多くの古きものが保存され無批判的に崇拝されるとき、その限界にぶつかる。批判的な想起は、裁き、判決を下し、破壊することで、革命的な力を発揮する。こうした諸々の想起の文化を用いて、集団は自分たちのアイデンティティを強化し、自分たちの価値を確認し、自分たちの自意識と行為能力を支える。

第三の意味として、倫理的な想起の文化を付け加えることができる。これは歴史的に新しい現象であり、本書の中心テーマである。この想起の文化の端緒は二〇世紀の半ばにまで遡るが、より広く受け入れられるようになったのはこの世紀の終わり頃になってからだ。この倫理的な転回とともに、私たちの価値基準と歴史意識は根本的に変わった。想起の文化のこの第三の意味を説明するのに、もう一度、フォルクハルト・クニッゲの言葉に依ってもいいだろう。ここで問題となっているのは「国家と社会が犯した罪に批判的に取り組むこと——それもまさに被害者の視点に立って取り組むこと」である。被害者が証人に立つことで「伝承の傷ついた隙間を埋める」ことができ、「被害者になってしまった人々は（……）同時に、自分たちの主体としての地位を取り戻し、固める」ことができる。[22]

第二章　ドイツ人の家族の記憶を作ること――果てしない物語?

沈黙を破る――ZDF三部作『我らの母たち、我らの父たち』

二〇一三年三月にZDFで、『我らの母たち、我らの父たち』(邦題は『ジェネレーション・ウォー』)というタイトルのテレビ映画三部作が放映された。この放映は、メディアの大攻勢に援護され、七〇〇万人以上の視聴者を獲得し、二四パーセント以上という記録的な視聴率を達成した。事実、これは、ドイツの家庭ではいわば必修の歴史の授業として受け入れられ、おおむね肯定的に評価された。トークショーや投書がなべて示すように、この映画のテーマの絞り方、心を摑むドラマトゥルギー、高い技術的完成度はどの世代にも受けた。

映画化にあたって大いに期待されたのは、ここに初めて、第二次世界大戦の現実が後続世代に生々しく伝えられ、この恐ろしい真実について沈黙が破られることであった。それゆえ、メディアの関連記事も繰り返し、このプロジェクトの画期的な性格を強調した。『シュピーゲル』誌によれば、この三部作は「世代を超えてドイツの想起の文化の新たな里程標」を立てた。[1] 記事はこの三部作をある想起の歴史に書き加えているが、その歴史は「啓発、想起、羞恥、悲哀、過去の克服という、繰り返し打ち寄せるショックの波」に洗われながら進展したという。ここで改めてこの想起の歴史のほかの里程標がひと息に紹介される。それは、オイゲン・コーゴンのSS国家についての本[1](一九四六年)で始まり、アイヒマン裁判[2](一九六一年)、ミッチャーリヒ夫妻の『喪の不能』についての本[3](一九六七年)、アメリカの連続テレビドラマ『ホロコースト』(本書五四頁以下参照)(一九七九年)、映画『シンドラーのリスト』(一九九三年)、歴史家論争〔本書一〇四頁以下参照〕（一九八六年）を経て，国防軍の犯罪についての展示[4]（一九九五年以降）とダニエル・ゴールドハーゲンの『ヒトラーの自発的死刑執行人たち』[5]（一九九六年）にいたる。

この「ZDFの叙事詩」〔『我らの母たち，我らの父たち』〕で新しく画期的だったのは，とりわけ，第二次世界大戦というテーマに対する視線だった。この歴史映画で初めて，エルヴィン・ロンメル〔一八九一～一九四四，ドイツの軍人〕やアルベルト・シュペーア〔一九〇五～八一，ドイツの建築家・政治家。ヒトラーの側近〕のような歴史上の人物についてではなく，また『ドレスデン』や『逃亡者』のように創作された物語の虚構の人物についてでもなく，まったく一般のこととして「我らの」母たちや祖母たち，父たちや祖父たちについて語られた。つまり問題となっていたのは，歴史の知識や，心を摑むような歴史の再演出だけではなく，ドイツ人の家族の記憶にある，顕著な隙間を埋めることだった。換言するならば，この映画の登場人物たちは，視聴者の想像力に，自分の家族史をくまなく照らすための代役として提供された。この映画の自負するところでは，それら虚構の人物の物語に，自分の家族の個人的な経験が映し出されるはずだった。若者たちは，これらの物語を映画でともに体験するだけでなく，まだ生きている時代の証人にこの問題について問い直し，彼らと世代を超えて話し合う機会を，〔戦争経験世代が生存している〕最後の最後に手にするはずだった。

さらにこのテレビ叙事詩で新しかったのは，ここで提示された歴史物語が，時代の生き証人の視点に基づいて組み立てられたのではなく，逆に，彼らのために新たに開示されたことだった。皆の一致した意見では，この世界大戦叙事詩は，こうして「ドイツのテレビにおける新たな種類の現代史ドラマ」を創始した[2]。そしてこのことは同時に，クノップ時代が過ぎた今，テレビの歴史番組が転換点を迎えたことを意味した。歴史家グイド・クノップは，数十年以上にわたり見紛いようのない手法を発展させて，二〇世紀のドイツの暴力の歴史を広範囲に効果的に伝える独自の秘訣を発明した。手に汗握る大衆啓蒙の代名詞だった，彼の人気のある映画やテレビシリーズは，ジャンルを混ぜ合わせるのを方法とした。情報を伝えるナレーターの声、歴史的な映像資料、短く挿入される時代の生き証人の声、そして歴史的瞬間の具体的な再演出が、継ぎ目なくモンタージュされる。こうして、視聴者はいつでも自分が歴史の現場に居合わせているかのような錯覚を抱くことができ、それと同時に、説明、情報、明確な評価を提供された。ここ数年の間、グイド・クノップにとっては、時代の生き証人との仕事がますます重要になっていった。二〇〇六年に彼は「私たちの歴史――国民の記憶」という協会の設立に加わった。この協会は大規模な時代の証人プロジェクトを実施した。「ＺＤＦ世紀のバス」に乗って、彼は二〇一一年一〇月からドイツの町々をめぐった。ドイツ史の諸々の重要な転換点について、さまざまな世代の人から、できるだけ多くの時代証言を今のうちに集めておくのが目的だった。同じようにメディアが大々的に随伴したこの運動には、数千人の市民が参加していたが、今回ＺＤＦの叙事詩『我らの母たち、我らの父たち』に向けられたような注目と関心を引くことはできなかった。

〔その一方で〕歴史映画の新時代は、もはや時代の生き証人を頼みとするのではなく、心を摑むストーリーと、ハリウッド映画に倣ったリアリスティックな視覚効果と完璧な音響デザインを用いて、歴史をフィクション化することに命運を賭す。ハイパーヴィジュアル化の時代にあって、私たちは、技術的・歴史的に――文字通りの意味で――新しい過去のイメージを作りつつある。もはやいかなる戦争の思い出も持っていないが、その代わりに、素早くカットが切り替わる戦争映画やアクション映画の暴力描写に慣れているような世代のために。メディア・イベントとして、ＺＤＦ三部作は七年半をかけて準備され、正確に放映期日が定められていた。この映画でもテレビの視覚表現による大衆啓蒙が問題になっている。しかし今回中心にあったのは、歴史の知識を伝えることよりも、自分たちの両親や祖父母の個人的な視点と経験に新たに視線を向けることだった。それゆえ、この映画が対象にしているのは出来事だけではなく、とりわけ、これらの出来事に〔視聴者自身が〕当事者として関わっているということだ。出来事とのこの関わりに、今や子供や孫たちも新たなつながりを生み出すよう求められる。つまり、問題となっているのは事実だけではなく、とりわけ、これらの事実になおもまつわりついている感情なのだ。

歴史のこの感情の層に迫るために、制作者のニコ・ホフマン（一九五九年生まれ）――彼はナチの歴史について数多くの劇映画をテレビに送り出している――は、自分自身の家族史の諸要素を素材として使った。ホフマンは両親から映画の三人の登場人物（シャルロッテ、ヴィルヘルム、フリートヘルム）の着想を得ている。というのも、父の両義的な物語が、ドラマトゥルギーでは、二人の登場人物と二つの筋に分割されているからだ。映画の語りの中でこれらは交差する。現実にいそうなドイツ人の家庭に生まれ育った、これらの〈真に迫った〉登場人物たちは、さらに二人の登場人物で補われた。彼らは映画の筋にどちらかというと通常ではありえないようなシーンを付け加えている。妖婦のようなポップシンガーのグレタ（献身的な看護婦シャルロッテと対照をなすやや紋切り型の女性像）と、ユダヤ人の生存者ヴィクトルだ。彼は被害者の役回りから抵抗運動の闘士に変わることに成功する。

この〈五人の仲間〉（不謹慎ながらイーニッド・ブライトンの人気のある児童本シリーズ（『五人と一匹』）を思い出す文句だ）は、一九四〇年の大晦日に集まって浮かれ騒ぐ。彼らのうちの三人、すなわち二人の兄弟と看護婦は、ロシア侵攻に赴くために暇を告げ、残りの仲間に、一九四一年のクリスマスまでには勝利を収めて帰還することを約束する。それから映画はそれぞれに異なる人生の物語を追う。駆け出しのポップ歌手グレタは、高位の親衛隊員との関係を受け入れることで、歌手として出世をし、またその親衛隊員を通じて自分のユダヤ人の恋人を助けようとする。そのユダヤ人の恋人、仕立屋のヴィクトルは、それでも強制移送される。しかし彼は、列車から脱走して、ポーランド人のパルチザン・グループに加わることに成功する。そのグループの中で彼は反ユダヤ主義の敵意ある言動に苦しむが、最後にはなんとか苦境を切り抜けて自由の身になる。一九四一年のクリスマスに再会する代わりに、この五人の仲間の行路は、さまざまな状況の下、東部戦線で交差する。東部戦線では、戦場での経験がより豊かな兄のヴィルヘルムと弟のフリートヘルムが同じ連隊にいて、数々の暴力的出来事の重圧にさらされながら、正反対の方向に成長していく。理想主義的な看護婦のシャルロッテは、その間、戦争を野戦病院で体験し、彼女自身の困難と戦わなければならない。戦争が終わったあと、仲間はベルリンのとあるバーにもう一度集まる。しかし二人が欠けている。グレタはベルリンの女性刑務所で射殺されていた。フリートヘルムは戦闘中に戦友のために命を落としていた。

劇中この映画のモットーが繰り返される。「この五人の誰もが英雄的な行動をする。「戦争は人間のうちに眠る悪しきものを呼び覚ます」。登場人物たちの性格のレシピはいくらか異なる。しかし彼らの誰もが罪をも犯す」。どの登場人物も、肯定的な特徴と否定的な特徴が混ざり合っているとされる。というのも「人は誰しも根本的に矛盾しているが、そこに人間らしさがある」からだ。[3] グレタは一方では功名心に身を焦がし、自分の出世しか見えていない。だが他方で彼女はヴィクトルを愛しており、彼を救うことに心を砕き、彼のユダヤ人の家族の運命に同情する。シャルロッテは一方では、負傷兵たちの世話をする、勇敢で献身的な看護婦だ。だが他方で彼女はあるユダヤ人の看護婦を密告する。兵士のヴィルヘルムとフリートヘルムは正反対の方向に変わっていく。兄の方は責任感に満ちた少尉から戦争落伍者に変わり、弟の方は戦争に距離を置いた平和主義者から冷淡な無鉄砲に変わる。この一組の兄弟は、勇気、個人的な責任感、批判的な距離から、シニカルな冷淡さ、冷ややかな効率主義、幻想を捨てた不機嫌にいたるまで、あらゆる気分を示してくれる。良い特徴と悪い特徴を混ぜ合わせたこのレシピには、現実味のある登場人物を作るという役割がある。だからといってこれらの登場人物がリアルかどうかは、もちろん別の問題である。シナリオに関しては、異口同音に、手に汗握るようなドラマトゥルギーが称賛された。この場合、作り物としての性格は大目に見られる。この映画では、筋の重点は見たところ外的な出来事に置かれており、内面の克服には置かれていないようだ。とりわけ、登場人物たちが国民社会主義〔ナチズム〕のイデオロギーを精神的・感情的に刻印されていることは、まったくなんの役割も演じていない。こうして歴史的な登場人物たちと今日の視聴者の間の距離を取り払おうというわけだ。視聴者には、筋を担う五人の仲間は、あっさりと無条件に〈あなたや私と同じような人間〉として提示される。

この新たなテレビ映画の最も重要な史料は制作者ニコ・ホフマンの家族の記憶だ。彼の両親は、戦争世代の中でも、生まれた年が遅い世代に属している。彼らは戦争が勃発したとき一八歳かそれより若かった。ホフマンは、脚本家シュテファン・コルディッツ（一九五六年生まれ）と監督フィリップ・カーデルバッハ（一九七四年生まれ）、そして自身の制作会社ティームワークスと一緒に作りあげたシナリオでもって、数百万の家庭が抱えるトラウマを克服することを請け合う。しかしこの啓蒙の使命は、後に生まれた人々だけでなく、戦争経験世代をも対象にしていた。ホフマンの説明によれば、彼はこの映画で、「父が数十年にわたって抑え込んできた感情を汲み上げた。私の父は八八歳だ。そして彼は今初めて、私が思いもしなかったほど正確に、当時のことを語ることができる」。それゆえホフマンにとっては、自分の両親にこの映画を見せることができたのが、とても重要だった。「この映画を見たことは父にとってよかったと思う。そして私にとってはそれが重要だった」と息子は父親について語った。母親はそれどころか息子に次のように請け合った。「これは、自分が見て、まさにその通りだったということのできる、第二次世界大戦についての初めての映画よ(4)」。

換言するならば、この映画はまだ間に合うぎりぎりの瞬間に、経験世代の生き残っている人々に、彼らが何を体験したのかを見せてくれる。これは第一世代の体験について、第二世代が作った映画であり、第三世代に向けられている。この映画は両親の人生から思い出を取り出して加工している。しかし、これらの思い出はそうこうするうちに持ち主を替えた。私たちはある種の時間的な転移を目撃する。つまり、両親の思い出は後続世代の〈解釈の支配権〉に移管される。後続世代は時代の生き証人の権威をなんら信用していない。反対に後続世代は、時代の生き証人たちが子供や孫に決定的なことを語るのを差し控えてきたと確信しており、その決定的なことを、子供や孫がついにありのままに描くのだ。この映画はしかし、ただ提示し、ショックを与え、楽しませ、教えるだけではなく、とりわけ、次のことを引き起こそうと目論んだ。つまりこの映画は、家族のコミュニケーションにおける沈黙を破り、異なる世代の人々に〈事実はどうだったのか〉を示すような物語を提供することを目的としていた。ホフマンは『シュピーゲル』誌のインタビューで次のように打ち明けている。「この映画は私にとっても三〇年におよぶ家族間の対決の終わりを意味しています」。インタビュアーは簡潔に応じて曰く、そのセラピーにＺＤＦは一四〇〇万ユーロを費やしたのですね。[5] 個人のセラピーとしてはたいそうな額だが、国民全体のセラピーだったらお買い得だろう。

すでに放映前の宣伝は次のように言っている。「残酷なほど正確な世界大戦ドラマ『我らの母たち、我らの父たち』はついに世代間の沈黙を破る。ＺＤＦの三部作は、ドイツのテレビにとって時代の転換点を示している」[6]。〈沈黙を破る〉というのがドイツの想起の歴史における中心的な情念定型《パートスフォルメル》だ。この歴史叙事詩に対する期待はしたがって高かった。高視聴率と広範囲に及ぶ感情的効果だけではなく、より徹底的な家族セラピーの効果も期待された。この映画の報道機関向け資料にはこうあった。「苦痛《シュメルツ》、罪《シュルト》、沈黙《シュヴァイゲン》が、第二次世界大戦という集合的トラウマの後遺症として私たちの現在にまで続き、無数の家族の歴史の中に入り込んでいる」。経験世代から孫やひ孫にいたるまで「この三部作は、世代を超えて自分たちの家族史について話し合うきっかけと勇気を与え」、家族の一人一人を、「埋もれ、抑圧され、言葉にできない事柄について語る」よう勇気づけるはずだ[7]。

もっとも、この歴史に深く巣くう沈黙が、一つのメディア・イベントでかくも簡単に、そしてこれをかぎりに〈破られる〉ものだろうか。というのも、どんな打ち明け話にも、さらに露にされるのを待っている、何か別の事柄が隠されているのだから。つねに何かしらの沈黙が残る。人々が知ろうとせず、回避し、向き合いたいとは（まだ）思わず、あるいは見落としたり無視したりする何かが。私たちは確かに、今ここで関わっている歴史を、ますます知るようになってきた。しかしそれだけでは、この歴史が推理小説のように、紆余曲折を経ていつかはすっかり語り尽くされて私たちの眼前に出てくる、ということにはならない。私たちはむしろ、つねに新たなとっかかり、フォーマット、フレーミングを目にしている。それらはその都度、別のものを、別の光を当てて露にする。そういうわけで、ＺＤＦ三部作は私たちに，「およそドイツで語られうる事柄だけでなく，黙殺される事柄も」見せてくれる。「語られない事柄とは，人々がヒトラーのことをよいと思ったことだ。大多数のドイツ人がナチ政権に賛成したが，彼らの政治的確信は，大衆受けする物語文化にはまったく登場しないに等しい。（……）確かにこの映画には多くのナチが出てくるが，それは決まって別の連中だ。こうしてこの三部作は，ドイツの想起の文化とそれが除外して見えなくしている事柄を，正確に写し取っている」[8]。ある視聴者のこの意見は，この映画についての，歴史家ウルリヒ・ヘルベルトの論文で裏書きされた。彼はこう書いている。「我らの父たちや母たちは，いかんせん，この映画が暗示しているように，単に生きていたかったただけなのに戦争のせいでそれができなかった若者たちというだけではなかった。彼らは著しくイデオロギー化され，政治化された世代だった。この世代はドイツの勝利を，国民社会主義のドイツの勝利を欲した。なぜなら彼らはその勝利を正しいものと考えたからだ」。彼は映画の描写に，一種の自己検閲が相変わらず作動しているのを見てとる。「明晰な考えと揺るぎない確信をもって――その際にアブノーマルな印象を与えることなく――国民社会主義を支持する人物を描くのは，依然として不可能らしい」[9]。戦争の暴力シーンはどんなにショッキングでもよい。しかし，家族の記憶にはいまだに，ぼかし，除外，配慮，盲点が刻み込まれている。

もちろん歴史は決して完全には語ることができない。ナチズムの歴史についてあれほど膨大な文献を産出している歴史学でさえも，過去を自分たちの研究でいつか本当に取り戻せると請け合うことはできない。過ぎ去った実在にして体験された現実としての〈歴史〉と，この実在ならびにその経験についての語りという意味での〈歴史〉の間には，存在論的な隔たりがある。この隔たりは，（学問によろうが虚構によろうが）橋渡しできないし，これからもできない。重荷となっている，克服されざる，完全には消化できない歴史の場合，このことはさらに根本的に当てはまる。つまり，逃れ去った何かがいつも残るのだ。その残りは，ただずらされるだけで，取り戻されることはない。第二次世界大戦とホロコーストという極度に暴力的な出来事では，人々は極限の脅威にさらされ，震撼させられるような事柄を体験しなければならなかった。しかしまた、自らが犯罪的な暴力の行使者になったり、その暴力を是認したり、正当化したり、かたくなに無視したりもした。これら極度の暴力の経験は、ときが経つにつれて簡単に解消するのではなく、人々のあとを追い、彼らを不意に襲い、事後になって、克服されざるトラウマの性格を獲得する。苦痛や羞恥がこれらの経験を壊し、歪め、覆い隠すので、後続世代は引き続き、彼らには知らされずにおかれた歴史を探し続けている。〈衝撃の出来事〉(impact events)と、文学研究者のアンネ・フックスは、そのような知覚と語りの可能性を吹き飛ばすトラウマを呼んでいる。そのようなトラウマは、多種多様で過剰なまでの〈衝撃の物語〉(impact narratives)を生み出す。それらの物語は、経験のこのトラウマ的な空隙を埋めるという、不可能な課題を負っている[10]。

同時に、このトラウマが残した経験の隙間を閉じたいという強い欲求がある。そのような語り得ない出来事をフィクションや芸術で表現する例には事欠かない。それらの表現を、当事者自身が、自分たちの歴史の真正の描写として批准する。例えば、よりによってビンヤミン・ヴィルコミルスキー〔本書六四頁参照〕の場合がそうだった。彼は嘘のホロコーストの自伝を出版して、逆説的にも、多くの本当の被害者たちの実際の経験に表現を与えた。また『戦場でワルツを』〔イスラエルのアリ・フォルマン監督によって二〇〇八年に制作された長編アニメ映画。一九八二年のレバノン侵攻に兵士として加わった自身の記憶を探求するというもの〕の場合もそうだった。この作品は、映画や劇画として、レバノン侵攻に投入されたイスラエルの兵士たちの世代が、彼らの経験を想起するのを助けた。「まさにこうだった《ディス・ワズ・イット》！」と、彼らのうちの一人が、その〔劇画〕本を手で叩きながら、自分の経験について話すのを聞いたことがある。ＺＤＦの三部作で、テレビは、そうした世代間の記憶の隙間の世話を引き受けて、ドイツ社会に、この隙間をどう埋めることができるのか一つの提案をした。「ドイツの想起の文化における一つの里程標」と称賛されるこの映画は、私たちに、世代間のコミュニケーションでこれまで話題になることがなかった、まさにその事柄を見せてくれるというのだ。映画のメインストリームの定石に則って抜かりなく用意されたこのフィクションは、過去の〈本当の〉イメージを描いていると自負する。事実はこうだった！　そう思わせるには、すでにアリストテレスが知っていたように、事実の記録に基づく真実よりも、フィクションの代理的な真実のほうが適してさえいる。確かに、どの個人の歴史も各様に経過した。しかし、この創作では誰もが自分を再認することができる。まさにそのように、ＺＤＦのフィクションは、経験世代の多くの人々によって真正であるとされた。〈まさにこうだった！〉と、看護婦シャルロッテのモデルになった、制作者ニコ・ホフマンの母親は答えた。〈事実はこうだった！〉と、自分の母親の相貌をこの登場人物に再認したゲッツ・アリー（一九四七～、ドイツの歴史家。『ヒトラーの国民国家』（二〇〇五）など）も認めた。そして作家ディーター・ヴェラースホフ（一九二五年生まれ）は次のように断言した。この映画のイメージは、若い兵士だった自分自身の思い出のイメージと、継ぎ目なく混ざり合ったと。

ＺＤＦのシリーズは、したがって、新しいコンセンサスを生み出し、そうして同時に、この社会で最後まで口を開けていた想起の隙間を閉じたのだろうか。私たちは今後、この描写を後続世代に、彼らが当時の出来事について抱くことのできる、拘束力あるイメージとして提供することに合意できるだろうか。というのも、書物や展示よりも強力に、今日では映画やコミックが、歴史のすべての時代について、広範囲に影響を及ぼす語りを産出しているからだ。例えば、アメリカの後続世代は、第二次世界大戦を映画『プライベート・ライアン』を通じて、ホロコーストを『シンドラーのリスト』を通じて知る。ＺＤＦの三部作はそれに比べてやや異なる特質を持っている。つまり、この三部作は想起のきっかけであると同時に、出来事の上に覆いかぶさる隠蔽記憶でもあるのだ。この出来事は、幾百万の人々によってそれぞれ別様に経験されたが、今やコンパクトな物語にまとめられて一目瞭然になり、公共で利用することができるようになった。

沈黙の潜伏期――ドイツの戦後史についてのヘルマン・リュッベのテーゼ

八〇〇〇万人もいるような国民に、我が過失なり《メア・クルパ》と口を揃えて唱えるのを期待するのはどだい無理な話だ。フランスだったらそうじゃなかったろうし、イタリアでもそうじゃなかっただろう。それでも、この国民が――全体として見ると――いかにわずかしかあのことと対決してこなかったか、それが私の課題になった。

オリヴァー・シュトルツ[11]

トラウマは人間の記憶を吹き飛ばし、世代間のコミュニケーションに裂け目を入れる。心的な抵抗が強力であればあるほど、そして、記憶の裂け目が大きければ大きいほど、それだけ、この裂け目を事後的に塞ごうとする欲求が強くなる。しかしながら、沈黙を破ることを話題にするには、ドイツの想起の歴史の裏地をなしている、一九四五年以降の沈黙がいかに基礎づけられたのか、もう一度立ち返って確認しておかなければならない。周知のとおり、アレクサンダーとマルガレーテのミッチャーリヒ夫妻が一九六七年にドイツ人の喪の不能を非難したとき、彼らはこの沈黙をテーマにした。ミッチャーリヒ夫妻の精神分析的な解釈では、ドイツ人は戦後、彼ら自身の感情に対して、心的抵抗の鎧で武装した。この沈黙を分析してまったく異なる結論に達したのが、哲学者ヘルマン・リュッベが一九八三年に行なった講演である。その講演はかつての国会議事堂で〔ヒトラーの〕政権獲得五〇周年に催された会議でなされた。そこで開陳したテーゼを、彼はあるエッセイ集で繰り返し、次のことを満足げに確認している。このテーマについての彼の立場は、当時はブーイングを浴びて沈んでいったが、今日では一般のコンセンサスを得ていると[12]。

リュッベは、ミッチャーリヒ夫妻と明確に一線を画しながら、抑圧ではなく、意図的な沈黙という言い方をした。もちろん、一つの国民が全員、あっという間に忘れることはできなかった。しかし国民は、ついさっきあとにしたばかりのいやな過去について、沈黙することには合意できたのである。とりわけ人々は、自分が抱いていた感激と同意について、今しがた崩壊したばかりの国家に注ぎ込んでいたあらゆる活動、希望、感情についてももはや語ろうとは思わなかった。もちろん、沈黙の欲求が特に当てはまったのは、ナチ体制を支える高官として働き、個人的に罪を犯して重い荷を背負った人々だった。しかしながら、後に発表したテクストではっきりさせているように、リュッベの念頭にあったのはこれらの人々ではなかった。罪を我が身に負った人々は、当然ながら、彼らの犯罪的な行為を法廷で弁明しなければならなかった。リュッベは一つの線引きを試みた。その線引きを、私たちは今日、もはやそれほど簡単になぞることはできない。つまり〈罪に加担したナチ〉と〈罪のないナチ〉の線引きである。彼は後者に、眩惑や日和見から体制を支持して入党した、自分自身やほかの多くの人々を数え入れた。彼はこの集団を、自分自身のことを前提に、ドイツ人を代表する多数派と考えた。一九二六年生まれの彼は、高射砲部隊の補助員の世代に属していた。この世代は、生き延びる幸運に恵まれた場合、一九四五年に人生をもう一度最初からやり直すことができた⑬。

私はここでリュッベのテーゼを、ドイツの想起の歴史を概観するための出発点として利用し、それらのテーゼと対話しながら、いくつかの矛盾点と問題点を指摘したい。それらのテーゼは沈黙のコンセンサスに関するものである。一九四五年以降、そのコンセンサスに基づいて、かつて自らすすんで第三帝国に統合された数百万のドイツ人の個人的な過去が、コミュニケーションから除外された。しかしながら、この沈黙によって過去は排除あるいは消されたのではなく、潜伏状態に保たれた。今しがたまでドイツ民族だったドイツの住民にとって、一朝一夕に心から確信して民主主義の新体制を支持することは、まず無理だった。しかし彼らは、これまで抱いていたナチズムに対する確信から距離を置いて、新しい基本的な価値観、「国民社会主義に関して、公的には反論することができない、規範的に妥当する価値観」を受け容れる用意はあった(14)。民主的な戦後社会で、彼らはこうして、一種の〈沈黙せる多数派〉になった。この多数派は新たな体制に、それが日和見からであれ確信からであれ、同意した。新しい国家に対するこの同意は、とりわけ、彼らがかつて犯した過ちが日毎に非難されるということがなかったので強力なものになった。正義を保持し続けてきたナチ政権の反対者と、自分たちの過ちを認めなければならなかった人々の間に、裂け目は開かなかった。その反対に、潔白証明書を発行できる人々は、それが必要な人々を喜んで清らかにしてやり、こうして信頼を前貸しすることで、彼らが新たな状況に肯定的に同調して順応するのを楽にした。モラルの有罪宣告を下し、遠慮会釈のない再教育をしたとしたら、これと反対のことが引き起こされたかもしれない、とリュッベは言う。したがって、沈黙に守られながらしばらくの間、〈正しい生活の中の誤った生活〉があったのだ。それは時間が経つにつれてしだいに〈正しい生活の中の正しい生活〉に変わる見込みがあった。

リュッベは、沈黙が変化させる力を持つという実用主義的なテーゼを、後のあるエッセイでより正確に説明し、細分化している。彼は決して、偽りのアイデンティティを覆い隠そうとしたのではなく、また、身元を偽ることで刑事訴追を逃れた人々を正当化しようとしたのでもない。つまり、あえて口にしなかった、という彼のコンセプトが引き合いに出していたのは、秘密にしておかなければならなかった事柄ではなく、皆が知っていた事柄だった。それは、いわば見て見ぬ振りをしながら先を見越して容認されたのだが、そこにはある取引があった。その取引は「反ナチは〔多くの人々がナチズムに加担していたという実情についての〕この知識を利用せず、かつてのナチは公の場では引っ込んでいるという暗黙の合意」であった(15)。リュッベの見るところ、この沈黙の肯定的な力――この沈黙は実際、新しい法治国家に対する明確な信仰告白と結び付いていた――は、人々に未来に向かうのを可能にしたことにあった。同じように未来を志向して一九四五年以降の復興も進んだ。というのも、〈未来〉とは当時、新たなチャンス、復位復権、罪の浄化によって社会を再統合することを意味したからだ。他方で〈過去〉はその正反対を意味した。つまり、罪を咎め、捨て去ったアイデンティティにこだわることで、社会を引き裂くことである。

内面的にこの実用主義的な態度に対応したのが、モラルをはっきり改めることを免除されたまま、新体制に柔軟に順応することだった。あまねき沈黙は戦争世代に——リュッベの特殊な用語によれば——「野心的に正義を追求するしつこさ」を免れさせてくれた。[16] 過去を潜伏状態に保つことで社会の衝突は回避された。これまでの思想信条は私的な問題だった。リュッベによれば、新たな連邦共和国〔西ドイツ〕が速やかな社会統合と経済の躍進を遂げるのを助けたのは、ほかならぬこの潜伏——数百万人の経験記憶に保たれており、それゆえ一般に知られていた事柄すべてを、口にするのを憚り黙殺することで生み出された潜伏だった。実際的な観点では、これについては確かにリュッベに同意しなければならないが、この〔沈黙の〕実践に代わりうるものはなかった。現実問題として、年若く、ナチ国家で下っ端として活動していた数百万の党員全員が司法訴追され、有罪判決を下されるというのは不可能だったろう。彼らは、その力を新しい政治体制に投入し、それを支えることができたので、いわば自らを復権させることができた。リュッベ自身がこの創建と構築の世代に属している。この世代にはこの歴史的発展を成功させた功績が認められてしかるべきである。

互いに嫌疑をかけ合い、中傷し合い、弾劾し合うような風土だったとしたら、民族共同体を新たな市民社会に変える不可欠の歴史的展開を、間違いなくひどく阻害したことだろう。しかしだからといって、この黙殺が大きな代償も伴っていたことを、見落としてはならない。つまり、国外からの帰還者たちは（わずかな例外はあるが）抑圧的な政治風土に出くわしたのだ。ナチ政権に迫害された人々も、長い間、認知される機会がなかった。残念ながらやはり、（例えばヘルムート・シェルスキー〔一九一二～八四、ドイツの保守系の社会学者〕のような）取るに足らない元ナチや、（例えばヘルムート・プレスナー〔一八九二～一九八五、ドイツの社会学者。『遅れてきた国民』（一九五九）など〕のような）誰もが認めるユダヤ人被害者だけではなく、苦り切って引き揚げてきた、まったく招かれざる帰還者も数多くいたし、自分の権力を強化して、それを旧敵に対して盤石に固めた元ナチもいた。要するに、社会のミクロの環境では、残念なことに、リュッベが描いた例ほどには調和的に事が運んだわけではなかった。公的な価値の枠組みが変わっても、当初は既成のヒエラルヒーや権力構造に影響を及ぼすことはほとんどなく、それらは連邦共和国の日常生活に存続した――このことが多くの被害者の不満と絶望につながった。その際立った例がジャン・アメリーだ。[6] 彼は当時、〈ルサンチマン〉という概念に肯定的な意味を与え、沈黙に対する否として評価した。栄えある実用本位の順応と冷静な現実主義、しかし沈黙に庇護されて進行していた不正と、この時期がもたらした心的損傷は、絶対に勘定に含めねばならず、軽視されてはならない。

(西)ドイツの戦後社会の心性史とモラルの変化は、第一世代ではかくも目立たず、気づかないほど緩慢に生じたのに、第二世代ではあれほど唐突に、公然と起こった。世代間のこの衝突では、沈黙の実用論の限界も、モラルの清算の利と害も明らかになった。この沈黙は当事者たちにある種の自己規制を課していた。その自己規制は、もしかしたら社会のためにはなったかもしれないが、長い目で見れば当事者自身にも、彼らの子供にもためにはならなかった。全体として有益だったかもしれないものは、同時に、世代間の対話が取り消されたことで、人々(の間)に重大な障害をもたらした。第一世代は、長年にわたる社会化によって身につけた文化的価値観ゆえに、問題を黙殺することで片付けることを慣いにしていた。後続世代はすでに、沈黙することよりも語ることに高い価値を置くような文化の中で育っていた。裏面を探って暴露することが、口達者な六八年世代の中心的なプロジェクトになった。長い目で見れば、この歴史の構図の悲劇性は、世代間の対決によってコミュニケーションが促されたのではなく、沈黙が深められたことにあった。社会の統合が進む一方で、家族に亀裂が入った。問いかけがなされる代わりに、声高に咎め立てられた。会話は非難と正当化の応酬に消えていった。世代間の争いで過去を引き合いに出すことが政治的な武器になってしまったがゆえに、対話はもはや不可能だった。[17]

申し合わせて沈黙したというリュッベのテーゼを、ここでさらに、二〇〇七年に彼が応じたインタビューで補足しよう。そのインタビューで彼は〈忘れられないこと〉に話題を移した。一九四四年に入党したときのことを、彼はもはや思い出すことができなかった。その代わりに、一二歳のときに体験したエピソードは思い出せた。「一九三八年の〈帝国水晶の夜〉〔一九三八年一一月九日の夜、ナチスがドイツ各地で行なったユダヤ人に対する組織的迫害。商店などの砕け散ったガラスにたとえてこの名が付けられた〕の翌日、私は学校からの帰り道に、同級生の女の子とアウリヒの運動場を通りかかりました。運動場ではアウリヒの突撃隊員がユダヤ人たちを虐げていました。ユダヤ人の中には私たちの隣人もいました。私たちが眺めていると、その同級生の父親、もともと中央の思想に染まっていた上級参事官が私たちの方に歩いてきたのですが、その時彼が言った二言はいつまでも忘れられませんでした。彼はこう言ったのです。〈見るもんじゃない〉、そして、〈私たちがしたことを連中は忘れないだろう〉。戦争に負けたら――そのことは後にわかりました――本当にそうなりました[18]」。

リュッベはここで二重の忘れがたさについて語っている。その忘れがたさとは、覗き見した少年の目に無意識的に恐ろしいイメージとして刻み込まれたものに、また――仮説的には――ほかの人々がドイツ人について記憶に留めるであろうものに結び付いていた。一方では、出来事の情動的な圧力が、個人の経験記憶に何かを焼き付ける。他方では、ゆきすぎた暴力行為が、想起と忘却を交差させ、人々や集団の間に、長期間にわたって闘下で作用する関係状況を作り出す。非対称的に暴力が行使された状況から生まれたこれらの関係が、もう一度活性化されるかどうかは、リュッベが後に学んだように、その都度の政治的な権力布置に左右される。「戦争に負けたら」、ドイツ人はそれとともに、彼らの国民的記憶の主権と支配権も失う。そうなったら、被害者がしっかりと記憶に留めたものを、加害者はもはやそう簡単には無視することができない。

今日にいたるまで相変わらず政治の権力布置が、何が公式に想起されねばならず、何が忘れられうるかを決めてきた。しかしながら、これに加えてさらにもう一つ別の要因が、この想起と忘却のダイナミズムでは働いている。その要因をリュッベはまだ考慮に入れていなかった。それは、人権という新しい政治の枠組みであり、無力な人々が持つようになった力である。彼らはグローバルな舞台で、彼らの被った不正と彼らの物語に対する注目と承認と共感を得ている。この倫理的な転回が、新しい想起の文化における新しさの核心をなしている。そしてこの転回は、加害者の頑強な忘却を少しずつ掘り崩し、諸々の集団記憶の競争や衝突を、共通の関与と責任という対話的な形式に変えていくのを根本的に可能にする。これらの想起はもはや諸国民の境界線で終わるのではなく、とっくに、国を超えたグローバルな次元で交差している。

「私たちがしたことを連中は忘れないだろう」という言葉は、それゆえ、後続世代にもなお何かしら関係している。後続世代が、自分たちの両親、祖父母、曽祖父母のせいでほかの人々に何が起こったのか、知っていることは大切だ。このことはしかし、後続世代が、自分たちの両親、祖父母、曽祖父母が何を被ったのかも、知っていることを排除しない。一方の想起は、他方の想起を口封じし、抹消し、あるいは、疑問に付すべきではない。第三と第四の世代に期待できるのは、国民の記憶とヨーロッパの記憶の編成で懸案となっている、モラルの障壁と共感の封鎖を徐々に解消することだ。同じく重要なのは、国民的記憶が帯びる感情の多様性を広げて、過去との肯定的な関わりにも、なお一層関心を向けることだ。加害者の記憶と被害者の記憶の狭隘化を免れるには、加えて、パースペクティヴを多元化することが大切だ。移住、ヨーロッパ化、グローバル化を通じて、国際社会を結び合わせる重要な経路が新たに生み出されている。

終止線と分離線

リュッベによれば、ドイツの想起の歴史の第一段階では、社会的・政治的な統合が喫緊の課題だった。アデナウアー〔一八七六～一九六七、西ドイツ首相（一九四九～六三）〕が、冷戦時に補償の支払いと北大西洋条約機構への加盟で〔対外的に〕達成した、西側およびヨーロッパへの統合は、社会的には申し合わせた黙殺によって成功した。この段階では、順応の方が、モラルと改心よりも重要だった。人々は過去を無造作に放っておき、そうすることでいつか過去から逃れられると考えた。それが時間の問題にすぎないことを皆確信していた。その後、六八年の若い抵抗世代が、この計画に最初の一撃を加えた。彼らは問いと告発で介入した。それらの問いと告発は沈黙を破ったが、同時に深めもした。かつてナチだった経歴を家庭や職場で暴くことで、西ドイツの若い世代は同時に、彼らの嫌う国家の価値を下げようとした。彼らはこの国家の正体を依然としてファシズム的だと暴露し、自分たちを理想主義的に共産主義の諸政体と同一視した。彼らはそれらの政体をモラルの点で見本にすべきものとして崇めた。

沈黙の潜伏期に社会統合が進んだのに対して、一九六〇年代の終わりには、生み出されたばかりの統一が、世代の境を折れ目にしてぱっくりと割れた。戦争世代は彼らの過去を一本の終止線で消した。第二世代は、モラルの分離線を引いて、この過去と決別した。実利的な終止線は黙秘による厄介払いを意味した。それに結び付いた態度はこうだった。〈これについては今後話題にしないこと！〉モラルの分離線は、それに対して、過去と根本的に距離を取ることを意味した。この態度はこう言った。〈私たちは違う。だから私たちはこの過去について語らなければならない！〉過去と付き合うこれら対極の形式は世代間ではげしくぶつかり合った。親世代は、ナチ政権に対する公式の政治的有罪判決を、〈沈黙せる多数派〉としてともに背負ったが、自らも加担していたがゆえに、個人的にはこの政権と距離を取らなかった。それに対して第二世代は、公然と声を大にしてこの過去との断絶を成し遂げ、そして同時に、新しい民主主義の国から離反した。彼らは、自分たちの両親が放棄していた〈過去の克服〉という問題を取り上げ、それを自分たちの〈世代の目標〉にした[19]。両親の褐色〔ナチ党員のシャツの色〕の経歴だけが告発の対象になったのではない。今や両親たちは申し合わせて口を噤んだことも非難された。というのも、沈黙は今や〈第二の罪〉〔ラルフ・ジョルダーノ〔一九二三～二〇一四、ドイツの著述家。『第二の罪』（一九八七）など〕〕と見なされたからだ。「沈黙する人は罪を犯す！」[20] こうして、十把一絡げの告発という形で、一つの罪の言説が生まれた。その告発は、モラルの面で戦争世代に向けられていただけではなく、同時に政治的にも新たな連邦共和国〔西ドイツ〕に向けられた。あとになってから、抗議世代の反発は、彼らの両親の歴史的状況をある種再演したものと解することができた。つまり、子供たちもまた、彼らのイデオロギーに基づく判断によれば、ファシズム国家に暮らしていたのだが、親たちとは反対に、彼らは一九六〇年代と一九七〇年代にその国家と激しく闘ったのだ。その抗議でもって、子供たちは親たちに、当時〔ナチ政権の誕生を許してしまった戦間期に〕どう振る舞うのが正しかったのか、一つの見本を示した。ペーター・スローターダイクは彼の世代の自己像をこのように戯画化している。「私たちは一九六七年から、一九七七年のバーダー・マインホフの危機[7]にいたるまで人民戦線を演じ、ヒトラーの興隆を勇敢に阻んでいました。でも、そうはいっても台本があったのです。たとえそれが半世紀前のものだったとしても[21]」。

この抗議と擬態の弁証法――それは対立を透かして見え隠れする世代間のある種の類似性をも示している――は、これまでたびたび議論されてきた[22]。ただし私たちは、このドイツの世代の構図を、一九六〇年代と一九七〇年代の歴史的状態にいわば静止させておき、――よく行なわれるように――没歴史的なパターンとして普遍化するという誤りを犯すべきではない。世代研究を試みる際に生じやすい問題は次の点にある。つまり世代研究は、世代のアイデンティティと世代間の争いを、特定のメルクマールにいつまでも縛り付けて時間的変遷の次元を除外することで、〈本質化〉するのだ。この時間の変遷の次元について、また――それと結び付いた――世代間の関係の変遷という次元についてもっと知るには、父親を主題とする小説や家族小説という文学ジャンルを覗いてみるといい。一九七〇年代以降、ドイツの戦後社会を象徴する世代間の関係は、文学で好まれるテーマになった。これらの小説の成立が後年であればあるほど、それらはより私的に、反省的に、情報豊かに、そしておしゃべりになった。告発し、決着をつけ、イデオロギー的に確固としてナチズムの歴史から身を引き離す身振りに続いて、一九九〇年代のいわゆる家族小説では、家族の記録、アーカイヴでの調査、歴史学を利用して、自らの家族史により深く分け入り、自分自身をこの歴史の中に位置づける試みがなされるようになった。その際、一九六〇年代の終わりに沈黙が破られたことは、決して完全な告白などではなく、特有の防衛メカニズムを内包する、生涯にわたる緊張だったことがますます明らかになっていった。この展開の結果、かつては政治化した断絶が世代を隔てていたのに対して、今ではナチズムの歴史を、第二と第三の世代が、家族の経歴の一部として受け入れるようになった。六八年世代の多くの作家は、親世代とできなかった対話を、文学の形式で改めて埋め合わせながら演出した。その一方で、第三世代のテクストでは、三世代かそれより多くの世代にわたる家族の歴史的つながりに対する、さらに広い眼差しが開かれた。このパースペクティヴの広がりは、もはや両親の罪を〈自分たちから〉切り離したいという願いに規定されていたのではなく、祖父母、自分の由来する世界、自らの〈生まれる前の〉過去に対する新たな関心を証していた。

外在化と内在化

この展開は、M・ライナー・レプシウスの概念を用いるならば、拒絶し切り離すことでナチズムの過去を〈外在化

Externalisierung〉することから、六八年世代がその過去を自分たちのものにすることで〈内在化 Internalisierung〉するにいたる過程として説明できる。(23) この展開は文学作品が証しているだけではない。それは、一九六〇年代から一九八〇年代にかけて、政治的・文化的風土が全般的に変化したことにも現れている。六八年世代が自分たちと親世代の間に引いたモラルの分離線は、徐々にある新たな、そしてより一般的な性格を獲得していった。当初、この分離線は、世代間の衝突と政治闘争における道具の一つだった。モラル上の優越感は親世代と感情的に一線を画すことに役立っただけではない。この優越感は自分たちの国家と戦う上でも一つの武器だった。六八年世代はその国家を、エリートの褐色の〔ナチ時代からの〕連続性ゆえに、法治国家としてではなく、本質において変わることなくファシズム的であると見なした。

六八年世代が政治闘争を目的に沈黙を破ったことは、それゆえ、ある意味では沈黙を深めることにもなった。なぜなら、ドイツ人対ドイツ人の内向きの親子喧嘩では、ユダヤ人の被害者についての具体的な問いは、政治化されたコミュニケーションの中で、まだ本当の役割を演じていなかったからだ。クリスティアン・シュナイダーが示したように、自分たちの目的のために、〔六八年世代の一部が〕ユダヤ的なるものをいわば象徴的に占有し、簒奪するようなことがあった。しかしまだ、後に〈ホロコースト〉と呼ばれるようになる出来事の幅広い歴史的現実に基づいた、ユダヤ人の個々の人生に対する共感はなかった。この状況は二〇年後に変わった。そのとき、このモラルの分離線は、新たな〈想起の文化〉の礎石になった。この概念は一九六〇年代と一九七〇年代にはまだまったく知られていなかった。(24) 一九八〇年代になると、六八年世代は、自分たちの世代のプロジェクトの輪郭を根本的に変えていた。彼らはもはや、ホー・チ・ミンのポスターを持って町々を回り、彼らがファシズムと同一視したある種の帝国主義の被害者のために、武装闘争を呼びかけることはしなかった。また、彼らはもはや、あらゆる伝統を取り壊す、毛沢東の文化大革命を信奉しなかった。彼らはもう二〇代の若者ではなく四〇代の大人だったし、自分たちの身近な生活の場にいる、国民社会主義の人種政策による実際のユダヤ人被害者に、真剣に関心を抱き始めていたのだから。つまり問題となっていたのは、もはや「ロール・モデルとしての虐殺されたユダヤ人[25]」ではなく、名前と来歴があり、なかにはまだ住所もある個々の人物だった。すでにオムニバス講義では、新しい学生世代の発起で、大学からのユダヤ人同僚の追放と迫害の歴史が語られていた。今やほかの機関もあとに続いた。病院では若い主任医師が、自分たちの所属施設のナチ時代の歴史について展示をし、同じ時期に市民運動が、追放され殺害されたユダヤ人たちの名前を調査した。彼らは——これはまったく新しい現象だが——被害者の親族とコンタクトを取り、これらの人々がかつて暮らしていた町に招待した。この両者、すなわち政治的アジテーションと市民社会のアンガージュマンは、六八年世代が親世代の終止線に対抗して引いたモラルの分離線が、形をとって現れたものだ。

この内的な進展は、〈外在化〉と〈内在化〉の概念を用いても、同じようにうまく説明することができる。そして、ドイツの想起の歴史において六八年世代が果たした役割について、昨今表明されている不快感との関連で議論することができる。私がここで引き合いに出しているのは、精神分析学者のクリスティアン・シュナイダーと、社会学者のウルリーケ・ユーライトがきっかけとなった議論である[26]。つまり、シュナイダーとユーライトが六八年世代に関して非難している感情的姿勢は、外在化の感情的、道義的、政治的な戦略に関わっているのだ。この世代はかつて、これらの戦略を用いて、親世代と徹底的に一線を画した。この著者たちは次のように書いている。「彼ら〔六八年世代〕による排除は、後に生まれたドイツ人という彼らの自己理解を固める。後に生まれたドイツ人たちは、被害者に同一化することで、相続した歴史との関係を根本的に断つ——そうして自分たちの過去とのつながりの、一つの本質的な核心を否定する[27]」。それに対して内在化は、具体的なユダヤ人の被害者に対する、あとになってようやく始まった関係を表している。この関係は、相続した罪に対する責任という新しい感覚から生まれた。しかしながら、シュナイダーとユーライトは、これを進展あるいは転回と考えていない。彼らは、六八年世代がユダヤ人の被害者に向かったことを、一種の自己欺瞞の行為と解釈する。この行為によって、後に生まれた人々は、今日にいたるまで、ドイツの歴史からこっそり抜け出してきたというのだ。彼らは、〈借りもののアイデンティティ〉や〈被害者気取り〉のような言葉を用いて、非ユダヤ系ドイツ人がユダヤ人被害者に、妄想しながら過剰に同一化し続けていると弾劾する。この同一化ではドイツ人とユダヤ人の違いは完全に消される。

そのようなアイデンティティの混乱の事例があったかもしれない。それらの事例は真剣に受け止めねばならず、この世代の心的歪みのリストに含めるべきである。だが、この症状を、一世代全体のアイデンティティを解き明かす鍵にまで拡大解釈し、半世紀の時間を無視してそれを没歴史的に確定することはまったく別である。レプシウスのいう意味での内在化は、妄想的な同一化を指しているのではない。そうではなく、歴史を、歴史的罪もろとも引き受けること、ならびに、その罪を道義的責任の諸々の形式に変換することを意味する。この責任は、曖昧な〈当事者性〉にはまり込んで立ち往生するのではなく、想起の具体的な実践やプロジェクトに通ずる。ドイツのナチ社会の後継者たちは、今日、例えば〈躓きの石〉〔本書序論訳注〔1〕参照〕の活動の枠内で、加害者の国にいながら被害者の親族と個人的にコンタクトを作り出し育んでいる。私の経験からすると、彼らにとって、自分自身には罪がないと想像し、自分をこれらの被害者と同一視することほど縁遠いものはない。この歴史は、一九六〇年代に抗議と告発で始まり、一九八〇年代には新たな状況下で、新たな実践を伴って続いた。一九八〇年代になって初めて、私たちが今日〈ドイツの想起の文化〉と呼んでいるものの前提が生み出された。この概念は一九九〇年代が進むにつれ定着し始めた。この新しい想起の文化は、それゆえ、ユーライトとシュナイダーが示唆しているような、ドイツ人によるユダヤ人被害者との誤った同一化や同一視に基づいているのではなく、これらの被害者に対する共感的な関係があとになって構築されたことに基づいている。[28]

ヘルマン・リュッベは、彼の論文の読者に、テレビにおけるある出来事を思い出させる。それは、ＺＤＦ三部作のときのように同時代にではなかったが、あとになってから、ドイツの想起の文化の一つの里程標と評価された。その出来事とは四部からなるアメリカのテレビシリーズ『ホロコースト』の放映だ。このシリーズは一九七九年一月にドイツで放映された（地方公共放送の第三放送で、しかも夜の一〇時以降に）。このシリーズは実際に沈黙を破った。この時は予期せずに、しかも公共の大衆文化のマスメディアで。いわば外部から西ドイツの戦後社会に侵入したこの出来事は、ユダヤ人虐殺の歴史をある実在しない家族の運命に基づいて描き、それを西ドイツの家庭に持ち込んで数百万人の感情的な関与を呼び起こしたが、この関与は世代をも互いに結び付けた。初めて社会全体が、ユダヤ人被害者に対する共感にとらえられた。この映画の感情に訴えかける描写は、個々の登場人物とその人生の物語に基づいて、政治闘争に利用されて口を開けていたドイツ人の過去の深淵に、橋を架けることができた。このアメリカのテレビ番組は、リュッベがすでに一九八三年に正しく観察していたように、経験世代と後に生まれた人々に、一つの共通のメディア経験を媒介した。これは、頑なに沈黙していた年長世代と、目が眩んで政治化していた若者世代を思いがけず一緒にした、全社会的な出来事だった。アイヒマン裁判がイスラエル内外のユダヤ人にとって意味したことを、シリーズ『ホロコースト』はドイツ人に引き起こした。名前のないユダヤ人を代理表象する虚構の人物たちの運命に、ドイツ人視聴者が感情的に関与したことが、後に〈想起の文化〉と名づけられたものの基礎を築いた。

テレビ映画『我らの母たち、我らの父たち』でなされた〈沈黙を破る〉という身振りは、したがって新しい出来事ではなく、ドイツの想起の歴史を突き動かした根本的な衝撃を、繰り返したものだった。ヘルマン・リュッベはこの沈黙を、時代に巻き込まれた一証人のパースペクティヴで説明した。この証人は沈黙を明確に〈抑圧〉と区別した。というのも、彼は道義的な立場からではなく、現実的な立場から論じており、その際に何よりも未来を視野に収めていたからだ。彼は次のように要約した。「特定の範囲内では、人がどこから来たかは、人がこれからどこへ行くつもりなのかほど、政治的には重要ではない[29]」。歴史を振り返ること、間違った行為を認めること、政治的悔恨を、リュッベはまったく重要視しなかったし、今もしていない。したがって彼はドイツの想起の文化を今日支えている前提から隔たっている。それに対して彼は、社会のあらゆる集団が一致して、新しい法治国家の諸価値に力を注ぐことに非常に重きを置いたし、今も置いている。〈ナチ党員から連邦共和国市民へ〉のこの変身は、モラルを浄化することによってではなく、うまく順応することによってのみ、成功を収めることができたとリュッベは考えた。というのも彼は、改心にではなく、「より良いものへの、実生活上の経験で固められた順応」に全幅の信頼を置いたからだ(30)。

ホロコーストの想起のクレッシェンド

一九八三年の講演の冒頭で、リュッベは、ある逆説的な観察結果を述べている。その観察は今日では確たるトポスになった。彼の観察はここでもう一度繰り返すに値する。

国民社会主義との取り組みは、私たちをその支配の崩壊から隔てる年数が増すにつれて強まりました。〈第三帝国〉の一二年間に対して時間的な距離が広がっても、この帝国の思い出が色褪せるという効果は、同時代人の覚めた意識には生じませんでした。まったく反対に、それは文化的ならびに政治的にますます執拗に想起されるようになったのです。国民社会主義の位置は、ドイツ人の過去の地平において、時間的にどんどん後方に遠ざかるにつれて、感情的に執拗さを増してきました(31)。

リュッベが三〇年前に観察した事柄は、後の視点で見ると、ただただその正しさを認めるほかない。それはホロコ

ホロコーストの想起のクレッシェンド

1945年	1965年	1985年	2005年
終　戦	アウシュヴィッツ裁判	ヴァイツゼッカー演説，歴史家論争	中央ホロコースト警告碑
過去の克服		過去の保持 ナショナル	 トランスナショナル

ーストの想起のクレッシェンドに関係している。この想起は約二〇年のリズムで持続的に増大した。第二次世界大戦の思い出で覆い隠されていたホロコーストが、その影から徐々に姿を現して、イェルサレムやフランクフルトの裁判(8)を通じて新たなテーマになるまでに、二〇年がかかった。この人道に対する罪が、知識人の論争や追悼記念行事の中に新たな場所を与えられるまでに、さらに二〇年がかかった。そして、この想起がミュージアムや記念碑によって世界的に固定されるまでに、さらに二〇年がかかった。

一九八九年以降、中東欧諸国のアーカイヴが公開され、ヨーロッパの対独協力の歴史が明らかになった。一九九〇年代に、ホロコースト〔の記憶〕は、たくさんの追悼記念行事、展示、ミュージアムの設立、記念碑、政治的な象徴の設置でしっかりと固められた。この想起の共同体は、ナショナルな境界線を越えて、今日ではグローバルに拡大した。同時にこの想起の共同体は、モデルとしての性格を帯びた。このモデルに倣って、ほかの被害者集団も、自分たちの要求をいかに掲げ、自分たちのトラウマ的な思い出にどう形態を与えるか、方針を定めた。

リュッベがその論文を書いたのは、私たちが今日〈想起の文化〉と呼んでいるものが成立する前だった。社会心理学者のハラルト・ヴェルツァーが述べているように、「ホロコーストの被害者の苦しみを承認するのを拒んだことは、想起の政治の観点では戦後史の最大のスキャンダル」だった(32)。私たちは今日の視点で当然ながらこのように判断する。しかし、ドイツの想起の文化は非常にゆっくりと、戦争が終わってから四〇年を経てようやく築かれた。想起の文化に先行していたのは長い潜伏期だった。この潜伏期には、申し合わせた黙殺と、後々まで影響を及ぼした、抗議世代による沈黙の打破があった。リュッベにとって沈黙の潜伏期は、想起の政治のスキャンダルではなく、「私たち戦後の住民を、ドイツ連邦共和国〔一九四九年以降は西ドイツの、一九九〇年以降は再統一したドイツの正式名称〕の市民に変身させる、社会心理学的な媒質」だった。[33] 沈黙によって一つの問題――終戦直後の社会を切り替え、新体制に順応させ、統合すること――が解決した一方で、それによって別の諸問題が生み出され先鋭化した。年長世代にはためになったかもしれないことは、後続世代には重い負担となった。後続世代は、感情的、道義的、文化的観点を包括する、新しい想起の文化の創始者になった。この想起の文化は六八年世代のプロジェクトになった。しかし――アウシュヴィッツ裁判や時効論争のときと同様に[9]――抗議する二〇代の若者たちのプロジェクトではない。そうではなく、社会の中心になった四〇代の人々のプロジェクトである。彼らは一九八〇年代と一九九〇年代に彼らのイデオロギー上の先入観を脱した。

事実、歴史政策をめぐるそれまでの諸論争が脱イデオロギー化したことは、この新たな想起の文化が成立するための決定的な前提の一つだった。左右のイデオロギーに代わり、今や人権が、政治的行動、モラルの評価、歴史的感受性を支える規範になった。この心性史の転回は、一九八〇年代に各地で始まり、次第に影響力を増していった。この転回は、ヴェトナム戦争の終結とそれが合衆国で生み出した諸々の結果にまで、またラテンアメリカ諸国の独裁制の終焉と、独裁制の結果として生じた政治的な移行プロセス（南アフリカのものも含む）にまで、そして、ヨーロッパの鉄のカーテンが崩壊したあとの、冷戦の二極的世界の終結にまで遡ることができる。この転回の結果、西洋社会では、歴史の英雄的な立役者たちから、彼らの名もない被害者たちに視線が向け直されるようになり、大きな影響を及ぼした。今や被害者たちの物語は、証言報告で初めてさまざまな声で語られ、聞かれるようになり、そして彼らの名においてこれまで以上に発言がなされるようになった。指針の中心にあったのは、人権と、それゆえに苦しみの承認と、政治的暴力や人種差別の被害者になった民間人への共感だった。この転回はまた、加害者を庇うのをやめて、（ユダヤ人に限定されない）被害者の苦しみへと視線を向け直すことでもあった。この歩みとともにドイツ人の内向きの想起も終わった。というのも、これに続く数十年の間に、ホロコーストを想起するトランスナショナルな共同体に、ドイツ人も加わるようになったからだ。この想起の共同体は、定かならぬ未来に向けられた追悼記念の行為において、〈過去を保持する〉という新しい原則を共有している。

第三章　ドイツの想起の文化の諸問題

想起の世界チャンピオン？

状況は逆説的だ。数年来、ドイツ人は外の世界から、何か良いことをしたというお墨付きをもらっている。その良いこととは、自分たちの想起の文化を築いたことである。イギリスの歴史家ティモシー・ガートン・アッシュは、想起のドイツ工業規格という言い方をした。ロシアでは〈ジャーマン・モデル〉が話題になっている。そしてアメリカの政治学者ジョン・トーピー――彼は真実和解委員会と政治体制の変化について基本となる研究を発表している――は次のように述べている。「今日、私たちは皆、ドイツ人だ《ウィー・アー・オール・ジャーマンズ・ナウ》！」[1] これが意味しているのは、あるメンタリティと信念の変化である。この変化の結果、国家は、これまであたり前に、国民の肯定的な自己像を疑問に付しかねない事柄はすべて否認、あるいは黙して無視してきたのとうって変わって、自らが歴史の中で犯した不正をますます頻繁に、進んで認めるようになった。こうした意見に加えて――過小評価できないのだが――多くのユダヤ人やほかの芸術家たちがドイツの想起の文化に肯定的な意思表示をしており、その数はさらに増している。彼らは、イェルサレム、パリ、あるいはニューヨークから、ベルリンに移り住んでいる。なぜなら、彼らはこの地のいたるところに、彼らの家族のトラウマ的な歴史の痕跡を再び見出すことができるからだ。それらの痕跡はここでは自由に展示され、議論され、記憶に留められている。

こうして見るとドイツ人は想起の世界チャンピオンなのだろうか。このばかげた称号が彼らにふさわしいとすれば、それはただ、彼らが以前には人殺しの世界チャンピオンだったからだ。数百万人の男性や女性、子供や老人の命を、官僚主義的な綿密さで、飢餓、労働、拷問、射殺、ガス殺で奪うこと、それも彼らが別の〈人種〉に属していたからというただそれだけの理由で殺すことが、ドイツ人の強迫観念だったことを、素通りできるような道はない。したがって、ドイツの想起の文化は、ドイツ人の傲慢さの隠れた継続なのだろうか。

　外部の見方と内部の見方はここではっきり分かれる。外国でドイツ人に関して高く評価される事柄は、この国では多くの人々にとって目の上のたんこぶだ。ドイツの想起の文化に対する漠とした不快感は右派の間にはいつもあった。しかし今日、この不快感は、民主主義に基づく社会の価値合意を決して疑問に付そうとは思わない学者や知識人の刊行物でも、ますます議題にのぼるようになった。過去三年間に、ドイツの想起の文化に対する不快感を、何らかの形でテーマにした出版物が少なからず現れた。そのいくつかをここで詳しく見てみよう。その一つが、『被害者気取り』というタイトルの、ウルリーケ・ユーライトとクリスティアン・シュナイダーの研究である。この研究は「被害者に同一化したドイツの追悼記念文化」と、その根底にある文化的記憶の理論を標的にしている[2]。著者たちは、彼らのテーゼを二年後にもう一度、ある論集で繰り返している。その論集では、ほかのさまざまな分野の寄稿者たちも、この根本的問題について発言している[3]。さらに別の本は、ハラルト・ヴェルツァーとダーナ・ギーゼッケによるものだ。『人間に可能なこと』というタイトルで、ドイツの想起の文化の、大胆ながらくた整理と改築を提案している[4]。さらには、『経過《フォアゲンゲ》――市民権と社会政治のための雑誌』の特集号「何ゆえに想起するのか」や、相当数の個別論文を挙げることができる[5]。

　不快感を伝える声の少なからぬものは、よく検討されている。しかしながら、多くの声は何らかの直観に基づいており、反省以前の状態にとどまっている。何かがおかしい、しかしそれが一体何なのか、まだあまり正確にはわからない。この直観は反省のための重要な道標になるかもしれない。そして反省は働き始め、問題は何で、どうすればそれを取り除くことができるかを明らかにしようとする。それゆえ、漠とした不快感からひとまとめに拒絶して非難するのは止めて、懸案の諸問題についてしっかり議論するために、問題となっている最重要のテーマのいくつかをより精確に特定しよう。不毛な論争を避けて、建設的な議論をするための枠組みとなる条件を作り出すために。

解釈の支配権と被害者気取り——世代間の衝突としての想起の文化

ウルリーケ・ユーライトとクリスティアン・シュナイダーが抱く不快感は主に、六八年世代が果たしている役割に向けられている。この世代は、ドイツの想起の文化を裏で動かしている力として発見される。著者たちの見解によれば、この世代のせいで、ドイツの想起の文化は誤った道に進んだ。その誤った道を著者たちは社会学と精神分析学の視点でなぞる。そうして見出されたものが、被害者に対するある種の自己欺瞞に基づく誤った関係であり、また、救済への幻想的な期待と、間違った喪の作業のモデルである。この著者たちの批判の背後にあるのは、六八年世代の押しつけがましく感じられる後見から自分を解放したいという願望だ。この不機嫌言説のキーワードは〈解釈の支配権〉という。つまり問題となっているのは、方向性をめぐる争いだけではなく、政治化した世代間の衝突なのだ。この衝突を六八年世代とその親世代の衝突の〈死後の生〉と呼びたくなる。著者たちの説によれば、六八年世代はホロコーストの想起を、「自分たちの世代に全権を与えるための戦略」としてドイツに導入した。そこから帰結するのは、ドイツの想起の文化は完全に、彼らの指図《ディクタート》（まさか独裁《ディクタトゥーア》とまでは言わないだろうが）の結果だということだ。ベルリンの連邦議会でなされた〔ホロコースト〕警告碑建立についての票決のような、民主主義的な決議に見える事柄でさえも、つまるところ、ここで自分たちの解釈の独占権を行使している、ある政治的な世代の策謀にほかならない。そのためにこの世代は、「過去を引っぱり出して構築した独自の意味づけを永続」させ、「歴史の想起を彼らの物差しで静止」させようとするというのだ。[6]

ミッチャーリヒ夫妻が一九六〇年代に、戦争世代の良心に語りかけ、彼らの〈喪の不能〉を非難したように、ユーライトとシュナイダーはその四〇年後に、六八年世代に対して、彼らの誤った想起と喪を非難する。この二人に言わせれば、この想起と喪は根本的に偽物である。というのも、それは装った感情、こっそり手に入れたアイデンティティ、間違った救済願望に基づいているからだ。ドイツにおけるホロコーストの想起に対するこの批判の核心は、ユーライトとシュナイダーが「被害者気取りという借りものの自己像」と呼ぶものに関係している。ユダヤ人被害者との同一化は、六八年世代が自分の家族と縁を切り、汚染された歴史的環境を脱して道義的に申し分のない世界に寝返るのに役立ったとされる。このようにアイデンティティを転換して、奇跡的な脱出を遂げるための手段が、想起の文化だったというのだ。人々はそれを用いてドイツの罪から救済されることを期待した。この説明でユーライトとシュナイダーは多くの賛同を得た。「被害者との虚構的な同一化」や「作為的な当事者性」のような口舌は、そうこうするうちに、確固たるトポスになった。[7]

ここで問題となっている事柄をより具体的にするために、一つの例を付け加えたい。ZDFの三部作『我らの母たち、我らの父たち』についてのフランク・シルマッハーによるインタビューで、制作者のニコ・ホフマンは、母親との次のような会話を回想した。「一九七九年にドイツでもあのホロコーストのシリーズが放映されたとき、〔彼女は私を〕昼食のときに本気で非難しました。〈あなたはいつもユダヤ人の味方をするのね。私のことなんかよりも、ユダヤ民族のことのほうがよくわかるのでしょう〉。私は答えました。〈だって、母さんのBDM〔ドイツ女子青年同盟（Bund Deutscher Mädel）の略。一四～一八歳の少女で構成された、ヒトラーユーゲントの下部組織〕問題に、ぼくが同一化するわけないじゃないか。ぼくたちは今、ホロコーストについて話をしている。ドイツ人に同一化するわけないだろ、ぼくはドイツのユダヤ人に同一化しているんだ〉」[8]。

テレビシリーズ『ホロコースト』がドイツ社会に及ぼした感情的影響については、前章ですでに話題にした。ヘルマン・リュッベはこのシリーズが、世代を超えて人々を沈黙から解き放ったと考えた。アウシュヴィッツ以後、どんな歴史書にも教育法にもできなかったことを、大衆文化のテレビ物語がやってのけた。つまりこの物語は、広範囲の住民の間で、封じ込められていた情動を解き放し、ユダヤ人被害者に対する共感を可能にしたのだ。ヘルマン・リュッベは放映から四年後に次のように明言している。「このシリーズによって、道義的ならびに政治的な公共精神は、国民社会主義の最も恐ろしい諸帰結に対して、似非理論から自由な関係を取り戻した」。このシリーズは「ドイツ人と国民社会主義との関わりにおいて、道義的ならびに政治的な公共精神が、しかるべき判断力を備えていることを新たに確証した。そして、このシリーズはまさにそのことで社会を統合する働きを示した」[9]。

このアメリカのテレビシリーズが放映され受容されたことは、ドイツの想起の歴史における一つの里程標だった。なぜならこのとき初めて、年長のドイツ人と若いドイツ人が、ホロコーストの現実に対して感情的にも己を開いたからだ。そのことを多くの証言が示している。これはニコ・ホフマンと母親との会話では確認されない。彼女はどうやらこの転回をともにはしなかったようだ。また、彼の経験が特殊な事例ではなかったことも確かだ。というのも『ホロコースト』シリーズは世代間の分極化をもたらしもしたからだ（この間、話を聞いた人たちによれば、彼らの両親はこのシリーズの視聴を固く禁じた）。自分が身に付けた国民社会主義の価値観を引きずっている理解されざる母と、このテレビシリーズを観て、それとは対照的なアイデンティティのモデルを受け入れる無理解な息子との会話は、ウルリーケ・ユーライトのテーゼが正しいことを、まさに証明してくれるように聞こえる。しかし同時に、そもそもこの状況の何がそんなに間違っているのか、という疑問が浮かぶ。息子はテレビシリーズを観て、ドイツのユダヤ人たちに、つまり被害者に同一化する。そしてドイツ人と距離を置く。しかし、〈同一化する〉という語は決して、彼はそれゆえに自分自身をユダヤ人被害者と見なす、ということを意味しているのではない。共感とは感情移入を意味し、ほかの人に感情的に結び付くことを可能にする。その人の運命に同情するが、しかし、それによって自分と他人が違うという明確な意識を放棄することはない。同一化は、被害者とともに、価値観と態度を受け継ぐことを意味する。しかし、それらを受け継いだからといって、決して、自らのアイデンティティ、家族、ネイション、歴史から解放されるわけではない。アイデンティティはまた、本当でもなければ偽りでもなく、形成可能で可塑的である。アイデンティティは確信と行動を通じて変化する。事実、こうしてドイツ人が被害者に共感しながら同一化することは、ユーライトが想定しているような、ドイツの想起の文化の誤った道でもスキャンダルでもなかった。そうではなく、その前提にして基礎だった。

一九七〇年代以降、六八年世代の間で、さまざまな形のゆきすぎた親ユダヤ主義や、ユダヤ教への改宗の事例があったことは争う余地がない。しかしながら、ユーライトがこの世代全体に対して、ユダヤ人被害者と不当に同一化していると非難し、この振る舞いのプロトタイプとしてビンヤミン・ヴィルコミルスキー、またの名をブルーノ・グロージャン／デセカーの事件を挙げるのは、非常に人を惑わす。この人物はスイス人で、〔幼い頃に〕養子になった自分の経歴を偽って、ホロコーストを生き延びた自伝に作り変えた。その自伝『断片』〔『断片——幼少期の記憶から・1939-1948』小西悟訳、大月書店、一九九七〕の著者は一九九八年に正体が暴かれた。この事件は裁判沙汰となった。ユダヤ人被害者に対するヴィルコミルスキーの共感は、実際、彼が自我と他者の差異を妄想的な同一化の行為において解消してしまうほどに亢進していた。ユーライトはこれについて、彼女特有の両義的な語り口で書いている。「ブルーノ・グロージャンの件は特殊事例であり、そういうものとして、一般化することはできない。もっとも、この出来事は、その個人的な悲劇性を超えて、集合的な想起のある基本構造を見せており、この点でヴィルコミルスキーの『断片』は、やはり特殊な再コード化というだけではなく、社会特有の再コード化でもあるのだ。被害者に同一化することは、今日では、記憶政治の規範になった」[10]。これまで、ヴィルコミルスキーのような事例がドイツの戦後世代に生じた場合には、問題含みの自己欺瞞としてとっくに批判されてきた。このことをすでにラインハルト・コゼレックが明言している。「私たちドイツ人には、政治的責任を負った国民として」「犯行それ自体を、そしてそれとともに加害者を想起する義務がある。(……)まるでそうしたら自分たちも、この地球上のほかの国々のように、何らかのホロコースト記念碑がもらえるかのごとく、被害者の集団、例えばユダヤ人の背後に身を隠すようなことは断じてあってはならない。私たちはドイツ人として、そんなことを思い上がってすることは許されないし、また、自分たちにそんなことができると過信してもならない。私たちだけは、加害者だということを、自分たちの意識に含めなければならない」[11]。

ここには不必要な誤解が生じている。この誤解はきわめて曖昧な語り方に基づいている。ユーライトが咎めながら「被害者に同一化した想起」という言葉を用いるとき、それを読む人は例えば、彼女はその際に自動的に〈ユダヤ人被害者〉のことを意味しているのだと、自分で補って考えなければならない。しかしながら、これは決して自明のことではない。なぜなら、まさにドイツ人たちは、周知のように、長い間頑固に自分たち自身の〈被害者に同一化した想起〉にしがみついてきたからだ。この想起は広範囲にわたって、〈〈ユダヤ人〉被害者〉に対する共感の余地をほとんど残さなかった(終戦後、ドイツ人の多くが、自分自身をナチ独裁と戦争の「被害者」と見なす一方で、ユダヤ人やそのほかの被迫害者の存在を忘れたこと)。〈被害者〉という語は、ユーライトの場合、一貫して未規定のままなので、彼女の論証は、さまざまな被害者のパースペクティヴの競合が話題になっている箇所では、極度にわかりにくくなる[12]。しかしながら、もっと誤解を生みやすいのは、概念上の不正確さである。つまりユーライトは、〈被害者に同一化した〉想起(これは彼女が使っている用語である)と、〈被害者に寄り添った〉想起(この概念をヴェルナー・コニッツァーが提案した[13])を区別していないのだ。この二つの立場は、表面的には交換可能に見えるが、まったくかけ離れている。コゼレックが正しく強調したように、ドイツ人は、ユダヤ人と一緒に自分自身を被害者として感ずるために、不遜にもユダヤ人被害者と自分を同一視することはできない。それに対して、ドイツ人が共感的に被害者と一緒に感ずることは、可能であるばかりか、まったくもって適切である。ゆきすぎた同一化がアイデンティティの間の差異を消してしまうのに対して、共感は自己と他者の区別を前提とする。〈ともに感ずること〉と〈自分が何某であると感ずること〉は、それゆえ、根本的に異なる感情行為である。

世代を超えた想起の別々の枠組み――というのもここで問題となっているのはまさにこれなのだから――をより精確に記述するのに、ヴェルナー・コニッツァーが提案した区別は役に立つ。〈被害者に同一化した〉想起のカテゴリーを用いると、例えば、ホロコーストの生存者の第二世代を非常によく把握することができる。彼らは自分たちを〈2G〉〈〈第二世代〉を表す略号〉と呼び、彼ら自身の来歴を、両親のトラウマの、世代を超えた延長と自主的に理解している。それに対してドイツでは、ユダヤ人被害者に寄り添うような方向への突破は、一九七九年にようやく、アメリカのテレビシリーズ『ホロコースト』で始まったことを、コニッツァーに依拠して論ずることができる。このシリーズは、研究者の一致した見解によれば、ある新しい、世代を超えた想起の枠組みの礎石を据えた。コニッツァーが書いているように、被害者に寄り添った想起の文化によって、ドイツ人は、ヨーロッパの、そして世界的な想起の文化に自らを組み入れた。しかしながら、コゼレックに倣ってこう問うことができるかもしれない。私たちはだからといって、ほかの国々と同じように、想起の文化を持ったことになるのだろうか。というのも、間違いなく、想起は加害者の国では、対独協力はしたけれども、歴史的に強固な抵抗の伝統も刻まれている国々におけるのとは、異なった様相を呈するのだから。それゆえ、ドイツでは例えば、今日にいたるまで〈強制移送された人々の通り〉はないが、無数の〈躓きの石〉がある。これらの石は市民社会のイニシアティヴによるものだ。罪のない市民の被害者に共感せず、肩入れもしない世界があったとしたら、「現在の想起の文化とは比較にならないほど居心地が悪い」だろうとコニッツァーは言う。[14]

ホロコーストに対するドイツの想起の文化の姿勢は、同一化によってではなく、共感の一形式によって規定されている。この共感は、自分は被害者の民族に属していない、という意識に十分な余地を残している。ドイツ人がホロコーストを想起するときのこの姿勢は、被害者に寄り添っているが、被害者と同一化するものではない。なぜなら、ここでは加害者のパースペクティヴが、まさに消去することのできない役割を果たしているのだから。それゆえ、この場合には〈否定的な〉記憶ということも言われる。後継世代にもはや負わすことのできない罪は、その際に〈歴史的責任〉に変えられ、警告として未来に送られる。ユーライトが、ベルリンの「ホロコースト」警告碑についての連邦議会の決議から引用している次の文章は、この基本的な姿勢を明らかにしている。この文章はある倫理的な想起の言葉を語っている。それは共感しながら被害者に寄り添い、そして同時に、自分たちを〈加害者の民族〉と歴史的に同一視することを維持している。「この記念碑によって私たちは、虐殺された被害者を敬い、ドイツ史の想像を絶した出来事の記憶を鮮明に保ち、未来のすべての世代に、二度と人権を侵害せず、民主的な法治国家を不断に擁護し、法の前の平等を守り、いかなる独裁と暴力支配にも抵抗するよう警告する」[15]。

〈繰り返さないために想起すること〉――これはこの倫理的要請を短くまとめたものである。この要請は、ドイツの状況のために作られたものだが、しかしそれに限定されたままではなかった。この要請は、今日、世界の多くの土地で反響している。それらの土地では、かつての加害者たちが、一種の〈悔恨の政治〉(politics of regret)の枠内で、彼らのかつての被害者たちに想起の橋を渡している。この想起の橋渡しでは、それゆえ、決して被害者との歴史を忘れた同一化が問題となっているのではなく、ドイツ人の新しいアイデンティティを基礎づけることが問題となっている。そのアイデンティティは暴力の出来事を、〈想起を通じた連帯〉(ヨハン・バプティスト・メッツ)という倫理的な形式で、集合的な自己像に受け入れる。この否定的あるいは倫理的な想起が特にその力を証するのは、それがこれまで――それぞれ非常に異なる歴史的状況の下——いまだ断固として拒絶されている事例においてだ（例えばトルコでアルメニア人のジェノサイド〔1〕に関連して、ロシアでカティン〔2〕に関連して、あるいは、スペインで内戦時に起きたいまだ黙秘され続けている虐殺に関連して）。

ドイツの想起の文化にユーライトが覚える不快感は、六八年世代の解釈の支配権と〈被害者気取り〉という想起の形象だけに向けられているのではない。そうではなく、はるかに包括的には、今日広範に実践され、数十年来、国際的な専門文献で議論されているような、世代を超えた想起のコンセプトにも向けられている。歴史家である彼女にとって、——コゼレックにとってもそうであるように——自分自身が体験したわけではない出来事の想起などありえない。メディアと文化による伝承に基づいて、何らかのナショナルな歴史を受け継ぐことで誕生するような、集合的アイデンティティと集団への帰属を、彼女は一切認めない。それゆえ彼女は、ドイツのホロコーストの想起がアイデンティティとつながることを、純然たる自己欺瞞と評価する。「私たちは単に、私たち自身が経験し苦しみを味わった出来事が問題となっているかのように振る舞っているだけであり、こうして自己とのつながりを偽装して、その中に感情的に入り込んでいくのだ(16)」。こう考える人は、想起の文化に対して、総じて不快感でもって反応するしかない。

否定的な創建神話としてのホロコースト

一九九〇年代以降、ホロコーストの思い出はドイツの社会に回帰し、記念の場所、記念日、記念碑によって、再び一つになった国家の否定的な創建神話として固定された。そうこうするうちに第三と第四の世代が、象徴政策の活動、学校、公共メディアを通じてこのドイツの想起の文化に導き入れられ、ホロコーストの想起が彼らの文化的環境の一部になり、現状として一つの自明の事柄になった。その一方で、さまざまな方面から、この新たな想起の文化に対する抵抗や批判の声が聞こえてくる。この否定的な創建神話がかくも成功裏に制度化された今、想起の文化をさらに発展させることは可能か——変革と危機の時代に、それをどう新たに解釈し、調整し、多元化するかという問いが生じる。過去を引き合いに出してアイデンティティを打ち立てる、この国家が主導する営みは、未来に関わる喫緊の課題や新たな行動の指針と、どう結び付けることができるだろうか。

ホロコーストの〈否定的な〉記憶に、新たな想起の文化の枠内で〈肯定的な役割が与えられた〉ことで、一九九〇年代には、この想起を社会と政治のメインストリームに対抗して推進した左派と、克服し、忘却し、背後にやることを支持した右派の間の、長きにわたる対決が終わった。左の想起の陣営は、決して六八年世代だけに担われていたのではなく、ユルゲン・ハーバーマス、ギュンター・グラス、ハルトムート・フォン・ヘンティッヒ〔一九二五〜、ドイツの教育学者〕、ハンス＝ヨッヘン・フォーゲル〔一九二六〜、ドイツの政治家。SPD党首（一九八七〜九一）〕のような年長世代の重要な代弁者も属していた。この想起の陣営が勝ったあとで新たな問題が生じた。その問題は、〈勝利は敗北である〉という文句で言い換えることができるかもしれない。転覆的な市民運動として始まった事柄が、突然、国を支えるようになったのだ。

ドイツの想起の文化は、批判的抵抗の一つの立場から生まれた。それは壁崩壊の直前の、とりわけベルリンの二つのプロジェクトだった。それらのプロジェクトは地元の市民社会のイニシアティヴから生まれ、あとになってようやく目に見える形になった。つまり、〈ベルリンの〈テロルのトポグラフィー〉の敷地[3]でなされた歴史の証跡保全——そこでは〔戦後〕早急に片付けられたかつてのゲシュタポ本部の遺構が確保された——と、ヨーロッパの虐殺されたユダヤ人のために中央記念碑を建てるという提案だ。両プロジェクトは、ヘルムート・コール〔一九三〇〜二〇一七、西ドイツ首相（一九八二〜九〇）、統一ドイツ首相（一九九〇〜九八）〕が推し進めていた、誰もかれも被害者にひっくるめる公的な象徴政策に対する、批判的介入をもって自任していた。この象徴政策は、壁崩壊後に〔加害者と被害者の〕基本的な区別を消して、歴史的責任の問題を回避しようとしていた。コールは一九九三年にノイエ・ヴァッヘ[4]を〈自身の象徴の場所〉として設置したが、その後、ドイツ・ユダヤ人中央評議会の会長イグナーツ・ブービスと取り決めをして、方針を急に変えた。ブービスはコールに次のことをはっきりさせた。〈君は君の記念碑を持てばいい。でもそうしたら私も自分のをもらうさ！〉[17]長い間拒んでいたが、コールは一九九〇年代の半ばに、自らもホロコースト警告碑の賛成者になった。これでドイツの想起の文化は新たな軌道に乗った。つまり、それは政治的に容認され、国を支えるようになったのだ。事実、ドイツの想起の文化はこの間、私たちの政治的な公共団体のルールに、多面的かつ不可逆的に取り入れられていった。歴史的な記念の場所の面倒を見ることは、再統一条約で、国の課題ならびに責任として定められた。連邦議会は一九九九年六月に、大多数の賛成で、「ヨーロッパの虐殺されたユダヤ人のための記念碑」〔通称「ホロコースト警告碑」〕の建設を可決した。この記念碑はもはやベルリンの中心で無視することはできない。

勝利は一種の敗北であるというジレンマは、知識人の間で深く内面化されている、批判理論の思考様式に起因する。それが有効と認める原則は次のとおりだ。知識人の姿勢はつねに、体制を揺るがすようなものでなければならない。知識人は地の塩〔世の師表（マタイ五章一三）〕であり、権力の肉に刺さった棘である。肯定的に論ずる人は敵に寝返ったのだ。権力者たち――これはつねに別の連中であり、彼らには原則的に不信をもって接しなければならない。ドイツの想起の文化の成立と歴史に取り組んできた歴史家のハラルト・シュミートも、価値観があまねく変わったことを確認している。「忘却と抑圧、黙殺と否認があったところに、今ではどこを向いても想起がある」[18]。政治文化のこの変遷は、最初から、左派の知識人に懐疑と不信をもって認識された。想起の文化に対する新たな不快感は、それが成功裏に制度化され、それとともに肯定的な性格を持つようになったことに対する、一つの応答だった。この性格には不安にさせ困惑させるものが何ひとつないというのだ。「ここでは、人を不安にさせる困惑が、あれほど長い間望まれた、人を安心させる融和に変わっているのだろうか。言語道断の出来事が、〈想起〉のまったき遍在の中で覆い隠されてしまっているのだろうか」とハラルト・シュミートは問う。こう考えると、想起の文化は、「その解決策となるはずだった問題の一部にますます」なってしまうだろう。⑲

知識人がこの成功物語に覚える不快感は、既成制度の転覆をはかってきた左派の長い伝統を思うと、もっともすぎるほどもっともだ。しかし明らかに、〈左か右か〉、〈進歩的か保守的か〉、〈転覆的か肯定的か〉という対立の組み合わせは、今日ではもはや、冷戦時代ほど一義的には通用しない。これらの対立の組み合わせはもはや強制的二者択一の性格を帯びていない。それゆえ、新たに生じる問いとは、知識人が政治文化の形成に対する共同責任をますます引き受けているような社会状況において、批判の潜勢力をいかに救うことができるかというものだ。事実、ホロコーストの想起が連邦共和国の否定的な創建神話として成功裏に定着するとともに、「記憶の分割と分裂」〔ハラルト・シュミート〕という新たな問題が起きている。以前は周縁にあったものが中心にきたわけだが、ホロコーストの想起がトランスナショナルな次元でも固められ、主導的になったことで、ほかの思い出が覆い隠されたり、脇に押しやられたりした。例えば、ドイツ人による抵抗、〔被迫害者に対する〕助力者の歴史、第二次世界大戦の中心的な意味、逃避と追放の思い出などである。想起の多元化の問題は想起の未来に直接関わってくる。というのもこの問題には、例えば東ドイツの思い出や、社会の自明性の一部である〔国外からの〕移住の経験のような、諸々の新たな想起の物語が受け入れられて、有効性を得るかという問いも含まれるからだ。

想起の文化がはらむ批判の潜勢力を救うために、私たちは逆説において考えることを学んだ。その標語の一つはこうだ。勝利とは敗北である。別の標語はこうだ。想起とは忘却である——もしも想起が、恭しくはあっても、型通りで何の結果も伴わずに実践される場合には。想起の文化を支える合意の中に、広まりつつある不快感とともに、ある不合意が巣くっている。その不合意は、想起という肯定的な国家文化を、批判的な対抗文化のパースペクティヴから繰り返し挑発する。その対抗文化の課題は、市民社会の火花を、想起の文化の中で繰り返し燃え上がらせることにある。

以下では、不快感をめぐる論争のさらなる鍵概念を紹介して、ドイツ人は「過去に左右されていつまでも混乱した国民」なのか、という問いを検討しよう。[20] 私は、昨今の不快感は、人々が強い関心を抱き、感情を注ぎ、積極的に関わっていることを示す重要な兆しだと思う。この議論は、自ら啓発し自ら合意に達するための一つの重要な形式であり、それゆえ、民主社会における政治文化の本質的な部分をなす。なにしろ、この民主社会というものは、想起と同じように、それ自体が動的で未来に向けられたプロセスなのだから。

想起し終えたのか？[21]

ドイツの想起の文化の勝利は同時にその敗北である――この不快感はさまざまなヴァージョンで披瀝されてきたし、今もされている。例えば次のような形をとることがある。メディアに遍在するホロコーストの知識が、今では社会の中心にたどり着いたのであれば、もはや想起の文化について語る必要はないし、その制度化を放棄することもできる。というのも、人々がもう知っている事柄は、絶えず繰り返さなくてもよいからだ。むしろ、すでに知っている事柄を繰り返すのは、嫌気と拒絶を呼び起こすことにしかならない。これは、ハラルト・ヴェルツァーとダーナ・ギーゼッケが、彼らの本『人間に可能なこと――ドイツの想起の文化を改築するために』で表明している不快感だ。[22] すでに知っていて内面化している事柄は、もはや想起する必要はない。想起せよという命令と忘れるなという禁令は、彼らのテーゼによれば、後継世代の間では空振りに終わる。彼らに言わせると、この知識は今では、後継世代の環境を構成する確固たる要素になったのだから。二人の著者はどんな新しい記念銘板にも反対する。なぜなら「個々の事例の持つ想起の価値は、今ではゼロに近づいている」からだ[23]。彼らはそれゆえ、この過去の一章を処理済みと見なし、想起の文化のガラクタ整理をして、未来を切り抜けて形作ることに関わる新たな課題に移るよう提案する。「今日ではもはや、ホロコーストを想起して被害者を追悼しなければならないと要請する必要はない。——そうしなければならないことを、ごくわずかでも疑って批判するような人は、数人のネオナチを除けば、この社会にはいない」。若い人々にとって、こうして想起を要請し続ける態度はもはや、あとについていけるようなものではない。「みんなが想起と追悼に賛成しているのに、そもそも何に対抗して想起するのか、よくわからない」からだ[24]。

ヴェルツァーはここで、認知的知識と、アイデンティティにつながる知識の重要な違いを無視している。例えば熱力学の第二法則は、科学と、場合によっては一般教養にも定着しているような認知的知識の一部である。それとは異なりホロコーストは、同じく学問に定着している歴史的知識の一部だが、この知識はさらにアイデンティティともつながっており、私たちの国家の成立、自身の家族史、そしてある倫理的な指針に結び付いている。文化的記憶とは、そのようなアイデンティティとのつながりが帯びる形式である。この場合には、ある歴史が自分たちの歴史として受け止められ、そうして社会の自己理解の基礎になり、政治的な〈私たち〉を構成するにいたる。想起を完了したものと見なして、過去をあっさり棚上げにしようというヴェルツァーの提案は、文化的記憶が持つ、このアイデンティティとのつながりを解いてしまう。しかしながら、次の点では彼に賛成せねばならないのだが、忘却しないよう警告することに最優先に取り組んでいるような想起は、トートロジー的である。つまり、その想起は中身が空っぽになっており、ただ自分自身を維持することに努めているだけなのだ。ここで問題となっているのは、想起はそれ自体で良いことなのか悪いことなのか——この問いはこの形ではまったく答えることができない——ではなくて、想起はどうすればその都度新たに中身を満たし、現況に合ったものにすることができるのか、ということである。

ヴェルツァーの不快感のもう一つ別のヴァージョンは次の通りだ。私たちは過去から学んだ。それゆえ，私たちは今日法治国家に暮らし，盤石な民主主義を持っている。したがって，ドイツ人はもうそろそろ肯定的な価値を支えにすべきであり，これ以上，自己を否定的に過去から定義するのはやめる時機なのだ。要するに，私たちは民主主義者であり，それは私たちが自発的に民主主義者であることを望んでいるからであり，私たちの先祖がユダヤ人を虐殺して，私たちがつねにそのことを想起しなければならないからではないのである。ヴェルツァーに言わせれば，こうして否定的な創建神話に執着するのは六八年世代の強迫観念だったのであり，彼らはホロコーストを神聖化して，罪というテーマをドイツ人のアイデンティティの核心にまで高めた。このテーマを強くモラル化すること，そして罪を刻印された自己像は，もしかしたら，親世代との決着がまだ問題となっていたときには，歴史的に正当だったかもしれない。しかし，後続世代にこの態度を求めるのはいよいよ無理になってきた。かえって，この態度は非建設的な効果しかもたらさず，将来のドイツ人の自己像を歪めるにちがいない。それゆえ彼は，自由と民主主義に対する，否定の下地が施された理解から，肯定的な理解に移ることを望む。

この立場を，ハンス＝ウルリヒ・ヴェーラー〔一九三一～二〇一四，ドイツの歴史家。『ドイツ帝国1871-1918』（一九七三）など〕が，〔終戦六〇周年記念日の〕二〇〇五年五月八日の日曜紙に掲載されたあるインタビューで主張している。[25]〈見事に克服〉という見出しで，彼は，ドイツ人が国民社会主義の過去とどう付き合ってきたかについて見解を述べた。彼は国民社会主義の克服と，「西では一九四九年以降の，国全体では一九九〇年以降の，民主主義と人権の成功物語」を誇らしげに眺めやる。彼によれば，ドイツ人は「ポストナショナルな立憲・福祉国家」において，彼らのナショナリズムを成功裏に克服し，それに別れを告げた。「このポストナショナルなアイデンティティは一九八九年以後もよく保たれました。連邦共和国の市民は，大多数が，愛国主義的なアピールに対して免疫があるようです」。ヴェーラーはインタビューで，このポストナショナルなアイデンティティと互換可能なのは，一種のいわゆる〈憲法パトリオティズム〉[5]以外にないと、明言している。

質問：そうすると、ヨシュカ・フィッシャー[6]のいうような国民意識の占める場所はないのでしょうか。

ヴェーラー：……その創建神話がアウシュヴィッツという？　ええ、そんな場所はありません。活気のある公共団体は人道に対する罪を土台にしては築けません。

質問：なぜです？　フィッシャーのいう「決して繰り返さない」は、「いつまでも」人道と自由に向かって、を意味しているわけでしょう。

ヴェーラー：これらの肯定的な価値はとっくに私たちの憲法の内実になっています。そのためにホロコーストは要りません。たとえ六八年世代の一部が偏執狂的にそれに固執していても。議論の余地なく、ホロコーストは二〇世紀の中心的出来事です。しかし、ある犯罪が大きいからといって、その犯罪が、アイデンティティを打ち立てるほど高尚なものになるわけではありません。[26]

共通のアイデンティティは肯定的な経験にのみ基づかせることができる。しかし否定的な経験に基づかせることはできない、と広く行き渡った不快感は言う。ヴェルツァーはこの意味で、「歴史の否定的な側面を過度に強調すること」に気を付けるよう警告している。「これらの悪行を残らず想起せよというのか。なぜ？　いつまで？　その結果はどうなる？」[27]彼の唱えるテーゼはこうだ。「未来の市民史は否定的な歴史を軸にしてはならず、上手くいっている幸福な共同生活の可能性を中心に据えなければならない。人類史はつまるところ恐怖だけではなく、幸福、成功、文明の進歩の瞬間からも成り立っている」[28]。

この意味でジョン・トーピーも、肥大した想起の文化がもたらす、問題含みの結果に気を付けるよう警告した。

「私たちは、過去の損害を処理することに勤しんでいる間に、歴史政治が進歩と未来についての私たちのヴィジョンを押しのけたり、それに取って代わったりしないよう、注意しなければならない」[29]。ヴェルツァーも、歴史のカタストロフィーが及ぼす重力に引かれて、私たちの時間秩序の重心がずれたと見る。ある一面化が生じたと彼は言う。そのために「未来の地平がしぼみ、それだけ広範に過去に繋ぎとめられている」[30]。コンラート・ヤーラウシュは、〔第二次世界大戦の終結から〕六五年にわたるヨーロッパの想起を決算した際に、あからさまにこの不快感を言葉にした。彼は、ヨーロッパには否定的な思い出が多すぎると考え、肯定的な価値がないのを惜しんだ。

欧州憲法の前文には人権の感銘深いカタログが載っているが、このカタログが意味を持つのは、避けるべき過去の諸犯罪を私たちが現実にあまねく経験したからであって、共同体を現在において束ねることができる共通の価値を特別に確定するためにではない。この誤った方向への進展は、ヨーロッパについての考えにマイナス記号を付すことになるだけに、なおさら憂慮すべきである。ヨーロッパとは、以前の諸問題が繰り返されないようにするための一種の保険証書であり、未来のための共通のヴィジョンを支えることができるような、肯定的な目標ではない[31]。

ヤーラウシュの立論でも目につくのは過去と未来の徹底的な分離である。彼もまたこの分離を、相容れない対立の様態に置かなければ、考えることができないようだ。しかし、自明のものとして想定されているこの過去と未来の対立は、そもそもまだ通用するのだろうか。新たな想起の文化それ自体が、こうした時間理解だけではなく、否定と肯定の硬直した対立軸もずれたことの原因であり、証拠であるかもしれない。ヤーラウシュは「否定的な教訓」と「肯定的な価値」を区別しているが、この区別には難点がある。なぜならこの区別は、ヨーロッパの暴力の歴史から、ほかならぬ、その未来を指し示す価値が抽出されたことを考慮に入れていないからだ。同じことがヴェルツァーの構成した対立にも当てはまる。「ある否定的な根源的出来事から、ある肯定的なアイデンティティを生成させ、政治的な責任意識に転換するという、ドイツの想起の文化の逆説的な努力は失敗せざるをえない。なぜなら、アイデンティティは肯定的な心理的基礎、つまり、自分たちが良いことをもたらし、悪いことを阻止することができるということ、そして、どうすればそうすることができるかについて、確たる信念を必要とするからだ[32]」。想起することを、過去に固着することと同じと考える人は、想起に潜在する変化させる力を見落としている。その潜勢力は、今日ではますます頻繁に、いわゆる〈移行プロセス〉で国家や社会を改造する際に効果を発揮している。ここで問題となっているのは新しい種類の想起である。この想起は、以前の時代には普通だったように、そして今日も引き続き実践されているように、自分たちの英雄的行為や自分たちの苦難に限定されているわけではない。この想起の文化は、自分たちが（ともに）罪を負っていることや、他者の苦しみへの共感を、自己の内部に受け入れた。そうすることで、歴史の否定的な重荷は、未来を指し示す価値に変えられうる。文明の断絶から、こうして、ある新たな市民社会の基礎と、その市民社会に対する責任が生まれた。この市民社会は、このような形では、まだ存在していなかった。人間の尊厳という価値は、人間の尊厳を極限まで破壊することから勝ち取られたのだから、この価値の肯定的な有効性は、その否定的な由来に結び付いたままだ[33]。この趣旨でユルゲン・ハーバーマスとジャック・デリダも発言している。両者は、ヨーロッパではある破壊的でトラウマ的な歴史から、肯定的な価値と未来へのパースペクティヴが獲得されたことを強調した[34]。財政危機、緊縮の強制、増大するフラストレーションに揺れるヨーロッパで、かくも容易に忘れられてしまうこのパースペクティヴこそ、二〇一二年一〇月にヨーロッパ連合〔EU〕にノーベル平和賞が授与されたときに、改めて確認されたものだ。「EUは現在、深刻な経済危機と著しい社会不安を体験している。ノルウェー・ノーベル委員会は、EUの最も重要な成果と考えられる事柄に、人々の視線を向けたい。すなわち、平和と和解のための、そして民主主義と人権のための実り多い戦いである。ヨーロッパが戦争の大陸から平和の大陸に変わるに際してEUの果たした、安定化させる役割である」[35]。

ヨーロッパのこの変身は、忘却の諸形式と経済協力にのみ関連しているのではない。この変身は、これから詳述するように、その想起の文化ときわめて密接に関連している。さまざまな過去と出自の物語を無効にして、新しい幸せな未来を約束する〈アメリカン・ドリーム〉とは反対に、〈ヨーロピアン・ドリーム〉では過去と未来は密に交差している。アメリカン・ドリームは個々人に向けた成功の約束である。誰もがそれを夢見てよいが、わずかな人にしか実現できない。それに対して、ヨーロピアン・ドリームは諸国民の全体に関係している。それは、敵対する隣人が、平和裏に共存する隣人にいかに変わりうるかを示す。この変身のプロセスは、そうこうするうちにとっくに、肯定的な歴史を持つようになった。ヨーロッパ人はその歴史をありがたく思うことができるばかりでなく、誇りにすら思うことができる。ヨーロピアン・ドリームはヨーロッパを変えた。しかしこの発展は、私たちが知っているように、時間のかかるプロセスであり、確固たる所有物では決してない。この意味で、ノーベル委員会の賞は、それ自体が、ヨーロッパの加盟国にとって一つの想起の刺激だった。この賞は加盟国に次のように告げた。火の手を広げ、日々、政治的パートナーの間に敵意と不満を強めている、財政危機のありとあらゆるフラストレーションにかまけて、君たちは君たちの歴史と、君たちの未来のための使命を忘れてはならないと。この歴史に、真に結び合わせる性格を持たせたいのなら、この歴史から――そしてこれが危機の時代におけるヨーロッパの本来の耐久試験なのだが――この結束を強固にする、連帯の肯定的な印も読み取らなければならない。

ドイツでホロコーストを想起することを批判する人々は、その核心において、何らかのナショナル・アイデンティティを構想することを拒んでいるだけではなく、――これときわめて密接に関連して――いかなる形式の政治的な象徴使用も儀礼的行為も拒絶している。この不快感が問題にしているのは、「平板化した想起、ステレオタイプの想起、永遠の反芻、パトスと感傷で歴史を糊塗すること、意味とモラルの過剰である。疲弊と退屈が、ある想起の文化を特徴づけている。この想起の文化は、それを本来ならば際立たせてくれたはずの事柄を、さしあたりすべて失ってしまった(36)」。

儀礼化

想起の文化に対して(今ではほとんど儀礼的に)繰り返されるこの批判は簡潔なだけに、「何がこの想起の文化を本来ならば際立たせてくれたはずなのか」という問いは、たいてい曖昧で未解決のままだ。ホロコーストを想起せよという命令と、しかるべき記念日にその命令を儀礼的に反復することが話題になるとき、多くの人が反射的に、「強迫観念」「追悼の流行病」「〔過去の〕見直しの無理強い」「大金が動く記念産業」のような拒絶概念で反応する。批判の的になるのは、とりわけ、この想起の三つの構成要素だ。すなわち、感情化(当事者であるというパトス)、演出(空疎な儀礼的反復)、制度化(未来のために想起のあり方を確定すること)である。もっとも、まさにこの三つの次元が、国民の祝日が定められている場合にほかの国々で一般に行なわれているような、拘束力ある集合的想起の本質をなしている。そのような日付と関わるのがドイツでは困難だということは、もちろん、この国の歴史に関係している。記念日との関わりは異議申し立てを呼び起こす。この異議は問題含みの仕方で二つの非常に不似合いな党派を互いに同盟させる。つまり、〈正常化恐怖症〉を抱えた、ドイツ的アイデンティティの批判者たちと、〈特殊性恐怖症〉を抱えた、何らかの否定的なドイツ的アイデンティティの批判者たちである。(左派の)アイデンティティ拒否者たちは、ほかの国の連中のようにはなりたくない。(右派の)ホロコースト拒否者たちは、何らかの肯定的なナショナル・アイデンティティを固守したい。

儀式や礼式に対するこの批判と弁証法的に対をなしているのが——ドイツでは数世紀にわたるプロテスタントの伝統を有しているのだが——真正さと自発性に対する崇拝である。これらの非常に肯定的な意味合いを帯びた概念には、(改めて)導入したり根拠を示したりする必要がないという大きな利点がある。これらの概念は、絶対的な価値として、本物で正しい事柄を表しており、つねに自明である。これらの価値を土壌にすれば反儀礼主義の情動が生まれざるをえない。その情動をイギリスの民族学者メアリー・ダグラスは、彼女の著書『儀礼、タブー、身体の象徴表現』(『象徴としての身体——コスモロジーの探究』江河徹／塚本利明／木下卓訳、紀伊國屋書店、一九八三)でより詳しく説明している。(37) 〈伝統〉という語と同じように、〈儀礼〉という語は、近代化の歴史の中で体系的に価値が引き下げられ、その一方で〈真正さ〉は価値が引き上げられた。記念の種々の儀礼的形式に対する批判は、今日にいたるまで、この「儀礼化した儀礼批判」の伝統にある。連邦大統領ローマン・ヘルツォークが一九九六年に新たな想起の命令(ヘルツォーク(一九三四〜二〇一七)は在任中の一九九六年一月に、連邦議会の全会一致の下、ソ連軍によってアウシュヴィッツが解放された日付である一月二七日を、「国民社会主義の被害者を追悼する日」に定めた)を発する以前は、少なくともドイツの西の部分は(例えばイスラエルや、あるいはアメリカ合衆国やフランスのように長い民主主義の伝統を持つ国々とはまったく反対に)集団で自己を演出するための文化的形式をほとんど知らなかった。これらの形式はこの新しい課題とともに新たに構築されねばならなかった。(38) さらに問題を難しくしたのは、自らの罪と責任を思うという、想起の特別な内容だった。否定的な想起を国民の自己像に組み入れるという倫理的な要請は、歴史においてまったくもって新しい。したがって、私たちがここで——根を張った儀礼を持たない世俗化後の社会において——どの観点から見ても困難な課題に直面しているのは疑いない。

儀礼に対する不快感と、それに結び付いた、規格化された身振りや話し方に対する反発は、とりわけ、国家を担う公式の象徴政策の次元に関係している。この象徴政策の扱いに多くのドイツ人が引き続き苦労している。しかしながら、この次元を強調しすぎると、あたかもホロコーストの追悼記念が主にこの次元で行なわれているかのような印象を呼び起こしてしまう。実際には決してそうではない。というのも、公式の次元と並んで、多種多様な追悼記念の形態がほかにもあるからだ。それらは市民社会のイニシアティヴ、学問的研究、芸術作品、回想記や映画、個人の取り組みに支えられている。象徴政策の儀礼とこれらの形態の関係は、ピラミッドの頂点と土台の関係に似ている。この頂点はその下部構造がなければまったく存在できないだろう。想起のピラミッドの公式の頂点は、社会的正当性を享受するためには、社会全体の多様な活動によって担われていなければならない。それらの活動がなくなって、一般の無関心にぶつかると、政治的儀礼の空疎化について語らなければならなくなる。この最上位の次元――こちらはこちらでほかの諸々の次元に枠組みを与える――の特別な役割は、もはや個々人に関係しているのではなく、〈想像の共同体〉(ベネディクト・アンダーソン)である国民という集団にのみ関係している。この共同体は、この形式において自分自身をパフォーマティヴに確認し、自分のアイデンティティを国民的な想起の文化によって具体化する。政治的儀礼は代理表象の役割を果たす。この働きは、ほかの方法では生み出すことはできず、本質的に、問題を時間的に先送りして政治的に代表する行為に基づいている。政治的儀礼の役割に数え入れられるのは、象徴的に〔国民を〕統合して共同体を形成すること、歴史的責任を代表して引き受けること、課題を外部化して政治家たちの小さなグループに権限を委譲すること、およびコンセンサスなき一致を生み出すことである。(39) 自分がこれらの儀礼に包み込まれていると感じるか、それらから除外されていると感じるかについての判断は、民主社会ではもちろん、各人に委ねられている。

公式の象徴政策の論理には、不快感のきっかけとなっている、さらに別の問題も含まれている。儀礼化、否定的想起、権限委譲と並んで、私はこの問題を〈接収〉と呼びたい。この概念をある例を用いてより詳しく説明しよう。そのためにハラルト・ヴェルツァーの文章に立ち返ろう。「二〇〇七年一〇月二八日に〔ナチスの強制収容所だった〕ベルゲン＝ベルゼン追悼記念施設の新しいミュージアムが開館したとき、なんと、一六もの挨拶と演説がなされた。そしてそれらはすべて内容的にまったく同じだった(40)」。同じようにフォルクハルト・クニッゲは、ドイツの想起の文化の「歴史的に芯を抜き取られた敬虔さ」を酷評した。ブーヘンヴァルト〔強制収容所跡〕追悼記念施設の所長として、彼は日々、政治家たちが彼らの義務をこなし、彼らに期待されている適切な言葉をこの場所で発する様子を、身をもって体験しなければならない。彼はその公的な職務において、想起のピラミッドの頂点とも、この場所の生存者や被害者の親族の姿で現れるそのピラミッドの土台とも関わらなければならないので、想起の文化に対する彼の眼差しは、きわめて分裂したものであらざるをえない。政治家たちの挨拶の言葉は、彼にとっては、この場所に数多く戻ってくる生存者たちの口から耳にする言葉とは、あまりに対照的であらざるをえない。ここには、身体的な経験、具体的な苦しみの物語、個人的な思い出で重しをつけられ、覆われている言葉と、まさにそうではない言葉との間の、途方もない乖離が生じている。彼らがまったく別の話し方をするからといって、政治家たちを非難することはできないだろう――事実また、彼らは何を語ればよいというのか。ここでも勝利は同時に敗北を意味している。〈想起〉は社会の頂点に送られる。その想起は恒常化され、長期的な形式に移行する。同時に、その想起は当事者たちから剝ぎ取られ、個人的な物語と声から分離され、抽象物に翻訳される。ピラミッドの構造を介して上に向かう途中で、想起は脱身体化される。あとに残るのは、「しっかりとコード化され、厳しく監視された、記号と言語と思考の体系」である(41)。儀礼化とはそれゆえ、思い出が政治的・文化的記憶に移行するときに経過しなければならない、移植、接収、用途変更の避けがたいプロセスの結果なのである。同時に、このプロセスではかつて〈熱かった〉想起が〈冷たくなる〉。

冷たい想起とは、アネット・ヴィヴィオルカによれば、議論の余地のない、費用のかからない想起だという。証言者の時代について重要な本を書いた彼女は、政治的な想起の儀礼について話し合ったときに、このことを私に請け合った。彼女曰く、この思い出はもはや生きていない、それは死んでいて、あとは空疎な儀礼で呼び起こされるだけだ。彼女はフランスの最近の追悼記念行事を例に挙げた。フランソワ・オランド大統領は、二〇一二年九月二一日にドランシー――パリの北東一〇キロのところにある場所で、〔ナチス占領下〕フランス人はほとんどがここから〔東方に〕強制移送された――で、ある追悼記念施設の除幕をした。この場所で彼は次のように語り、これらの強制移送に対するフランスの責任を認めた。「真実とは、この犯罪がフランスで、フランスによってなされたということだ」。それでもヴィヴィオルカは、彼の言葉は――彼女は自らそこに居合わせたそうだ――もはや誰の心も動かさなかったと言う。ジャック・シラクが一九九五年七月二一日に、パリで毎年催されるショア追悼式典で演説をしたときには、まったく違っていたそうだ。その演説では、初めてフランスの大統領が、ナチスへの協力の責任を認めた。当時は国中がこの出来事の重要性にとらえられ、皆がそれを話題にし、それについて議論したとヴィヴィオルカは言う。それから一七年後の行事を、彼女はすでに空疎な反復と感じたそうだ。それに加えて彼女にはさらに批判せねばならないことがある。彼女によれば、この追悼記念行事は政治家たちによって振り付けがなされ、規定されていた。政治家たちは序列と位階に従って居並び、全員が前列を占めていた。その一方で生存者たちは文字通り脇に押しやられていたという。彼らから想起が取り上げられ、接収され、国家が間に割り込んで、彼らの想起を自分のものにしたと彼女は言う。

このことから次のことが導き出される。すなわち、政治的な想起の儀礼は、より繊細に振り付けがなされるべきであり、自己顕示の欲求にあまり合わせるべきではない。しかしまた次の結論も引き出すことができる。すなわち、政治的儀礼に過度の期待をすべきではない。政治的儀礼を遂行する目的は、何よりも、語られなければならないことが語られる、ということにある。自己批判的な、問題を露にする徹底的検討は、別のコンテクストでなされる。ただごく稀な場合に、そしてまったく特別な条件下でのみ、儀礼はカリスマ的な行事になり、心を奪うような性格を帯びるだろう。このような根本的な期待を抱いて政治的儀礼に参加する人は、きっと失望させられ、〈冷たい〉想起という言い方をすることになるだろう。

ポリティカル・コレクトネス

このキーワードとともに、私たちはピラミッドを、パフォーマティヴな公式表明の頂点から、社会のコミュニケーションの幅広い階層にまで降りていく。儀礼化とポリティカル・コレクトネスの間には類似点と相違点がある。両者とも言葉を強く規格化することに関係している。しかしながら、私たちは世間に注視される状況にある政治家に、彼らが適切な言葉を見つけるのを期待するが、その一方で、私たち自身に既製の語り方が押し付けられ、規範からの逸脱が罰せられる場合には、私たちはそれを不当な要求と受け止める。ポリティカル・コレクトネスとは、社会の中で、多様なものの見方と表現の可能性が、政治的あるいは社会的な圧力によって、感知できるほどに制限される場合に生じるような不快感を表す概念である。かように規格化された言葉は自由に考える余地をますます許さなくなる。儀礼化が、特定の際立った発話行為においてなされる、政治的パフォーマンスの一形態であるのに対して、ポリティカル・コレクトネスは、公共圏に入ってくる、社会のあらゆる発話行為に関係している。そのような公共圏の彼方にとどまっている、家庭内、校庭、酒場の常連席で発せられる言葉は、この規制に引っかかることはない。

ポリティカル・コレクトネスは、世論がモラル化の手段を用いて自己規制する一つの形式と定義することができる。(43) ポリティカル・コレクトネスは政治的検閲よりもタブーに近い。つまりここで問題となっているのは、政治的なコントロールというよりも、社会的なコントロールなのだ。「思想は自由である。確かに。しかし、思想を自分の意見として公に表明することは、制約されていないわけでは決してない。実行するかしないかに関係なく、まさに意見も社会的にコントロールされている。モラルに関わる見解となるとなおさらである。そして、そのような社会的コントロールがなかったら、支配的な世論はまったく形成されえないだろうし、支配的な公共のモラルも形成されえないだろう」[44]。タブーにはいろいろな役割と源泉がある。タブーは自明の事柄も、聖なる事柄も保護する。タブーはしたがって自ずから有害なのではない。なぜなら、タブーになることで、モラルについての社会の根本了解は固められ、その根本了解は、日ごと新たに基礎づける必要がなくなり、あるいは、交渉して取り決める対象にすることができなくなるからだ。それゆえ、モラルの公理が暗黙のうちに承認されることで、これらの価値は保護され、同時に、これらの自明の事柄に基づいた社会的言説は可能になる。したがって、ポリティカル・コレクトネスが話題になるのは、公に表明された意見に対するこの通常の社会的コントロールと、世間一般のモラル感情の間にずれが生じ始めてからである。その結果、「常識〔これまで社会的コントロールを通過していた言説〕は、自分がさらされている多くの道徳的要請〔変化した世間一般のモラル感情〕に、まったく自己を再認しなくなる」[45]。

世間一般の意見というものは硬直した体系ではなく、それ自体、学習する用意があり適応する力がある。また、時間が経つうちに、宗教的、歴史的、あるいは道徳的感受性の基準が社会の中でずれるのも普通だ。ある時点で正常と見なされ、一般に承認されている、あるいは少なくとも容認されている事柄は、一世代後には躓きの石とスキャンダルの種になりうる。「歴史主義と、さらには経験的方法に基づく世論調査の結果は、一般に支配している世論が劇的に変化することを教えてくれる」[46]。ヘルマン・リュッベは――ここでは「コレクトネス」についての彼の論文から引用しているのだが――このことを身をもって経験した。彼はナチズムの過去を申し合わせて黙殺したことの利点を説き、その説を操って世論の逆風の中を長い間漕いできたが、彼のテーゼは今日、広く賛同を集めている。歴史的な感受性は、しかしまた、世代を互いに区別するものでもある。したがって、アンドレーアス・ヒルグルーバー〔一九二五

～一八九、ドイツの歴史家。歴史家論争における中心人物の一人〕のある本のタイトル――『二通りの滅亡――帝国の壊滅とヨーロッパ・ユダヤ人の滅亡』〔一九八六年〕――は、リュッベの世代には、概して中立的な記述と受け止められる。それに対して、その次の世代にとっては、このタイトルには容認できないところがある。つまるところ――と私ならパラフレーズするだろう――〈第三帝国〉は主に、解き放たれた自らの暴力によって〈壊滅〉したわけだし、その一方でヨーロッパのユダヤ人は、決して音もなく〈滅亡〉したのではなく、一人また一人と力ずくで追放され殺害されたのだから。

この関連で興味深いのは、とりわけ、私たちの日常生活においてときおり現れる、ナチ時代との接点である。これらの接点はこの国では、敏感な反応、ショック、激昂を呼び起こす感情的なきっかけを定期的にもたらしている。その根底には特殊な形の不確かさがある。この不確かさは、人々がファシズムの思想の所産に汚染されるかもしれない、という不安に由来する。こう憂慮している人々はどうやら、ドイツ連邦共和国とナチ国家の根本的な違いを社会に根づかせているモラルの分離線に、今日の民主社会を安定させる効果があるとは、ほとんど信じていないようだ。彼らは逆に、この境界線がいつでも消されるのではないかと恐れ、それゆえ、逸脱する振る舞いはないかと観察しながら、特別な警戒心〔ヒステリーとは言わないまでも〕を発達させている。

ウルリーケ・ユーライトは、ポリティカル・コレクトネスの機制に彼女が覚える不快感を表現して次のように言う。様式化した規範の枠を言葉にはめる規制は、想起において、「歴史を事後的に整理する際にうまくはまらないもの」をすべて排除する。儀礼で静止させ、規範で鎮静させる代わりに、彼女は「感情の余剰」を求め、「整理されえず、客観化されえず、分類されえないもの」を探す。彼女は、「歴史的経験の多様性と多義性ゆえに不快な問いを提起する、革新のポテンシャル」を望む。そしてそれゆえに、後ろ向きの、モラル化する想起に反対して、「前を向いた、苛立たせる想起」に賛成する。(47)

ここで「革新のポテンシャル」、「多義性」、苛立ちに賛成の票を、「鋼鉄のように硬い殻」に反対の票をすぐさま投じない人がいるだろうか。この殻は、彼女の見解によれば、ドイツの公衆を麻痺させて、思考と語りの開かれた運動を不可能にする。しかし残念ながら、私たちがかくも喜んで身を投ずるであろう「不快な問い」が何なのか、語られていない。このように、およそ不快感のレトリックはいつも、その発言の暗示的なあいまいさを利用している。この暗示に満ちたあいまいさに現れているのは、すぐに賛同することができ、まったく異なる欲求、それどころか正反対の欲求にさえ仕えることができるような感情的態度だ。

暗示に満ちた、あいまいな言葉から離れるために、以下ではそのような規範抵触の具体例をいくつか挙げて、許容できるものと腹立たしいものの境界線をどこに引くか、その都度、読者に委ねたい。最初の例は再びヘルマン・リュッベに関係している。彼はポリティカル・コレクトネスについて書いただけでなく、その番人による処分を自ら経験した。彼は次のように書いている。「そういうわけで私は、かつて自分自身が、唖然としたことに、ある著名な同業者から——彼の名はここではどうでもよい——アードルフ・アイヒマンもすでにその官僚業務を遂行するにあたって導かれていたというかの精神の、哲学分野の遺物と名指されているのを知った。つまり私は、教師と有能な生徒にとって仕事と学びの喜びを不愉快なものにせざるをえなかった、学校にはびこる無秩序状態を公に批判するために、秩序、時間厳守、清潔が有する、生活を楽にしてくれる長所を宣伝したことがあったのだ。これは強制収容所のモラルに賛成する意見表明だそうだ。著名な政治家たちも同じようなことを言った[48]」。

この逸話に、最近あった、似たような事例を対置してみたい。二〇一三年五月一日に、オーストリアの売れっ子作家ミヒャエル・ケールマイアーは、ドイツ放送の日曜朝の人気シリーズに登場して話をした。そのシリーズでは芸術家たちが、〈ドイツのことを思うと〉〔ドイツから亡命した詩人ハインリヒ・ハイネの詩「夜想」（一八四三）の冒頭にある句〕というキーワードで、この国に対する彼らの関係について語るのだ。ケールマイアーはこの機会を利用して、リュッベがそれゆえに非難された、まさにこれらのプロイセン的美徳に対する個人的な信仰告白をした。ケールマイアー曰く、自分は秩序と時間厳守にまったく異存はない、むしろその逆に、人生において、ほかの人々が自己規律のこれらの形式を守っているのを、高く評価することを学んだ。彼の声明は――私の知るかぎり――なんら憤激の嵐を呼び起こさなかった。これはひょっとしたら、この場合に関しては、歴史に対する敏感さと世間一般のモラル感情がまたずれたことを物語っているのかもしれない。

第二の例。二〇〇七年一〇月に、作家で元テレビ司会者のエーファ・ヘルマンは、ヨハネス・B・ケルナー〔一九六四～、ドイツのテレビ司会者〕のトークショーに出演して、女性が果たすべき新しい役割について書いた自分の本を紹介した。その本の主張は、キャリアウーマンに対して母親という女性の役割を再び強化しなければならないというもので、この主張ゆえに彼女は反近代的でナチズムに近い考え方の持ち主と疑われていた。自著に対するこの批判に反論しようとして、彼女はまずいことに「メディアの強制的画一化《グライヒシャルトゥング》」〔Gleichschaltung＝ヒトラーの独裁を確立するためにナチスが強行した、国民の政治的、経済的、社会的、文化的統制のプロセスの総称〕という言い方をしてしまった。エスカレーションの螺旋は彼女の次の自己弁護でさらに進んだ。彼女はこう応じたのだ。「私はこれ以上態度を明確にしたくないわ。アウトバーンだって作られたんだし、私たちは今日そこを走っているのよ」。〈アウトバーン〉〔ドイツの自動車高速道路。ヒトラーの肝いりで全国的な道路網の建設が始まった。ナチ時代を肯定的に解釈する際の符号として引き合いに出されることがある〕という最後の挑発的な言葉で、トークショーでは明らかに、寛容の限界がついに破られてしまったようだ。というのもヘルマンは、見るからにいらいらした司会者によって、予定時刻よりも早く退場させられたからだ。この〔司会者の〕振る舞いが途方に暮れたものだったことは見逃しえない。ここに一人のトークショー司会者がいて、モラルの圧力を行使した。その一方で彼に対して、二三〇万の視聴者からなるメディアの公衆が、モラルの圧力を行使した。ポリティカル・コレクトネスとはこの場合、超然とした道徳的決断というよりも、順応と先走った服従の行為なのであり、この行為には自分の方向が不確かであることを克服するという目的がある。

この出来事は、まさに月並みであやふやなものだったがゆえに、ポリティカル・コレクトネスの典型的な事例になった。そういうわけでヘンリク・M・ブローダーは次のように書いている。「これは、その本来の対象にとっくに別れを告げて、ファシズムが存在しないところで、つまり安っぽい抵抗の仮想空間で最も成功しているような反ファシズムだ」[49]。同年、エーファ・ヘルマンはある本の執筆を人に頼んだ。『エーファ・ヘルマン事件——メディアの魔女狩り』[50]というその本は、「エーファ・ヘルマンを〔……〕この国には言論の自由がないと確信しているすべての人々の殉教者」に変えた[51]。

まったく別の反応をハラルト・シュミット〔一九五七〜、ドイツのエンターテイナー〕がした。彼は二〇〇七年一一月、ARD〔ドイツ公共放送連合（第一チャンネル）〕の自分のショーに、ある器械を導入した。その器械は、ドイツ人の言語使用をチェックして、客観的に彼らのナチ度を調べるというものだった。彼のいわゆる〈ナツォメーター〉は、罪ありとされた概念が出てくると点灯した。例えば「私は今日アウトバーンで〔速度超過のため〕撮られてしまった〔また、原文で用いられている動詞の過去分詞 geblitzt は、第二次世界大戦開戦時のドイツ国防軍による電撃戦（Blitzkrieg）を連想させる〕」という文のように。この器械は狡猾にも、悪い連想を喚起する別の概念の場合には、鳴らないように調整されていた。しかしその代わりに、その場にいた観客が反応した。彼らは〈シャワー〉や〈ガスこんろ〉のような概念を聞くと反射的に笑い始めた。番組では、中でも「アンチＦａ〔Anti-Fa（schismus）＝反ファシズム〕・シャワージェル」なるものが推奨された。このジェルは確実にどんなナチ汚れも落としてくれるという。この番組は、汚染された言語の範囲が定かではないこと、そして、ポリティカル・コレクトネスの機制を明らかにして、それを風刺することで人々に気づかせようとした。しかし、番組が与えようとした思考の刺激は、すぐさま、それ自体が憤激と批判の対象になった。非ユダヤ系のドイツ人には、ナチズムとホロコーストを風刺的に扱うことは、疑問の余地なく許されていない。悪趣味でタブーを犯すものと評価された〈ナツォメーター〉はすぐにまた番組から消えた。しかしインターネットからは消えなかった。このエピソードはYou Tubeでいつでも見ることができる。というのも、禁じられたもの、忘れられたもの、捨てられたものも保存される、このグローバルにアクセスできる思い出の貯蔵庫を支配する力を、ポリティカル・コレクトネスによる規格化は、明らかに持っていないからだ。

「コレクトネスの禁令に対するコレクトネスの禁令を大声で叫ぶ」〔ヘルマン・リュッベ〕だけでは、間違いなく先に進めない。むしろ、各人が具体的な事例で自分自身の判断を形成するだろう。私は個人的には、あの〔エーファ・ヘルマンの〕アウトバーン・ジョークを〈取るに足らない事柄〉に分類するだろう。それに対して、三番目に挙げた〔ハラルト・シュミットの〕事例の攻撃的な調子は、不快に、そして、まったく問題含みだと感じる。二〇〇七年にエーゴン・フライクは『メルクーア』誌に、ある論文を発表した。そのタイトルは、この論文がポリティカル・コレクトネスの規範に対する正面攻撃であることを、はっきりと示している。そのタイトルは「比較できないもの、今ここに成就す〔ゲーテの『ファウスト第二部』第五幕にある句「いまだおよばざりしもの、今ここに成就す」のもじり〕――モラルで無理強いされた白痴化についての省察」という。フライクはこの論文で次のように述べて、〈ホロコーストの特異性〉に対する問い〔本書一七三頁以下参照〕について態度を明らかにしている。「ワルシャワのゲットーが〈特異〉だったことを誰が疑うだろうか。しかし、私の祖父の病気の一つひとつが同じくそうだった。それどころか、私のハンカチの鼻汁でさえも特異なのだ。というのも、私たちの宇宙の歴史では、このいやらしい物質の化学的組成と分子配列はもう二度と繰り返されないのだから[52]」。

この文章は、ポリティカル・コレクトネスの番人に対する、解放の一撃として書かれたのかもしれない――しかし、だからといって私たちはこの文章を、もうそれだけで〈革新のポテンシャル、苛立ち、不快な問い〉と感じるだろうか。間違いなく、この文章はある種の「感情の余剰」を表現している。その余剰はあるタブーを粉砕することに差し向けられている。というのも、ここで問題となっているいたってもっともらしい論拠は、すぐに理解され同意されたであろう、まったく別の言葉でも表現することができたはずだから。

ヘルマン・リュッベは、ドイツのナチズムの過去と付き合うときに私たちがおぼつかないのは、歴史家論争（本書一〇四頁以下参照）に原因があると考える。彼はこの論争が「起こらないほうがよかった」と言う。ホロコーストの特異性、表現形式、想起の文化での地位について交わされた一九八六年のあの論争に引き続いて、公の場での語りと振る舞いに対する厳しい規格化が導入された。その規格化とともに、「歴史政策上のコレクトネスの番人が不快感を表明する」のではないかという顕著な「怯え」も生まれた。[53] それ以来、「国民社会主義との関連で、語りながら、あるいは沈黙しながら、何かへまをするのではないかというドイツ人の怯え」だけでなく、フライクの例が示しているように、タブーを犯したいという衝動も存在するようになった。タブーの限界は、しかし、いつも非常に異なった線引きがなされている。教育学者のグードルーン・ブロックハウスは、例えば、エンターテイナーのハラルト・シュミットは彼の〈ナツォメーター〉をすぐに引っ込めなければならなかったのに、番組では臆することなく「きわめていかがわしい、人種差別的なポーランド人ジョークを言う」ことができたと指摘している。[54]

ポリティカル・コレクトネスでは社会の暗黙の価値が問題になっているので、その時々で間違っているとされたり、正しいとされたりする事柄は、論拠を示して説明されることはなく、タブー化の雰囲気によって言語によるコミュニケーションから遠ざけられる。そのようなタブーを犯すことは、世間一般の激昂、憤怒を招き、スキャンダルを生み出す。これらの反応は個人に対する中傷キャンペーンにいたる。ポリティカル・コレクトネスでは、それゆえ、具体的な論拠が問題になることはまれだ。ここでの決定的な動因は、「モラルを政治的な資格剥奪のメディアとして戦略的に用いること」にあると、リュッベは正当にも考える。そして彼は次のように続ける。モラルは、「ジャコバン派が示した全体主義的支配の初期の歴史からわかるように、鋭利な武器である。まさにそれゆえに、自由な生活秩序を維持するためには、モラルの有無をいわせぬ有罪判決がたちまち執行されることのないようにしなければならない」。しかしながら、ポリティカル・コレクトネスのスキャンダルは定期的に、「嫌われた人物のモラル上の完全性に対する公の攻撃」で頂点に達する。[55] ポリティカル・コレクトネスの番人たちは合理的な論拠のやりとりには応じない。その代わりに、何らかの〈間違った〉意見の持ち主を、モラルの観点で資格剝奪することに専念する。ポリティカル・コレクトネスの規範から逸脱する人々に対する制裁は、彼らをすぐさまメディアで公に弾劾することだ。メディアで効果を発揮したそのようなスキャンダルの際立った例が、一九九八年一〇月にフランクフルトのパウロ教会でなされた、ドイツにおけるホロコーストの追悼記念についての、マルティン・ヴァルザーの演説だった。彼はその演説で――「大胆さに震えながら」――モラルの志操の番人たちの一被害者として反撃に打って出た。著名人が、ナチズムの過去との関連で間違った言い方や考え方をしたという非難を突きつけられる諸論争は、それらのスキャンダラスな価値ゆえに、メディアで最高度の注目を集める。「罪を免除したり、軽視したりしたがゆえに攻撃された人々は（……）弁解で応じるわけだが、そういう場合の弁解はたいてい、攻撃する側に正当性を与え、自分たちのいつもの論証水準をはるかに下回ってしまう。気持ちをどれほど抑えなければならなかったか、わかるだろう[56]」。すべてのタブーがずっと存続するわけではない。少なからぬものは、ほかのものよりも半減期が短い。マルティン・ヴァルザーのメディアに対する小言が、ホロコーストの表現という問題に関しては、今日では多くの承認を集めることができるのに対して、反ユダヤ主義という非難を何かしら受けてしまうと、個人の声望を回復するのはずっと難しい。このことを、ヴァルザーの同業者のギュンター・グラスは、二〇一二年四月に〈言わなければならないこと〉というタイトルの詩を発表したときに、経験しなければならなかった。彼はその詩で、イランに対するイスラエルの予防攻撃について、自らの憂慮を表現した。イスラエルの政策に対する批判は、現在、タブーとされるテーマであり、それはいつも反ユダヤ主義という非難で罰せられる。同年この非難は、グラスに続いてさらに、ジュディス・バトラー〔一九五六〜、アメリカの哲学者）やヤーコプ・アウクシュタイン（一九六七〜、ドイツのジャーナリスト）のような、かくもさまざまな知識人を見舞った。私自身はここで神学者ロルフ・シーダーの判断に与するしかない。「反ユダヤ主義という概念を、とにかくもう使わないようにすべきときがきたのかもしれない。この概念が事柄に即しておらず人を惑わすからというだけではない。理由はとりわけ、罪を負わされた人は自分が異端者のように思えてしまうし、罪を負わす人々も、中世の異端審問官のように思わざるをえないからだ[57]」。

政治的儀礼では、コンセンサスと統一が、その都度票決で裏打ちされないまま公式に上演され、象徴的に提示される。そのような政治的儀礼とは異なり、社会では、さまざまなパースペクティヴ、信念、価値が混在しているのは普通のことだ。それゆえ、ナチズムの歴史についての道徳的評価も、この国では根本的に不一致のままだ。戦後すぐに申し合わせて口が閉ざされたことをリュッベは分析したが、その分析が説明しているのも、つまるところ、戦争世代が新しいポリティカル・コレクトネスの規定に自ら服したという事態にほかならない。そのポリティカル・コレクトネスの原則は、その時から「公的に反駁できない」ものとして尊重された。取引は簡単であり、最初の年月はうまく機能した。つまり、旧ナチは新しい価値コンセンサスに従った。そのお返しに、彼らはもはや、自分たちの褐色の経歴を問われるのを恐れなくてよかった。それによって誕生した沈黙せる多数派の中には、しかし、ナチ時代に対する肯定的な態度を保持し続けて、自分たちのかつての価値や理想を決して実際には捨てなかった人々もたくさんいた。このことを先に引用したニコ・ホフマンと母親の会話が示している。彼は、その世代のほかの多くの人々と同様、母親の「ＢＤＭ問題」に同一化するのを拒んだ。その一方で、親世代の弾劾された伝統を意識的に受け入れ、民主社会の根本的なコンセンサスから距離を置くことで、まさにこの事柄を我がものとする、旧ナチとネオナチのグループがある。しかし、これらのグループが追撃されるのは、それらが犯罪的になり、彼らの行動がこの社会の価値と制度の転覆に向けられるようになってからだ（ドイツの憲法に相当する基本法の第一八条に、言論の自由などの基本権であっても、自由で民主的な体制を破壊するために乱用する者は、制限されると定めてある」。というのも、この国家に対する右派の不合意も左派の不合意も、民主主義の国では、承認は享受できないにしても、法の庇護は享受できるのだから。

ポリティカル・コレクトネスのもう一つ別の動因は、聖なるものをタブー化することにある。ホロコーストはここ数十年の間に、政治的に基礎となる出来事として定着したことで、一種の市民宗教的な意義を帯びた。この規範の確定は、同時に、思考と行動の余地を制約する。アメリカ合衆国ではキリスト教が国教になったが――「万人に自由と正義が約束された、神のもとに統一されたネイション」という宣誓が、毎日この国の学校ですべての生徒によって斉唱される――、その合衆国とは異なり、戦後のドイツでは、拘束力ある市民宗教のナラティヴは発展しなかった。「もっとも、ショアの想起と、そこから導き出された諸々の義務は、ドイツの自己理解にとって、まさに根本的であるように思われる」とロルフ・シーダーは書いている[58]。この市民宗教的なコンセンサスは、そうこうするうちに、私たちの法体系の一部にもなった。この法体系はホロコーストの否認を処罰する[7]。聖なるものとの付き合いには、決まり事、不確かさ、境界侵犯がある。儀礼では、その象徴力を破壊しかねないため、一つもやり方を誤ってはならないのと同じように、ホロコーストを想起する諸形式の場合でも、正確なコードを守らなければならない。このことは、様式、表現、振る舞いにおける世間一般のおぼつかなさを結果としてもたらすのみならず、――想起の文化を損ねてしまうことになるのだが――後続世代の見方を強く制約して、彼らの想像力を規制してしまう[59]。この点でシーダーは緊急に手を打つ必要があると考える。

ショアは――ルーマンの用語を借りるならば――かくもたくさんの超越性を負わされたので、世界内在的な出来事として付き合い、その聖なるアウラのいくばくかを取り除くのが難しい。教会では、そのような宗教批判的操作のために、神学が控えている。神学は歴史批評を行なう特権を有している。教義は、徹底してその歴史的文脈に組み込まれ、聖なる文書は、文学批評のあらゆる利用可能な方法で脱構築される。市民宗教は、制御できないボイラーになってしまわないように、市民宗教批判を必要とする。市民神学者の役になって、あれら骨の折れる、ばつの悪い争いに新たに枠をはめるのは、影響力ある公の知識人の課題であるように思われる。(60)

タブーは根本的にスキャンダラスなものというわけではなく、社会の価値と世論を安定させるための、重要な資源でもありうる。ポリティカル・コレクトネスをめぐる憤激の波は、社会を規範で束ねるものの境界線をその都度アクチュアルに確保し、変更することについて、不断の交渉と再保険が必要とされていることを示す明白な徴候である。分析し批判するこの不快感は、公共団体が不断に自己を観察し、自己を矯正し、自己のモラルを統御するのに欠かせない、重要な前提である。それに対して、自己をはっきりと表現してはならない、するつもりはない、あるいはすることができず、論証の形を取らないような不快感は、何かを取り上げ、解明し、動かし、あるいは変化させる批判的な議論とつながることは難しい。ポピュリズムの環境では、この口に出されない不快感は、指導的な役割を演じている少数派の独裁に対する、沈黙せる多数派のルサンチマンに容易に凝固しうる。これがきわめて広範囲に影響するテーマだということは、とりわけ、〈解釈の主権〉という語が現在インフレーションを起こしていることに示されている。これは、それを聞くとどんな色合いの不快感も無意識的に動員されるような概念である。ポピュリズムのルサンチマンの姿をして、かくもとりとめのない不快感が、自分たちの社会に対する内心の留保を養い、そうしてこの社会の価値コンセンサスを空洞にしかねない。

モラル化と歴史化

ナチ時代を扱う際に、対象をモラルの観点で論ずることから生じる、問題含みの効果については、すぐに意見が一致する。その一つが歴史をはっきりと白黒で色分けすることだ。この時代をひとまとめに有罪と断じて、とりわけ加害者たちを悪魔化することは、真摯な対決を妨げる。というのも、そうすることで、この出来事に対する安全な距離が生まれ、後に生まれた人々に次のことを示唆するようになるからだ。この連中はまるっきり違っていたのだ、彼らと私たちはまったく関係がないと。成年教育は、ハラルト・ヴェルツァーが正当にも強調しているように、歴史で脅して萎縮させることを土台にしても成り立たない。教育上の課題は、ナチズムの歴史の有罪判決を型通りに繰り返すことにあるのではなく、その逆に、過去と現在の結び付きを生み出すという、つねに新たな試みにある。このことは、家族の記憶を介した〈世代間での〉体験の橋渡しを通じて起こりうる。しかしそれはまた、そこに人々が住まいその時間の諸層を展開してゆく、歴史的な場所でなされるかもしれない。過去とのつながりは、国外から移住してきた人々にとっては、自らの出自の物語との類似点を介しても生み出されうる。〈それがなお私にどう関わるのか〉。これが後継世代を引き込むのに鍵となる問いである。

ナチズムの歴史の少なからぬ事柄が、ヴェルツァーとギーゼッケが正当にも強調しているように、いまだまったく適切に考慮されていない。例えば、救いの手を差し伸べた人々の歴史について、体系的な取り組みはなされていない。ナチ政権に迫害された人々を助けたのは一握りの少数派だった。しかし、だからこそ重要なのは、彼らが完全に忘れられないようにすることだ。彼らは自分たちが想起されることを気にかけなかった。それゆえ、この場合には慎重なアーカイヴ調査が必要になる。これらの救助者は模範にすることができ、〈ジェノサイド社会〉においてもなお、個人的な決断と行動の余地の可能性があったことを示してくれる。

多種多様な不快感があるが、広く一致しているのは、いかなる形式のモラル化にも抵抗する態度である。歴史とモラルのパトスは、「想起を求める戦いでは正当性があった」が、今では「古びて、かび臭く」なってしまった、と書かれてあるのを何度も目にする。[61] それゆえ、「大幅にモラルを抜きにして」と、あるインタビューも題されている。その中でハラルト・ヴェルツァーは、未来の想起の文化をどのように思い描いているか説明している。[62] モラルなんて超イケてない《メガ・アウト》し、ダサい《アンクール》。しかもとりわけ反生産的だ。特に若い人々は――と繰り返し強調される――ホロコースト教育法のこの作用物質にアレルギー反応を示す。「人々、特に若い人たちは自分で考えたいし、何を考えるべきか人から指図されたくない[63]」。いいかげんに棚上げしなければならないこのモラル化を担っていたのは、六八年世代の代表者たちだったという。彼らはすべてを次のことに賭けていたらしい。すなわち、彼らが「過去を引っぱり出して構築した独自の意味づけを永続させ、それを、（彼らの見解では）正しい道徳性と共感を明らかに欠いている年下の人々のために、拘束力あるものとして定めることに[64]」。

逆説的にもこの手の文章は、道徳的判断を色濃く述べた箇所のすぐそばによく見つかる。例えばヴェルツァーは、後継の若者たちに、ナチ政権に迫害された人々の証言を読むように奨めているが、迫害されなかった人々の証言には価値を置いていない。「誤って真正と思われた〈時代の生き証人の報告〉は、現実を歪曲しているがゆえに、非常に多くの害をもたらした。そのような声が今日次第に聞こえなくなっているのを、私は損失と見なすことはできない[65]」。

ヴェルツァーはここで、正しい想起と間違った想起をはっきりと道徳的に区別することで、好奇心、問いかけ、自ら判断することを前もって邪魔している。モラル化を論難するときには、私たち自身がモラルなしにはやってゆけないことを、少しは頭に入れておくべきである。想起の実践における偽りの感情、隠蔽の戦術、にせの諸形式が俎上に載せられるときでも、そうとはっきり言われないがモラルに基づく裁定がなされている。それらの間違いや誤った方向への展開を〈暴露する〉人々は、何が正しくて何が間違っているかを、わざわざ根拠づけるまでもなく、その都度正確に知っている。それゆえ、モラル化をしていると言って他人を非難する代わりに、自分のモラルの根拠から着手して、自分もそれを信奉しているのを公言したほうが有意義だろう。

私たちがつい最近までグローバルなイデオロギーに守られて当てにすることのできた、モラルに関する確実で自明の事柄の多くは、今日ではもはや意のままには使えない。共産主義というモラルの基礎は、一九八九年と一九九〇年に、壁が倒れてソビエト連邦が瓦解したことで崩れた。資本主義というモラルの基礎は、まだしばらくの間生き延びた。しかし、各国の経済崩壊をもたらした巨大銀行の破綻で、深刻な危機を体験した。当初はまだ自信たっぷりに、西洋の進歩と近代化の物語の続編として経験されたグローバル化は、ワールド・トレード・センターをイスラム原理主義者が攻撃したあとでは、新たな、危険を孕んだ方向に転回した。この転回は想起の文化にも世界規模で影響を与えた。

これまでの政治的イデオロギーに取って代わった、新しいモラルの価値構造は、普遍主義的な性質のものだ。一九八〇年代以降、西洋の諸文化の根本的な確信として、政治と国の境界線を越えてコンセンサスを得ることができるようになったのは、人権という価値である。人権という価値をもって政治の世界像も変わった。その世界像はいまや、闘争する英雄たちを離れて、民間の被害者に注意を集中するようになった。中心にあるのはもはや、〈新しい人間〉というイデオロギー化された未来の約束ではなく、政治、人種差別、性差別の暴力の標的になった、傷つきやすい人間の体である。アラン・バディウは、二〇世紀前半の政治的プロジェクトを、一つの簡単な文句にまとめた。「要するにこの世紀は、ある瞬間から、人間を変えること、新しい人間を作り出すという理念に取り憑かれていたのだ」。このプロジェクトは「とても徹底的だったので、それを実現するにあたり、個々の人間の生の特異性は勘定に入らなかった――それはただのマテリアルだった」。この革命的な、完全に未来に向けられたプロジェクトは、自分自身を

「壮大で、叙事詩的で、暴力的」と解していたという。[66] 一九四八年にパリで人権宣言に調印がされたことは、このヨーロッパの暴力の経験に対する、一つの直接の応答だった。この宣言は、国際社会に向けた一つの道徳的要求を文書化したが、この要求を実行するためのメカニズムは定めなかった。「もしもこの宣言が、実行のためのそのようなメカニズムを含んでいたとしたら、決して調印されなかっただろう」[67]。それゆえ、この理念が政治的実践の新たな諸形態によっても支えられるようになるまで、さらに数十年がかかった。各国は、人権が実現されるのを見守る擁護者にはならなかったので、一九六〇年代と一九七〇年代に、この課題に専念する、影響力ある非政府組織（ＮＧＯ）が生まれた。さらなる例は、ブエノスアイレスの五月広場《プラサ・デ・マージョ》で、独裁政権によって誘拐され殺害された〈消えた〉子供たちや孫たちのためにデモをし、そうして政治活動の新しい形式を発展させていった、母たちや祖母たちである。人権のパラダイムに照らされて、歴史の別の被害者も忘却から再び浮かび上がり、彼らの物語とともに、新たに認知された。英雄の物語から政治的暴力の被害者の物語へと、このようにパースペクティヴが向け直されたことを典型的に示す例が、ホロコーストを生き延びた人々の証言である。彼らの証言は一九八〇年代以降、世界規模で承認され、組織的に記録され、集められた。

　バディウは、暴力を称揚するある種の英雄的な共産主義の伝統になおも留まっており、家庭の幸福や人権といったブルジョワ的価値に支配された私たちの現在に、嫌悪の眼差しを向けている。そしてこの現在を、軟弱化（女性化）し、政治的に消耗し、終わっていると評価する。それに対して、ポスト・イデオロギーの時代に到着した人々のモラルは、国や文化や宗教への帰属を超えたところにある、個々の人間の生という価値に基づいている。新たな想起の文化はこの人権政治と同盟を結んだ。この政治はまた、新たな想起の文化を支える価値の礎となり、その未来の方向を定めている。

　モラル化は私たちの想起の枠組みにつねにすでに組み込まれている。しかし私たちは、この枠組みは変化し、それとともに私たちの価値の前提が移ろうことも知っている。モラル化が意味するのは、つまるところ、私たちは何について語り、何について黙するか、ということだ。何がイメージにうまく合わず、何を私たちは省くのか。この問いは、例えばＺＤＦのシリーズ『我らの母たち、我らの父たち』を手がかりにして、実にうまく答えることができる。この作品の自負するところでは、親たちは容赦なくリアリスティックに、その肯定的な相貌も否定的な相貌も描かれるはずだった。しかしイメージにうまく合わなかったのは反ユダヤ主義だった。反ユダヤ主義は、この映画では、あるポーランド人のパルチザンに転嫁された。この描写は、やがてポーランド人の厳しい抗議を引き起こしたが、自分を容赦することが場合によってはどこに行き着くかを示している。自己容赦は、過去の有害なゴミを国境の向こう側に押しやり、そうしてヨーロッパで昔の敵のイメージを深化させる。確かに、反ユダヤ主義は映画では、一人の取るに足らない脇役、ひどく感じの悪いドイツ人の母親を描いたカリカチュアでも姿を現す。しかし、この重要でない人物は、まさに好感を誘う人物ではない。それゆえ、この映画は次のことをほのめかす。我らの母たちや父たちはもちろんこの母親のようじゃなかった。彼らは親許で――と若い人々はこの映画で知る――一九四一年まで近所のユダヤ人の子供たちと難なく友情を育んだ。〔映画で〕シャルロッテが同僚のユダヤ人看護婦を密告したことは、この登場人物に視聴者の好感を誘導するのを妨げさえしない。というのも、この突然の、まったく動機づけのない出来事には、彼女がそれに引き続いて絶えず罪責感に苦しむという、道徳的に正しい効果があるからだ。私たちは今日、私たちの母たちや父たちのことを、そのように思い浮かべたがる。彼らの内面世界は丸ごと、そしてナチ政権に対する途切れることのない熱狂は、この映画では省かれている。理由は簡単だ。それは私たち今日の人間にはもはや手に負えないし、それを扱ったら心を摑むストーリーを構築することはできなかっただろう。それは私たちの道徳感覚をひどく傷つけるので、私たちは歴史のこの章をむしろ、手に汗握るアクションシーンが満載の戦争ストーリーで置き換えたいし、反ユダヤ主義はポーランド人のパルチザンに任せたい。

モラル化をあまりにも単純に、不機嫌な説教や、〔誰かに警告する時の〕ぴんと立てた人差し指として思い浮かべてはならない。というのも、過去のイメージをこうして狭めること、当時の出来事を今日の私たちの物差しに合わせることも、モラル化の一形式なのだから。モラル化は、規範に基づく排除の規則であり、歴史的経験の異質性、多様性、多義性を回避する。事実、ナチ独裁の歴史についての私たちのイメージは、年月を経るうちに著しく変わった。ウルリーケ・ユーライトは、ギュンター・グラス〔ドイツのノーベル賞作家グラス（一九二七〜二〇一五）は、ナチ時代に武装親衛隊員だったことを二〇〇六年に公に告白し、スキャンダルを巻き起こした〕を例に挙げて、戦後ドイツで想起の枠組みがいかにずれたかを示した。彼女によれば、一九六〇年代にグラスは〔非公式に〕まだ友人たちと、自分が親衛隊に入っていたことについて話していたが、それから彼はこのテーマを、四〇年間一貫して、公私のコミュニケーションから排除した。ビンヤミン・ヴィルコミルスキーがでっち上げた幼年時代の思い出は、国際的に誇大に宣伝されたが、この事例が示しているように、ある特定の時点で語りうる事柄、もしくは黙さなければならない事柄と、社会が聞きたがる事柄、もしくはまさにそうでない事柄は、じかに関係している。被害者の苦しみに社会が同情を示せば示すほど、加害者は悪魔視された。ヨーロッパ・ユダヤ人の包括的な絶滅について、歴史の知識が明確に、そして詳細になるにつれて、また、被害者の視点に立った道徳的言説——その言説はこの出来事を道徳的・形而上的な言葉で、絶対悪の一種の否定的啓示と評価した——が、この知識の伴奏をますます強めるにつれて、時代の生き証人にとっては、自分たちの物語をこの想起の枠組みに収めるのが難しくなった。沈黙は、最初の数十年間はまだ〈申し合わせた黙殺〉だったが、この新しい規範的な想起の枠組みの圧力の下、自分の経歴をいわば自分に命じてタブー化した結果、深まった。この例でもわかるのは、歴史のモラル化が、この歴史に対する時間的距離が大きくなるにつれて、強まったことだ。経験世代がまだ生きていた間は、加害者の国では、ユーライトが書いているように、「当時は実際に人々が国民社会主義に賛同し、それを積極的に支え、この確信のために戦い、場合によっては人を殺しもする用意があった」ことが、まだ非常によく知られていた[68]。その後、ホロコーストの想起の道徳的な枠組みは、人々がこの真実を伝えたくもなければ聞きたくもない――しかも、ZDFの三部作を思い浮かべるならば、今日にいたってもなおそうである、という結果をもたらした。歴史の現実に対して、テーマを狭めたり排除したりする効果をさらに生み出し続けたのは、迫害されたユダヤ人の正しい考えに賛同し、迫害されなかったドイツ人の誤った考えに反対する、道徳上の肩入れだった。このモラルで限定された狭隘化は一種の自己検閲を行なった。この自己検閲は、一九六〇年代までのグラスが当然ながらまだそこに組み込まれていた、戦後の〈コミュニケーション的記憶〉を沈黙させただけではない。この自己検閲は反作用して次のことにも貢献した。つまり第三世代は、彼ら自身の汚染された家族史を、公に提示しても恥ずかしくない英雄物語〈〈おじいちゃんはナチじゃなかった〔8〕〉〉に変えたのだ。

　ナチズムの歴史を、私たちの想起の枠組みに、モラル化しながら適応させるさらなる例は、記憶の劫罰《ダムナティオ・メモリアエ》という原理である。これは現在、新たなアクチュアリティを獲得している。ここ数年の間にドイツの町々である運動が始まった。この運動は、街路、広場、学校を改称することで、公共空間から、私たちの今日の価値尺度とは明らかに相容れないような時代を指し示す、最後の不快な標を除去する。もっとも、この善意からなされる浄化運動の結果に、問題がないわけではない。つまり、あらゆる痕跡が取り除かれてしまったら、後続世代は、この歴史的時代の実際の現実を、自分の目で見て知ることがますますなくなるだろう。ある〔別の時代の〕別の現実と、その現実に関わった個々人の運命を指し示す、そのような歴史的痕跡をあっさりと消し去る代わりに、もっと啓発的なのは、それらの痕跡を――しかるべき情報で枠を与えて――現在の意識に移し替えることだろう。〈取り壊す《デモリーレン》のではなく取り消す《デメンティーレン》〉。批判的に距離を置いて想起するという、この歴史化の実践を、私はこう呼びたい。この想起は、今日モラルの観点で非難すべきと思われることをすべて、すぐさま除去するのではなく、まだ目に見える歴史が残した、現在の有効な価値枠組みとは相容れない物質的痕跡さえも、許容する。共産主義が瓦解したあと、東ヨーロッパでは記念碑の破壊や街路の改称が相次いだが、これについて書いた論文で、ルードルフ・ヤヴォルスキは、「不愉快な、この場合には、共産主義の過去の残骸と付き合うときの根本的な問題」を指摘している。

したがって、タブラ・ラサは本当に、唯一考えうる、そしてまた長期的に見て唯一望ましい解決策なのだろうか。別様に表現するならば、いやな記憶の場所を、単純に力ずくで消し去るという実践は、克服された歴史時代との望ましい取り組みを促すのに、実際にいつも適しているのだろうか。あるいは、それらの実践はむしろ、そのような取り組みをどちらかといえば余分なものに思わせる、象徴的な代替行為として働かないだろうか。これらは周知のとおり、決して東ヨーロッパと南ヨーロッパのポスト共産主義国においてのみ立てられるわけではない、正当な問いである(69)。

記憶の枠組みはつねに、規格化された、あるいは許容可能な一切片に狭まる傾向にある。それに対して、アイデンティティとのつながりを生み出すことのない歴史記述は、見知らぬ異なったものにも、場所を作り出すことができる。歴史記述のパースペクティヴで見ると、過去は、現在がそこに自らを再認するバックミラーというだけではなく、馴染みのないものを経験する源泉でもある。この源泉を完全に克服して、総括することはできない。過去はそれゆえ、我がものにしたり突き放したりすることでアイデンティティを確かめることにのみ役立つのではなく、まさに、馴染みのないものを経験して理解するのを可能にもしてくれる。というのも、アルノ・ボルストがとても的確に要約しているように、歴史意識とは「別の時代や時期の異質性を認知すること」にほかならないのだから(70)。歴史の異質性を認知するということは、過去を悪魔のごとく異なるものとして道徳的に有罪判決を下すこととは、根本的に違う。歴史記述に取り組んでいく中で、そのような歴史化は、想起の枠組みを広げることにつながりうる。こうして枠組みが広げられると、一つのパースペクティヴだけではなく、いろいろなパースペクティヴが容認され、辛抱されるようになる。そうして、想起のモラルの下地はより多声的に、より複雑になる。

リュッベは次のように書いている。「どのみち国民社会主義は完全に歴史化されて終わるだろう[71]」。これは精確にはどういう意味だろうか。〈歴史化〉という概念は不快感の言説で好まれる単語だ。しかしながら、この概念がより詳しく定義されることはめったにない。〈歴史化〉というキーワードは、闘争のための概念として、歴史家論争で初めて登場した。この論争では、ドイツにおけるホロコーストの歴史と記憶を分かつ、決定的な境界線が新たに測量された。歴史化が今日何を意味しているかを理解するために、私たちは改めて、この点から始めなければならない。

〈過ぎ去らない過去〉というタイトルで、一九八六年六月八日に『フランクフルター・アルゲマイネ』紙に、定評あるファシズム史家エルンスト・ノルテのエッセイが載った。このテクストは歴史家と知識人の間に激しい論争を巻き起こした。ノルテはそのテクストで、ホロコーストという歴史的出来事が、四〇年が経って次第に色あせていく代わりに、歴史化されるのをしぶとく拒んでいると断言した。このことを彼は異常で腹立たしいことと評した。それのみならず、彼はその記事で、ホロコーストの一つの解釈を提示した。その解釈はこの出来事を、スターリニズムとファシズムの暴力行為が刺激・反応し合ってエスカレートしたというナラティヴに組み込んだ。ノルテが歴史化に向かって突き進んだことを受けて、ユダヤ系の歴史家やそのほかの人々は驚愕して、ホロコーストを神聖化するように求めた。彼らによれば、この出来事は歴史の流れから突出していて、単なる歴史的出来事をはるかに超えるもの、すなわち人類の歴史の鍵となる出来事である。その形而上的な性質ゆえに、この出来事は過ぎ去るように定められているのではなく、〈文明の断絶〉として、いつまでも記憶に留められなければならないという。こうして、この〈過ぎ去らない過去〉――ちなみにこれは持続するトラウマ的経験を表現するのにぴったりの言い方でもある――は解釈し直されて、ある新たな想起の文化の礎石になった。すなわち〈忘れてはならない過去〉である。

リュッベは歴史家論争がなかったらよかったのにと言う。彼の見るところ、歴史家論争とは、ポリティカル・コレクトネスの番人が権力を行使し、この歴史と付き合う中で絶えず更新されるおぼつかなさを生み出した事柄にほかならなかった。それに対してユルゲン・ハーバーマスは、ユダヤ人のパースペクティヴを支持し、この過去を、モラルの準拠点の一つとして、いつまでもドイツ人の意識に根づかせるよう求めた。この両者の名前に、この歴史を歴史化する立場と、モラル化する立場の理念型を見ることができる。

歴史化するということは非常にさまざまな事柄を意味しうる。それゆえ、歴史化に賛成する人々が、この語で何が意味されているのか、その都度より精確に述べたならば、この問題を議論する助けになるだろう。歴史化するということは、第一に、歴史家たちに彼らの対象を自由に扱う権利が認められなければならない、ということを意味しうる。その権利は、政治的立法によっても、タブーや、ポリティカル・コレクトネスを顧慮するといったような、社会的規制のほかの諸形式によっても、制限されてはならない。一九九〇年代以降、いくつかの国では、二〇世紀の鍵となる特定の出来事の歴史記述と歴史解釈を、政治的にコントロールして法律で拘束的に定めようとする試みがあった[72]。これらの想起の法律は、ホロコーストの否認を処罰するドイツの法に基づいていた。フランスではこの法は、さらにほかの法律で補われた。すなわち、人道に対する罪を否認することの禁止、アルメニア人に対するジェノサイドを否認することの禁止、〔学校教育で〕植民地の歴史を肯定的に描くという指令である。この国家によるモラルの攻勢に直面して、フランスでは歴史家たちが立ち上がり、これらの措置のいくつかを成功裏にはねつけることができた。ロシアでは様子が異なる。ここでは、歴史家たちは法律によって、歴史をもっぱら肯定的な愛国的調子で書くように強いられた[73]。

歴史研究に対するそのような歴史政策の干渉は、独裁下の状況や、ネイションの形成という愛国的な務めに進んで従った、一九世紀のナショナルな歴史記述を思い出させる。近代の法治国家における権力分立の原則と、国家が学問を監督するそのような諸形式は両立し難い。なぜなら学問の自由と良心は、歴史的真実の探求が、同業者内の諸規則と、その言説に組み込まれた自己修正にのみ支配されているような、開かれたプロセスの中で遂行されることに基づいているからだ。

民主的な法治国家には権力分立の原則がある。この原則は学問の言説を、当局の指令による干渉、検閲、あるいは言語規制や比較〔による相対化の〕禁止のような別種の制約から守る。他方でこのことは、学問自身が、何らかの文化的伝統と、政治的公共団体の一部であることを排除しない。この公共団体は特定の価値に拘束されており、それらの価値が絶えず討議の対象になることはない。文化はいわば、学問をも包み込む上位の括弧であるが、だからといって学問的研究にじかに影響を及ぼすことはない。ある社会にとってどの歴史が格別の重要性を主張できるか、あるいは、どこに研究費が流れていくか、といった根本的な問いは決定を必要とするが、それらの決定は学問それ自体から導き出すことはできず、公共団体のモラルの体質や、学者たちの文化的な自己理解とも何かしら関係している。

歴史化は、第二に、人口統計学上のプロセスを意味しうる。つまり、かつては熱を帯びていた出来事が、その生き生きとした経験記憶の担い手たちが徐々に死に絶えていくことで、自然と冷たくなるプロセスだ。この場合、過去との生気に満ちたつながりを断ち切るのは、時間それ自体である。こうして、過去が現在と未来に対して振るっていた力は、不可逆的に解消される。

歴史化のこの時間的コンセプトをハラルト・ヴェルツァーが説いている。彼にしてみれば、歴史をモラル化して、その感情的圧力を現在の中にまで引き延ばしているのは、とりわけ時代の生き証人たちだ。

> 時代の生き証人がいなくなると、歴史も再び自由に、つまり、存分に観察して使えるようになる。歴史は未来を孕むようになる。国民社会主義とホロコーストの歴史は冷たくなる。世代の生きたつながりが彼らの時代にまで

遡って続いていた間は、つまり、国防軍兵士、親衛隊員、党員、あるいはまた、反対者、被迫害者、被害者だったおじいちゃんたちがまだ生きていたうちは、この歴史は熱かった(74)。

第四と第五の世代には、そのようなおじいちゃんはもういないのだから、歴史化は純粋に生物学的なプロセスになる。世代を超えたトラウマ化が及ぼす、もっと長期にわたる影響や、メディアにおける種々の表現で〔ナチズムの〕魅惑が更新されることについて、ヴェルツァーは語っていない。ナチ時代を脱神秘化することを、彼はそれゆえ、後継世代にまったく簡単に指示することができると思っている。彼に言わせれば、ヒトラーは取るに足らない人物であり、今や忘れられてよい(75)。この脱神秘化は、「世代の注目が、国民社会主義、〈総統〉、ホロコーストでマークされたあの歴史の結晶点からずれた結果」――ようやく――完遂されるという(76)（ところで、「ずれる」ことで自動的に歴史化されるのを当てにするのは、若い世代の多くの発言と著しく矛盾している。（……）ヒトラーはポップカルチャーのブランドの一つであり、そういうものとして消費文化の商品である」）。クリスティアン・シューレが書いているように、「ヒトラーは、つねに機能している。(77)」）。

換言するならば、ヴェルツァーの考える歴史化では、時間そのものが、これらの出来事が忘却に再び沈み込むのを助けてくれる、変化のエージェントなのだ。かくもスムーズに近代化の時間レジームは機能する。つまり、近代化はまるで注文したかのように未来をもたらし、その代わりに過去を自動的に過ぎ去らせてくれる。ここでは未来と過去は互いに排除し合う。未来を獲得するためには、過去を手放さなければならないのだ。近代化の時代には、人々はこのことを、一九八〇年代になっても確信していた。この強制的二者択一はヴェルツァーによってもう一度繰り返される。想起の文化というプロジェクトを放棄すれば、私たちはすべての問題から解放されるだろう。「そうすれば、想起と記憶の研究で、現在と未来に対して過去を杓子定規に特権視してきたことは、忘却よりも想起を高く評価してきたことと同様、歴史の一コマになるだろう(78)」。想起の文化に対するこの嫌悪感を体現している人々は、パースペクティヴの向きを根本的に変えるように求める。つまり、私たちはずいぶん久しく過去と取り組み、それにかまけて未来を視野から失ってしまった、いつかは終わりにしなければいけない、というわけだ。歴史の破局的なエピソードにばかり視線を向けたこと、そして、それと同時に押し寄せた「〈記憶〉〈歴史意識〉〈過去の再検討〉」のようなコンセプトの津波は、「欧州・大西洋社会」の自己像をひどく損ねてしまった、とジョン・トーピーは言う(79)。彼によれば、こうして過去に取り憑かれていた間に、未来のプロジェクトと、理想郷を目指す方向感覚は、すっかり萎えてしまった(80)。近代の歴史を駆動してきた、西洋の進歩の衝動は、こうして頓挫してしまった(81)。忘却への促しとしての歴史化——これは明らかに、言うははるかに易く、行なうは難しである。というのも、ある歴史上の出来事がいつ、どのようにして、共同体に及ぼすトラウマ的な余波、感情的な牽引力、規範的な拘束力を失うかは、個々の知識人の〈解釈の支配権〉のほとんど及ばないところにあるのだから(82)。

歴史化は第三に、後に生まれた人々による、ある文化的な意思決定の行為に関係している。彼らは過去のある特定の出来事に対する規範的な絆を解消する。この意味で、例えば一九五三年六月一七日、つまり〈ドイツ統一の日〉〔東ドイツでは一九五三年六月一七日に、政府に対する蜂起に加わった市民が武力鎮圧され、多数の死者が出た。この事件を記念するため、西ドイツでは一九九〇年の再統一まで、この日付が国民の祝日に定められていた。なお、本章原注(38)参照〕に対する絆は、この統一が政治的に実現したあとで解消された。政治体制が転換したあとでは、自動的に、すべての記念の日付がその規範的な性格を失い、〈等しく通用する〉〔gleich-gültig＝どうでもよい〕歴史の日付の地位に逆戻りする。この種の歴史化に賛意を表するのが、とりわけ、自分たちの専門分野の彼方に、そもそも〈想起の文化〉という名の雑草がはびこることがどうしてできたのか、決して認識したことのない歴史家たちだ。ラインハルト・コゼレックは時代の生き証人の思い出に一時的な意義は認めた。彼らの発言権が、彼らが死去することで再び消えて初めて、過去は現在の克服戦略から解放され、〈純粋な過去〉として客観的な歴史研究の対象になりうるという。こうして不純な過去から純粋な過去に変わることとは、ある発展の論理を前提にしているが、その論理をかつてヤーコプ・ブルクハルトが、次の印象的な文句にまとめた。「かつて歓喜と悲嘆だったものは、今や認識にならなければならない[83]」。この文はフロイトに依拠して次のようにパラフレーズすることもできる。かつて記憶があったところに、今や歴史学を生じさせよう。しかし、一九世紀と二〇世紀の多くの著者が信じた、絶えざる〈精神性における進歩〉（フロイトの『モーセと一神教』〔一九三九〕にある表現）という歴史哲学的前提からも、私たちは今日もはや遠ざかり、同時に、一方では非合理的で感情的な記憶、他方では反省的で批判的な歴史学という硬直した対立からも遠ざかった。そのうえ、記憶と歴史学と並んで、久しい以前から、この二つの領域が重なり合った第三のものが存在している。すなわち、記憶の運動を批判的に観察し、これに付き添っている記憶言説である。この意味で、歓喜と悲嘆はそうこうするうちに、それ自体が反省と認識の対象になった。

ポスト主権的社会には、集合的アイデンティティ、モラル化、絶対的なものとして掲げられた信仰箇条の占めるべき場所はもはやない、と書かれてあるのを何度も目にする。しかしながら、あらゆる文化において、価値の揺るがないものと、絶えず運動しているものとは、何かしら関係している。規範的な価値の揺るぎない領域は宗教や芸術の中にある。「古典的とは歴史化に耐え抜くものをいう」と、ギリシア学者のカール・ラインハルトはかつて述べた[84]。彼の学問分野は、ニーチェもその一員だったが、〈古代文献学〉とも〈古典文献学〉とも呼ばれる。すでにこのことが、近代化と歴史化の時代においてもなお、単に過ぎ去るのではなく、歴史を超越した同一化に基づいて――この同一化は多大の関心、知識の専門化、研究対象への愛情を伴うのだが――方位確認の目印として地平線上にとどまっている歴史時代があることを示している。今日では、ホロコーストについても歴史化に耐え抜くということが言える。というのも、歴史研究における知の状況がどのように推移しても、それに左右されることなく、この出来事を任意のほかの出来事のように過ぎ去ることはさせず、文化的自己像に一緒に受け入れる義務を自らに負わせることが、政治的に広く根を張り、社会的に支持されるようになったからだ。それに対してどんな態度を取ろうとも――この出来事を、歴史を超えた、そして今日では国をも超えた想起の形象として固めるプロセスは、否定することができない。歴史家論争のあとで、ホロコーストを想起する義務を自らに負わせることが、政治的にも、ヨーロッパの共通のプロジェクトとして確認され実行されたのは、二〇〇〇年にストックホルムで開催された、トランスナショナルなホロコースト会議においてだった。それゆえ、まさに今ドイツ人が、この想起の文化から降りるという決断をするとしたら、それはむしろ非現実的だろう。

根本的に言えるのは、想起の文化と歴史化、未来と過去は互いに排除し合うのではなく、過去と関わる二つの正当で、相補的な形式だということだ。過去のある出来事が、過ぎ去るのではなく〈回帰〉し、現在において、未来のための拘束力ある想起の命令の形を帯びうるという考えは、しかしながら、近代化理論の信奉者には馴染みがない。彼らの文化的指針はもっぱら未来と更新に向けられており、それゆえ彼らにとっては、個人の自由を制限する、伝統、帰属、あるいは歴史的責任を介した過去との結び付きは、あってはならない(85)。ホロコーストという歴史の切れ目は、第二次世界大戦の直後ではなく、半世紀という著しい遅れを伴ってようやく人類の意識に入り込んできた。この歴史の切れ目は、しかしながら、ある別の経験も表している。かくも途方もない規模の〈受難の歴史〉を垣間見たことである。この歴史は、その途方もない規模ゆえに、歴史家たちにのみ何かしら関係しているのではなく、被害者、加害者、そしてこの歴史とそのほかの形で結び付いている人々のアイデンティティとの、いつまでも消えないつながりを生み出す。この歴史に対するアイデンティティのつながりは、そうこうするうちに、一つのトランスナショナルな想起にまで拡大した。その際にこの想起は、過去に通ずるほかの門も押し開き、これまで沈黙を運命づけられていた諸々の暴力の歴史が同じく表現され、聞き届けられるのを可能にした。忘れられ、抑圧され、あるいは無視された暴力の歴史への、この新たな種類の回帰は、専制政治や植民地支配を脱した多くの社会の自己理解と構造をも、後々まで変えた。

ドイツの想起の文化の実践領域

ぼくは子供のように考えていた。過去なんてぼくには要らないと。
過去がぼくを必要とするかもしれないなんて思ってもみなかった。

ジョナサン・サフラン・フォア(1)

歴史と想起の文化の実践はその多くが気の抜けたものになった。石と化して、内容が空疎になった――それもまさにこの実践が過去に固着しているがゆえに。（……）いまだに人々は、XやYといった場所でも国民社会主義の犯罪があったことを確認すると、記念銘板に値する重要な認識だと見なしている。ドイツと占領地域では、いたるところがそうだったのであり、それゆえ、個々の事例の認識価値は今ではゼロに近づいている。しかし、ナチ政権の悪行を思い出させる銘板を連邦共和国に貼り付けていくと、この体制を逆説的にも、事後数十年が経ってもなお、否定することで歴史上過度に強調してしまうことになる。(2)

ハラルト・ヴェルツァーは、場所に標を付けるという地域の実践は、憂慮すべき「過去の独裁」であり未来を塞ぐことになると考える。事実、市民社会のイニシアティヴから生まれ、さらに生まれ続けている地域の記憶の場所は、ドイツの想起の文化の最も重要な、そしてまた、最も目立たない実践領域である。現今の不快感の言説では、この想起の文化はたいていピラミッドの頂と、すなわち、国家を担う歴史政策の公式レベルと同一視される。空っぽで、意味がなくなり、それゆえ事の本質を根本的に外していると見なされるのは、いつも、記念日や主要な追悼記念施設で繰り返される式典の文句だ。想起の文化という概念を公式レベルに縮めてしまうと、想起の文化の場合にはもっぱら、国家が市民のために催す〈記憶劇場〉が問題となっているような印象が生じる。これはしかしながら、〈想起の文化〉という集合概念でまとめられる諸々の実践についての、非常に一面的で他律的なイメージを伝える。視線のこの狭隘化を破るためには、ここで詳細に、〈下からの〉記憶の場所と地域のイニシアティヴを話題にしなければならないだろう。この章は残念ながら短縮を余儀なくされている。それゆえここではこの次元を少なくとも指摘するに留めておく。そうでなくとも、いくつかの例を選び出して、個々人のイニシアティヴが想起の文化に大きく参与しているのを〔読者に〕認識させるのは、容易ではない。想起の文化はなんといっても、公式の政治の関心事であるばかりでなく、まさに市民社会のプロジェクトでもあるのだ。たいていの言説では言及されないのだが、想起の文化はピラミッドの中間と下の階層も表している。すなわち、地元で下から《ボトム・アップ》、ドイツの町々や地域で市民によって自律的に、無報酬で、メディアに大々的に取り上げられることもなく実践されている、数多くの私的な非公式の市民社会の活動とイニシアティヴも表している。この場合、ある町はほかの町で何が進行しているのか知らない。なぜなら、それについて地域を超えた報道がなされないからだ。このようにコミュニケーションがうまくいっていないせいで、想起の文化とは、歴史の内実を抜き取られた敬虔さの振る舞い、住民の利害関心と欲求、そしてとりわけ、自発的参加《アンガージュマン》を完全に素通りした他律の義務的プログラムであるかのような印象が生まれた。

この目立たない、地元の想起のアンガージュマンに関心のある人は、インターネットを検索してみればよい。そうすると、すぐ近隣にあるドイツの記念の地や記念施設を訪ねる〈ヒスツーリズム〉のさまざまなプランが見つかる。同様にほとんど考慮されないのだが、上から始動させられた事例の少なからぬものが、地域でそれ以前から議論の的になっていたプロジェクトで、長い予選をくぐり抜けてきた。ドイツには、ヨーロッパの虐殺されたユダヤ人を想起するためのベルリンの中央ホロコースト警告碑だけではなく、豊かな、そしていまだにどんどん分散していく、脱中心的な追悼記念の風景もあるのだ。この追悼記念の風景は、歴史家マリアンネ・アヴェルブーフの有名な言葉を確証してくれる。「この国全体が一つの警告碑である」。想起の文化という概念は、したがって、公式の追悼記念施設や何人かの高官や政治家の登場に限定されない、はるかに多くの事柄を包括している。つまりそれは市民社会を活発に支えるものであり、この市民社会は地域で無数の歴史プロジェクトを展開し、それらのプロジェクトに若い世代も引き込まれている。彼らはこうして自分たちの家の前でドイツの歴史に遭遇する。ドイツでは、これらの地元のイニシアティヴを衝き動かす力は、具体的な場所からじかに発する。それらの場所に積み重なった歴史の諸層は、住民によって少しずつ再発見され、明るみにもたらされてきた。

ヴェルツァーは、歴史の現場をマークすることを、修辞的な決まり文句と同じように中身がないと見なしている。それらの場所は彼にとっては、時代の生き証人の声と同じく、役に立たず余計だ。個々の事例の認識価値がゼロに近づいているという彼の発言はひっくり返すことができる。その逆が正しい。つまり、一般的な決まり文句としてのホロコーストの抽象的な真実は、認識価値がゼロに近づき、その一方で、歴史の諸層が露にされて白日の下にさらされる地元の歴史は、近隣住民にとってまぎれもなく具体的で、一目瞭然で、空間的な結び付きに満ちている。これらの歴史を再構成して語り継ぐ人々は、このことを、ある暴力の歴史の後継者として行なっている。その暴力の歴史に、彼らは〔被害者への〕共感をもって参与し、無関心と忘却ゆえにその歴史の共犯者でいることから、批判的啓蒙によって己を解放する。

第四章　ドイツの二つの独裁制の想起

東ドイツの想起——ドイツ特有の道？

どの国民の過去にも、簡単に過ぎ去ってあとは歴史学の興味しか引かない、というわけではない出来事がある。それは、国民の自己理解と自己像にとって肯定的あるいは否定的な重要性を突出して持つがゆえに、諸々の世代を超えて社会的な対決の対象であり続け、国民的記憶に占めるべき場所を求めるような出来事である。ドイツ人のコミュニケーションと想起の家政において、歴史上の特定の時代が重要性を保ち続けている理由の一つは、それらが、非法治国家が自らの住民や他国やマイノリティを弾圧した暴力的な時代だったからだ。想起とは、この場合には、こうした歴史が現在になおも要求を突きつけており、事後の評価と処理を待ち望んでいることを示す一つの印である。というのも、ある非法治国家が克服されたあとには、加害者が同定され、被害者の苦しみが承認され、この経験からしかるべき教訓と帰結が導き出されて初めて、真の民主制は生まれ、確たるものにされうるからである。

ＥＵの二七の加盟国のうち、一七の国が独裁制を経験した。ドイツは立て続けに二度も。このことはひょっとしたら、再統一したドイツで一九九〇年代に構築されたような、ＳＥＤ〔東ドイツの支配政党だったドイツ社会主義統一党（Sozialistische Einheitspartei Deutschlands）の略〕政権の想起が、どうしてヨーロッパのモデルを外れているのか、説明してくれるかもしれない。ソ連が瓦解したあと、かつての東欧ブロック諸国の多くが、この独裁制の経験をある新しい歴史理解のフレームで加工するという同一の状況にあった。東欧ブロックの〔旧東ドイツ以外の〕国々は一様に、この過去を処理するのに、被害者のナラティヴを選んだ。その際に、国民は全体として自らの立ち位置を、抑圧的からトラウマ的までさまざまに解釈された占領国の、受動的な被害者の役回りに見出した。これは、共産主義の精神に基づく諸国民のインターナショナルな団結という公式のプロパガンダを、それを転倒させたもので急遽置き換えた解釈だ。国民全体が歩んだ苦難の道というこの物語は、今日、ブダペスト、リーガ、タリン、あるいはヴィリニュスの歴史ミュージアムの展示で、わかりやすく観覧に供され、後継世代の歴史像を規定している。

ドイツは特殊な形でこの東欧のメインストリームから外れている。私たちの国では、冷戦と共産主義独裁の経験が処理される方法は、根本的に異なっている。ほかの国々とは違って、東ドイツは一九八九年以後、二重のアイデンティティの転換を味わった。つまり、ソビエト連邦から出て行き、再統一したドイツに入って行ったことで。新たな連邦共和国〔すなわち一九九〇年に東ドイツを吸収合併した西ドイツ〕の全ドイツ的な想起の内部では、四〇年間の東ドイツの歴史は、〈第二の独裁制〉というモデルで処理される。ドイツはかくして、立て続けに二度も罪を犯してしまった国として、自己を理解する。なぜならドイツは、二〇世紀の二つの大いなるイデオロギーの誘惑、つまりファシズムと共産主義に抗わなかったからだ。この国民の今日の自己像を反映した歴史観によれば、ドイツ人は極端なイデオロギーに特に感染しやすいことを証明したのであり、これらのイデオロギーに結び付いた暴力と弾圧の責任を、自ら全面的に背負わなければならない。ほかの東ヨーロッパの諸国民の場合には、これらの体制の被害者に、自分たちを集団で同一化しているのを見ることができる。それに対して、〈非法治国家である東ドイツ〉というドイツのナラティヴは、――協力と抑圧に対する歴史的責任を引き受けるという意味で――〈加害者との同一化〉で特徴づけられる。

全体主義の過去を歴史的に処理するこれら二つの立場も、〔第二章で見たように〕M・ライナー・レプシウスの用語を借りて、〈外在化〉と〈内在化〉の概念で表すことができる。[1] 自分をもっぱら暴力の被害者と同定する人は、歴史的犯罪に何かしらの形で加担していることを、罪と責任を〈外在化〉することで、断固としてはねつける。もう一つの場合には、自分が何らかの形で共犯であることを認知し、自らこの犯罪に対する責任を引き受けることで、悪事を〈内在化〉する。レプシウスがこの二つの概念を造ったのは、ドイツの二つの分割国家において、ナチ政権の歴史がそれぞれ別様に処理されたことを表すためだった。彼は一方では東ドイツを引き合いに出した。この国はファシズムの被害者と抵抗闘士の側にいれば安全だとわかっていて、ドイツ史のこの時期〔ナチ時代〕を〈外在化〉した。他方では西ドイツを引き合いに出した。こちらは〔第三帝国の〕後継国家として、ナチ独裁が犯した人道に対する罪とその責任を、その自己像に取り入れた。つまりそれを〈内在化〉し、そうしてこの歴史の〈占有〉からしかるべき政治的帰結を導き出した。

ドイツ連邦共和国が一九四九年以後、国民社会主義の歴史を内在化したように、一九八九年以後は、再び一つになった国民が、東ドイツの歴史を内在化した。東ドイツの歴史を〈第二の独裁制〉とするドイツの処理の仕方は、それゆえ、ある心理史の基本パターンをなぞっている。人は新しいものを、すでに体験したものに照らして体験する。そして人はそれを、すでに確立された解釈図式に意識的あるいは無意識的に立ち戻りながら判断する。ドイツではこの第二の独裁制は、第一の独裁制を背景にして解釈されるが、同時にそれは、第一の独裁制の厄介なライバルとも感じられる。私たちが東ドイツについて語るとき、（はっきりと、あるいは暗々裏に）ナチ時代についての何らかの予断が一枚かんでいることがよくある。これらの歴史上の時代は、歴史においては十分明確に分離されており、まったく決定的な違いを示している。それにもかかわらず、これらの時代は国民の記憶の中では繰り返し一緒くたになってしまう。そこでは一方の出来事が、他方の出来事の影、図式、そしてとりわけ、ライバルとして認識される。

ドイツの二つの独裁制についての語り

ドイツの二つの独裁制の違いは、内外に向けられた殺人的暴力によって明白だ。ナチ国家はその暴力を、近隣諸国や〈人種的〉マイノリティ、誰よりもヨーロッパのユダヤ人に対して解き放った。構造的にも違いは見落とせない。自分たちが選んだナチ独裁から、ドイツ人は自分自身を解放することができなかった。ただ連合国の助けを借りてのみ、東と西で、新たに出発することができた。東ドイツはその反対に、国民が選んだわけではない押し付けられた独裁制だったが、国民はそこから自分自身を解放した。

それでも過去二〇年の間に、ナチ独裁とSED独裁がドイツ人の記憶の中でかち合う機会が、繰り返しあった。その一つが戦争捕虜と政治囚の特殊収容所についての議論だった。これらの収容所は、一九四五年から一九五〇年まで、かつて〔ナチスの〕強制収容所だったブーヘンヴァルトとザクセンハウゼンの一部分に、ソビエトの秘密警察によって設置され、運営されていた。この二つの時期の異質な思い出は、この場所を、複雑に層を成した、議論のやまない記念の地にした。[2]「二重の苦しみに耐えること」というのが、二〇〇六年にブランデンブルク州の内務大臣イェルク・シェーンボームの追悼演説が引き起こしたスキャンダル〔を報じる記事〕の見出しだ。彼はその演説をアウシュヴィッツ解放記念日にブーヘンヴァルトで行なったのだが、その機会に、戦争のあとにこの場所に収容された政治囚〔これにはかつてのナチスも含まれる〕をも想起させた。[3]

ドイツの二つの独裁制の違いは歴史的な観点ではかくもはっきりしているのに、それらを記憶の中で適切に整理して表現するのはかくも難しいようだ。このことを再度示したのが、壁崩壊の二〇周年記念日の前哨戦で交わされた、歴史政策に関する議論だ。二〇〇八年に連邦政府は、ベルント・ノイマン文化メディア担当国務大臣の指揮の下、〈追悼記念施設構想を続行する〉ための青写真を公表した。もっとも、批判者たちはそこに続行ではなく、赤緑〔シュレーダー政権（一九九八〜二〇〇五）を支えた、社会民主党と九〇年同盟／緑の党の連合を表すシンボルカラー〕の追悼記念施設コンセプトからの逸脱と、〈第二の独裁制〉を重視する内容への移行を認めた。「ドイツの両方の全体主義体制」についての語りは、当時、ザロモン・コルンによって次の指摘をもって批判された。「SEDの不法行為を、国民社会主義の不法行為にできるだけ近寄せること」が試みられている。(4) 緑の党の代議士カトリーン・ゲーリング＝エッカルトも、その見解を表明した文書〈批判的に想起すること――過去の再検討に関する緑の党の見解〉で、ナチ独裁からSED独裁に重点を移すことを問題視し、「〈ドイツの両方の独裁制〉を平均化する語り方」に対して苦言を呈した。(5) 彼女は想起の文化のパラダイムを交替させることに抗弁した。彼女によれば、そのパラダイム交替では、東ドイツの再検討を強化することが、ナチの記念の格下げに結び付けられるという(この印象はとりわけ次の事情ゆえに生じた。つまり、ノイマンの青写真は七ページ半にわたって東ドイツの再検討について詳述していたのに対して、ナチの記念にはたった二ページしか割いていなかった)。ゲーリング＝エッカルトは、これでは「レールが間違って敷かれる」と批判し、彼女のほうでも批判的な歴史意識のための一〇の原則を表明した。それらの原則は両方の想起の間に明確な境界線を引き直した。

ドイツの二つの独裁制の競合をめぐる似たような議論を、二度のアンケート調査委員会で終わらせたのが、歴史家ベルント・ファウレンバッハだった。この調査委員会は、一九九〇年代にドイツ連邦議会から、SED独裁の再検討をするよう依頼されていた。この委員会でも、ドイツの両方の独裁制を再統一後のドイツで歴史的に位置づけ直すにあたり、何度も意見の不一致と衝突をみた。類似点や非類似点をどう扱うべきか。なにしろ比較することからしてタブーになっていたのだから。なぜなら、第二の独裁制が想起の層になって第一の独裁制に被さり、これを歴史にしてしまうかもしれないと人々は危惧したからだ。ファウレンバッハは巧妙なルールを案出した。それは、両方の独裁制に国民の歴史像と自己像の中で占めるべき場所を割り当て、これを土台にして委員会の作業を継続することを可能にした。そのルールは二つの短い文からなっている。曰く、

一、スターリニズムの想起はホロコーストの想起を相対化してはならない。

二、ホロコーストの想起はスターリニズムの想起を平凡化してはならない。[6]

過去の保持と過去の克服

ナチ独裁とＳＥＤ独裁の重要度をどう判定して解釈するかをめぐる争いでは、両者の共通点と重要な相違点を思い起こさなければならない。両者は「全体主義に反対する基本的コンセンサス」に関する点では共通しており、これには、非法治国家における強制のメカニズムについての知識も、自分たちの個人主義を引っ込めて、集団主義的なアイデンティティの提供物を受け入れ、権威主義的な構造に従属しようとする住民の用意についての知識も含まれる。[7]もっとも、より重要なのは相違点のほうだ。つまり、東ドイツにはホロコーストに対応するものがない。ホロコーストはナチ独裁に根差していたが、同時にナチ独裁をはるかに上回るものだった。この歴史上類のないジェノサイドの計画と実行は、想起をもある新たな種類の挑戦に直面させる。東ドイツの想起にはこの〈差別特性〉が欠けている。東ドイツの想起はむしろ、かつての東欧ブロック諸国に共通する、ヨーロッパの想起の一部である。もちろん、この想起には強い国民的相違も見られるのだが。さらに、ホロコーストを生き延びた被害者とその親族は、ほとんどがドイツ国外に暮らしており、世界中に散らばっている。このことはこの想起にあるグローバルな次元を与える。それに対して、ＳＥＤ政権を生き延びた被害者たちは、ほとんどが自国内で暮らしている。このことはこの想起に、どちらかといえば内的な対決の性格を与える。つまり、ここではドイツ人がドイツ人を裁き、かつての被害者と加害者が一つの社会の中で統合されねばならないのだ。一九四五年以後、絶滅戦争の諸結果を痛感したドイツ人は、ほとんどが初めは自分自身を被害者と見なした。それから――数十年後に――ドイツ人はナチ政権の被害者への共感も示し始めた。

一九八九年以後、かつての東ドイツの市民は、自分のことを、ＳＥＤ政権の受益者（旧体制への）ノスタルジー）とも、被害者とも感じた。それに対して、この政権の被害者とより深く同一化することは、ドイツ連邦共和国の社会の側からはいまだにない。

〈二つの独裁制〉について平均化しながら語ることをめぐって、争いがいまだに続いているが、この争いは、私たちが次のことをはっきり理解することで終わらせることもできる。つまり、再統一後のドイツでは、両方の独裁制を想起するために、二つの異なる形式が発展させられたことだ。これらの想起の形式を〈過去の保持〉と〈過去の克服〉と呼ぼう。国民社会主義とホロコーストのために発展させられた想起の形式は過去の保持である。これはあの先例のない犯罪に対する直接の応答であり、その基礎となる前提は、カトリーン・ゲーリング＝エッカルトの〈一〇の原則〉からの引用で、簡潔に説明することができる。

ショアの再検討は完了することができず、決して終わらない。国民社会主義の犯罪はドイツのアイデンティティを刻印しており、決して〈逃れる〉ことのできない責任を意味している。国民社会主義の犯罪はドイツの現在の中にいつも突き出てくるであろうし、またそうであらねばならない。あれらの犯罪には、想起の〈バトン〉を後継世代に渡す責任をドイツはいつまでも担うという意味で、〈時効が適用されない〉[8]。

これとは反対に、東ドイツのために発展させられた想起の文化は、過去の克服の原理に基づいている。この想起の政治は、同様に、歴史的に新しい種類の前提に従っている。その前提はしかし、一九八〇年代になって初めて考え出され、今日では、かつての非法治政体が民主制に変わっているところでは、世界中どこでも実行に移されている。その際にこれらの国家は、基本法、制度、価値、そして——とりわけ——歴史像の徹底的な変化を被っている。そのような政治的な〈移行プロセス〉には真実委員会が付き添っている。それらの委員会では、歴史家たちが抑圧された暴力の歴史の諸事実を見直し、ほかならぬ、社会が忘れたがっている当の事柄を、社会の記憶に呼び起こす。この場合、根底にある確信とは、過去の犯罪に向き合い、被害者が承認されて初めて、法治国家の基礎と、新しい社会統合の前提を創り出すことができるという信念だ。ここで問題となっているのは、政治的・文化的アイデンティティの確たる構成要素になるべき、ある〈規範的な〉過去を、永続的に、そしていつまでも完了することなくメモリアル化することではない。そうではなく、ある共通の未来を開くために、暴力の歴史を克服することである。

過去の保持と過去の克服の区別を立てたが、これらの想起の枠内で言葉をどのように用いるべきか、指摘しておいたほうがよいだろう。リヒャルト・フォン・ヴァイツゼッカーの演説によって〈救済〉という宗教的概念が政治の言説に入り込んだ。[1] しかしこの概念には――この点ではウルリーケ・ユーライトが無条件に正しい――根本的に想起の文化の語彙の中に占めるべき場所はない。なぜならこの概念は、この世俗の言語空間には対応するものがない、何らかの神的な審級を呼び出すからである。それゆえ、ホロコーストを想起するという文脈では、〈救済〉という語は、〈共通の、もしくは、共感に基づく想起〉という表現で置き換えなければならない。想起は、加害者の子孫の側と被害者の子孫の側では、まったく異なった形を帯びることをよくわきまえながら。東ドイツを想起するという文脈では、〈和解〉という語は〈信頼〉という語で置き換えるべきだろう。このように言葉遣いを刷新することを提案するのは、政治的語彙からキリスト教的色合いを抜くためだけではなく、そのような儀礼的語りの世俗的な枠組みの中で、過度に高まった期待を和らげるためでもある。

リュッベの言う〈申し合わせた黙殺〉は、アーカイヴの公開や加害者の同定と結び付いていたような移行プロセスとは、正反対のものだった。連邦議会が設置した、ＳＥＤ独裁を再検討するためのアンケート調査委員会は、〈真実委員会〉の一形態だった。真実委員会は今日、世界中で三〇以上が活動している。これらの委員会の目的は、加害者たちに責任を問い、被害者を承認して彼らに声を与えることだ。つまり、独裁制から民主制に変わることは、今日の観点では、それこそ一緒に忘れることを経由してではなく、罪と苦しみを一緒になって想起するという困難な道を経て初めて成し遂げられる。同時に、そのような想起は、ある共通の未来へのパースペクティヴを開く。この想起を土台にして社会を統合し、新しい共通の未来への道を開こうというのだ。

移行プロセスは決して完全には成功することなく、その達成度はいつも相対的なものだが、この移行プロセスに対してはいろいろな見方がある。肯定的な評価をエッカルト・イェッセが述べている。彼は東ドイツの批判的な見直しを称えて、この見直しがこの点ではヨーロッパのモデルを外れているとした。

ほかの東欧の民主政体はそのようなアンケート調査委員会を実行できなかった。大いに非難された過去の克服は、ドイツではやはり、人々がときおり疑ったほど悪いものではなかった。そして資料がはっきりと証明しているが、ここでは〈西側〉が〈東側〉と決着をつけているのではない。こんなことを主張する人は作り話を編んでいるのだ。(9)

もっとも、当時のＰＤＳ〔民主社会主義党（Partei des Demokratischen Sozialismus）の略。ＳＥＤの後身〕（今日の左翼党）の見解はまったく異なっていた。

連邦議会のアンケート調査委員会の多数派によって、時代錯誤的でもあり好戦的でもある反共が続行される。この反共の先入観、紋切り型、反リベラルな推断は、歴史的に正当な判断も、相互の理解も促進しない。〈非法治国家の東ドイツ〉という十把一絡げのテーゼ、東ドイツの歴史における独裁的な側面と犯罪の絶対視、そしてとりわけ、この間広まった意図的な、あるいはぞんざいな、東ドイツとナチ政権の同一視によって、壁が新たに築かれ、歴史が捏造されている。委員会は、過去の東ドイツ国家を犯罪視することで、広範囲に及ぶ政治的迫害を助長した。これらの迫害には時効期間の延長と遡及効禁止の違反も含まれる。改めて委員会は、人々を大量に職業上差別し、社会的に降格させるための口実を与えた。同時に、連邦共和国における政治的迫害の被害者も今こそ復権させ、必要な補償をせねばならないのに、このことがまたしてもなおざりにされた(10)。

一方では「ぞんざいな、東ドイツとナチ政権の同一視」が嘆かれるのに対して、他方では、東ドイツの過去の克服と、ナチ時代の過去の克服が、政治的に結び合わされる。その際、ＳＥＤ幹部の刑事訴追に対しては、反射的に、国民社会主義の見直しが不十分であるという非難で反撃する。これに照らし合わせると、左翼党が二〇一二年三月の連邦大統領選挙で、ヨアヒム・ガウクの対立候補としてベアーテ・クラールスフェルト〔2〕を立てたのは、もっともに思われる。

東ドイツの被害者の想起

ドイツ人の記憶の中で東ドイツの思い出を形作ることは、きわめて対立的な様相を呈しており、また、二〇年以上が経った今でもなおその端緒にある。これは転換の年である一九八九年とはまったく反対だ。初めからこの年は、ドイツ史における最初の成功を収めた民主主義革命として言祝《ことほ》がれ、それゆえにまた、市民革命の年である一八四八年と好んで結び付けられる。一九八九年は、一九四五年に自分自身を国民社会主義から解放するつもりがなかった、あるいは解放することができなかったドイツ人にとっては、重要な日付になった。一九四五年のトラウマの否定的想起に、一九八九年の歴史的勝利の肯定的想起が並んだ。

幸福感に満ちた、ヨーロッパの転機となるこの出来事とその評価については、意見がかくも一致しているのに、東ドイツの四〇年の歴史を全ドイツ的な記憶の中にどう位置づけ、どう定着させることができるかについては、まだ さしあたり不分明なままだ。この想起はようやく動き始めたばかりであり、いまだに発展の途上にある。この想起の基礎が据えられた場所は、東ドイツが振るった国家テロルのトポグラフィーを裏書きする記念の場所だ。国家保安省は、諜報機関ならびに秘密警察として、一九四九年に東ドイツが創設された直後に作られた。国家保安省はしたがって、この政権の本質的な部分をなしており、この政権は、自国の住民に絶えず嫌疑をかけ、犯罪者と見なし、監視し、裁判手続きなしに投獄し、拷問するというテロルを通じて、自らの権力を固めた。自国の市民に対して国家がこのように全面的に不信感を抱いたのは、スパイによる監視と密告という形で暴力によってのみ上から維持されえたような権力に、正当性が欠けていることの直接の結果だった。

〔ベルリンの〕ホーエンシェーンハウゼンにある国家保安省のかつての監獄や、マクデブルクにあるモーリッツプラッツ記念施設は、想起の場所になった。それらの場所はまた記録文書と証拠資料の砦でもある。それは国家保安省《シュタージ》の活動をチェックし終結させるために設けられた市民委員会の偉大な業績だった。この委員会はマクデブルクで、文書資料と証拠資料が破棄されるのを、すんでのところで阻止する術を心得ていた。というのも、まさに破棄は、政治体制の転換という大変革の場所で起こるものだからだ。崩壊しつつある暴力政権は、この歴史の見直しを阻止するために、即座に痕跡の破壊に着手する。その例が南アフリカだ。そこでは退陣しつつあるアパルトヘイト政府が、倒れる前に、数トンもの文書資料を破棄した。それゆえそのあとでは、被害者の声が、自分たちに加えられた暴力について口頭で証言することになった。エジプトでも、国家の不利になる資料が保管されていた内務省が、二〇一一年春に政府が倒れたあと（間違いなくデモ参加者によってではなく）放火された。マクデブルクの場合には、シュタージの秘密書類を公開するこの行為こそ、転換の――移行の――瞬間と見なすことができる。すでに一九九〇年には、二万三〇〇〇人の訪問者が、六週間にわたってある展示の枠内で、政治囚の取り扱いと運命について、この場所で情報を得ることができた。そのような文字通り革命的な行為〔原語はAkten。原文では文法的には「書類」とも読める〕から、多くの記念の場所が、人々の手で生み出された。そこではＳＥＤ政権の被害者が、自分たちの苦しみの場所が目立たなくなって忘却に沈むことのないよう、精力的に配慮した。

東ドイツの記念碑や記念施設を設置するにあたり、ある種の非対称が生じた。肯定的な想起の場所は可視性を大いに獲得し、ツーリズムで生産的に市場に売り出された。その一方でテロルの場所は――ベルリン・ホーヘンシェーンハウゼンにある国家保安省の主要な未決拘留施設を例外として――色あせた。この東ドイツのテロルのトポグラフィーには国民的構想がない。つまり、これらの場所を皆の想起に取り戻すのは、被害者自身の務めになっている。マクデブルクでモーリッツプラッツ記念施設の開設を通じて模範的に成功したこと――ここは体制転換後すぐさま確保され、かつての囚人に寄り添い支持するための、そして、教育活動と研究のための記念施設として、またアーカイヴとして利用されている――は、ほかの町では引き続き激しく争われ、現地当局との進展しない交渉の対象になっている。ライプツィヒは、ニコライ記念柱、つまり一九八九年一〇月九日の記念碑[3]と、連邦立のミュージアム〈同時代史フォーラム〉で、二つの広く目に見える想起の場所を手に入れた。これらの想起の場所は当初、ある市民委員会が担っていた、〔ライプツィヒの〕〈丸い角の館〉にあるシュタージ・ミュージアムを、日陰に追いやってしまいそうだった。今日ではこの委員会の活動は、連邦、州、市の財源で一緒に支えられている。エアフルトのかつてのシュタージ監獄が保存されて、記念と学びのための場所に改修されることになったのは、同様に、かつてそこに拘留されていた人々の粘り強さのおかげにほかならない。二〇一〇年の元日に、彼らのうちの数人が、自らの意思で、彼らがかつていた囚人房に座した。この場所の造形について自分たちの発言権を勝ち取るために[11]。東ドイツのテロルのトポグラフィーを標すこれらの真正の場所は、東ドイツの想起の全体像の中で、今にも色あせそうになっていた。しかしこれらの場所は、この政権に迫害された人々が中心にいて、そこでは彼らの物語が聞き入れられ、彼らの被った不正が認知される可能性があるからこそ、かくも重要なのである。

これらの記念の場所は、時代の生き証人たちのコミュニケーション的記憶を、長期的な文化的記憶に変える。この文化的記憶は、この国に今日暮らしている住人や将来暮らすであろう住人に、彼ら自身の歴史を教える。これらの記念の場所には、体制転換という変化のプロセスにおいて、さまざまな機能がある。第一の機能は犯罪の歴史的証拠を保全することだ。第二の機能は被害者を承認することであり、第三の機能は地域を超えた想起の文化を構築することである。今日、かつての独裁制が民主制に変えられているところではどこでも、そのプロセスの始まりには、秘密のアーカイヴ資料の公開がある。それらの資料は国家テロルのメカニズムを暴き、加害者の刑事訴追と、被害者の承認と補償をもたらす。変革とともに形成される〈加害者〉と〈被害者〉というカテゴリーからして、すでに、根本的な価値の変化を表している。しかし、法的な有罪判決は決して社会全体にくまなく及ぶことはなく、非法治政権を象徴的に代表する個々の人物にしか下されないのだから、社会変化のためには、それを側面から支援する措置がさらに必要になる。これに含まれるのが、社会的承認、情報、助言を求める被害者の権利の保障である。記念の場所には、時代の生き証人の報告を記録し、この住民グループのアーカイヴを構築するという重要な課題がある。文書だけではこの歴史的経験を反映することはできない。文書は別種の記録によって補われなければならない。それゆえこの場合には、展示、一連の講演、公開の討論会が重要な役割を果たす。というのもこれらの活動は、東ドイツの被害者の迫害経験を、私的な領域から取り出して、新たなコンテクストに移し替え、そうして認識と対決の材料として社会に提示するからだ。この場合には、文学や映画のようなメディアも挙げることができる。これらのメディアは、迫害された人々の視点を内側から描き、歴史家の知識を、経験者のパースペクティヴという重要な次元で補う。こうしたことはすべて、この歴史経験を社会一般の意識に広めることに寄与し、東ドイツの独裁制が、〔当事者の〕経験記憶から受け継がれて、国民的記憶の一部になることにつながりうる。

東ドイツの想起をヨーロッパ化すること

東ドイツの歴史は国民的記憶では独裁制として保存されている。ただし、諸々の制度を見ると、加害者のパースペクティヴは大幅に匿名のままであり、被害者のパースペクティヴは私的なものに留まっている。何人かの被害者が公に承認され、重要性を獲得したことに疑問の余地はない。これは特に、有名な壁の被害者に当てはまる。しかし、国家テロルの全面を覆うような広がりと日常性をどうしたら目に見えるようにし、歴史的想起の対象に変えることができるかは、いまだ悩みの種である。これらの被害者に関しては、相変わらず、ドイツ連邦共和国の大勢は無関心だ。だが、各人が何かしらの方法で抵抗して、最終的にはデモや解放運動によって平和革命という歴史的勝利をもたらすことになる、かのプロセスを開始したのは、まさにこれらの被害者たちだった。「最初に不正、その次に忘恩」という見出しで、歴史家のヴォルフガング・シュラーは次のように述べた。「これらの抵抗者には政治囚も含まれる。彼らがそれゆえに有罪判決を下されたその行為が、彼らによってまったく犯されていないか、あるいは文明国では刑罰に値しなかったとしても、そしてまさにそれゆえに、罪を問われた人々である」。東ドイツの国家形態の本質が「弾圧にあった」という事実は、「有罪判決を下された人々を、彼ら自身はまったく抵抗を意図していなかった場合でも、抵抗者にする[12]」。

加えて、共産主義の被害者の想起は、ドイツでは大幅に断片化されて私的なものになっているが、今やヨーロッパの文脈にも位置づけられるべきだ。SEDの被害者に対する国民的想起は、全ヨーロッパ的な想起に植え込まれねばならない。数百万人が経験したこの出来事は、二〇世紀に数十年以上にわたって、そして第二次世界大戦が終わってからもなお長い間、人々を脅かし、トラウマ化してきた。この経験にはヨーロッパの記憶の中に、ホロコーストの想起と並んで、しかるべき場所が与えられるべきだ。このことは決して、これらの経験を同等視するということではない。事実また、それらを想起する形式も、当然異なるものになる。それを私は〈過去の保持〉と〈過去の克服〉というキーワードで強調した。国家テロルの経験と、ジェノサイドの経験の間には、想起の政治の上で、明白な非対称が存在している。ホロコーストとは反対に、スターリニズムと共産主義のトラウマは、トランスナショナルな想起にはならなかった。なぜならそれは、いまだに分離と競合に満ちているからだ。一部ではこの想起は、(多くのかつての東欧ブロック諸国におけるように)国民的な被害者の想起として象徴的に占められている。一部ではこの想起は(ドイツにおけるように)国民的な加害者の想起の影に覆われている。そして一部ではこの想起は(ロシアにおけるように)非公式の家族の想起にとどまっている。それに対して、トランスナショナルなヨーロッパ的広がりを持つこの共産主義の経験を、全ヨーロッパ的文脈で想起することで、二〇世紀のトラウマ的な暴力の歴史のもう一つ別の次元を示し、それを自省的な予防の対象にすることができるだろう。反ユダヤ主義と人種主義は、ヨーロッパの生んだ危険であり、ホロコーストの想起は、この危険に対して免疫力を与える戦略として投入される。しかし、私たちは同様に、左の全体主義の誘惑が過ぎ去ったと安心してはいられない。ただし、共産主義の暴力の歴史を想起するときには、冷戦時代に由来する敵のイメージのステレオタイプから切り離して、この暴力の歴史の被害者の、具体的な経験物語を基礎にしなければならない。スターリニズム／共産主義の被害者の経験を、ホロコーストの想起と結び付けるような想起の文化は、人権に対するヨーロッパの信条を強め、暴力礼賛と専制的構造に逆戻りすることからヨーロッパ人を守ってくれるかもしれない。

第五章　移民社会の中での想起

国外からの移住者を社会に統合することは、想起の文化にじかに影響を及ぼす。少なからぬ人は、何らかの国民的な想起の文化が存在していると、統合の障壁となり、コスモポリタン的で多文化的な移民社会に向かう道を遮ってしまうと考えている。こうした人々は、ポスト国民的なアイデンティティを支持し、あるいは「もはや、共通の言語と共通の歴史を持った、同質的な想起の共同体として」構成されるのではない「ポスト主権的な社会」について語る。これらの社会は今日、「複雑性と多元性が途方もなく増大している事態に直面して、自由を最大限に保障しながらも必要なかぎり絆を生み出すことのできる、新たな統合と共同体の形式を探すという挑戦を受けている」[1]。この分析は次のテーゼに行き着く。つまり、グローバル化のダイナミズムにさらされている今日、ミニマリズム的な社会契約のほうが、移民がそこにただでさえ自らを再認することができないような国民的ナラティヴよりも、実際的であるというテーゼだ。それゆえ、例えばホロコーストの想起のような、何らかの過去についての構想を規範として定めてしまうと、このような世界にあっては時代に遅れ、機能障害を引き起こすように思われる。

グローバル化、文化転移、移民の時代に、ドイツの想起の文化が、ドイツ社会が再び別れを告げなければならないような、進歩の妨げであるかどうかは、未来が教えてくれるだろう。しかし確実に言えるのは、ドイツの想起の文化が、この状況下に変わるということだ。政治家の視点からすると、ドイツにおけるホロコーストの想起は、いずれにしても退場するには早すぎ、さしあたりはまだ、未来予想の中に確固たる位置を占めている。ノルトライン゠ヴェストファーレン州の首相ハンネローレ・クラフトは、二〇一一年三月初めにイスラエルを訪問したとき、〈想起の未来〉

というテーマについてジャーナリストに質問され、次のように明言した。

私は、終戦後かなり経ってから生まれ育ち、ナチ体制とはもはや何の関係もなかった世代に属しています。それでも、イスラエルとの特別な関係を育む義務は残っています。これを今日の若い世代も実行するでしょう。たとえ彼らのファーストネームが〔トルコ系の〕セラプやムラトであっても。(2)

ハンネローレ・クラフトがここで約束の形で言い表したこと、つまり、若い移民の世代をドイツの想起の文化に引き込むことについての問いは、今日では独立した言説のテーマになった。引き込むということは、この場合、二通りのことを意味しうる。一方では、ドイツで成長し、この地で社会化されるこの新しい住民集団を、どのようにしてホロコーストの想起に編み込むことができるのか。他方では、この想起は、移民を編み込むための新たな通路を開くには、どのように変わらなければならないのか。換言するならば、ホロコーストの想起は、ドイツが移民社会に変容するにつれて、どのように変わるだろうか。このアクチュアルな問題を検討する前に、ここではまず、想起と移民というテーマに関して、より一般的な前提のいくつかに触れよう。

市民権としての否定的想起？

長い間、アメリカ合衆国のような伝統ある移民国では、忘却が効果的な移民政策の最良の基礎とされてきた。新しい社会と文化に根本的に順応するためには、移民は、彼らがやってきた世界を内面的に自分から切り離し、置き去りにしなければならなかった。もちろん、再出発のために一切を白紙にするというのは無理だった。それでも目標は、新しいアイデンティティを引き受ける過程で、文化的出自を徐々に褪色させていくことにあった。この考え方から、移住者が携えてきた思い出は、定住プロセスを妨げる障害物と見なされた。人々を分離する思い出を捨てて、共通の未来を目指すべきとされた。自分の歴史を置き去りにする心構えのあった人は――そして迫害され辛酸をなめてきた多くの移民にはそうする心の準備ができていた――この地で、自分の人生をもう一度最初から始める大きな機会を得た。この意味でアメリカの文芸批評家レスリー・フィードラーは次のように強調した。アメリカ人は、ヨーロッパ人とは異なり、何らかの共通の歴史ではなく、一つの共通の夢で結び合わされる。[3] 確かに移民たちの思い出を、違法の品物が隠されている手荷物のように、簡単に取り上げることはできなかった。しかし、坩堝《るつぼ》(melting pot)という一種の同化政策で、差異を削り落とし、溶かし込むように努力することはできた。

一九八〇年代以降、この領域でも重心は根本的にずれた。諸々の集合的アイデンティティが新たに重要になるにつれて、ここでも、あれほど入念に磨き落とされていた差異と輪郭が再び現れてきた。弁別的アイデンティティへの帰属を基礎づけるのは自分の思い出だが、これからは、その思い出に固執することが、文化的自己像にとって重要になった。カナダでは一九八二年の〈多文化主義法《マルチカルチュラリズム・アクト》〉が、移民に、彼らの文化的アイデンティティを保持し、彼らの遺産を守る権利を認めた。[4] しかしカナダという国家もその自己像を変えつつある。政府は、一種の〈悔恨の政治〉に乗り出し、植民地時代の犯罪を調査する真実委員会を設置することに着手した。この転回によって、植民地時代の弾圧と権利剝奪の忘れられた歴史が、再びこの国の住民の意識に上るようになってきた。かように修正された国民の歴史を――これが決定的なことなのだが――今後は移民もともに受け継ぎ、担うことになる。そうすることで移民は、もはやこの国の開かれた未来に単に参加するだけではなく、公民としての資格と一緒に、過去の重荷も引き受ける。移住は、今日のカナダでは、この新しい自己批判的な歴史像を背景にして進んでいる。バンクーバーで新しい市民のために催された市民権取得式に際して、ある演説は次のように述べている。

公民としての資格はセルフサービスのビュッフェじゃない。私たちの誰も、好きなものを選び出して、残りを拒否することはできない。当然、カナダ国籍には、良いことも悪いことも結び付いている。カナダ国籍に対して宣誓をしたのなら、君たちは、カナダの歴史と市民権を丸ごとセットにして受け継ぐことになる。今から君たちは、良いことに対してだけではなく、私たちが犯してしまったすべての過ちと悪いことに対しても、ともに責任を負う。(……)これもセットに入っている。ひょっとしたら君たちは、それはフェアじゃないと思うかもしれない。けれども誰がフェアだと言った? これは市民権の一部なんだ。(5)

移民の市民権には、植民地時代の歴史の否定的なエピソードも含まれるべきか否かという問題は、今日、オーストラリアでも熱く議論されている。かつてのように、際限ない未来を持った過去のない国に入る代わりに、新参者たちは今日、この国の悪い過去に彼らも関わりを持つように求められる。移住はこうして、オーストラリアの人類学者ガッサン・ハージが言い表しているように、一種の「罪を誘導するプロセス」(a guilt-inducing process)になった。(6)

この実践は、ホロコーストと植民地主義の歴史を受けて、国民の自己像が変遷したことと、じかに関係している。新たな人権パラダイムの枠内では、歴史上の残虐行為と人道に対する罪を忘却によって自動的にお払い箱にすることは、もはや不可能だった。これらの残虐行為や犯罪は、新たな関心、新たな証言、新たな論争、新たな想起の対象になった。この悔恨の政治は、自分たちの歴史に耳を傾けてもらえる機会がこれまでなかった、先住民の被害者たちのトラウマに関わっている。今日意識されるようになったのは、植民地化した側には無視され、植民地化された人々にとってはトラウマ的なこの過去は、簡単には過ぎ去らず、さまざまな形で襲いかかりながら、後々まで作用しているということだ。歴史上の罪を想起することで、国民の記憶は初めて、被害者の歴史を承認すること、原状回復の行為、そして、彼らを社会に統合するのを促す想起の実践へと開かれるようになった。

民族の逆説と国民的記憶の多元化

ドイツのナチズムの過去を想起することは、一九九〇年代以降、国民的記憶の不可欠の構成要素になった。二〇〇〇年頃に、移民の国としてのドイツの状況をめぐる議論が始まったとき、いましがた構築されたばかりの否定的な国民的記憶は批判にさらされた。一九九〇年代に入ってもなお、いわゆる出稼ぎ労働者《ガストアルバイター》〔一九六〇年代以降、南欧諸国やトルコなどから西ドイツに招かれた外国人労働者〕は、雇用契約が切れたら彼らの出身国に戻るだろうと思われていた。この想定は、一九九九年にＳＰＤ〔ドイツ社会民主党(Sozialdemokratische Partei Deutschlands)の略〕と緑の党の連立政権が、ドイツが移民の国であることを確認して国籍法を改正[1]したときに変わった。これによって国民の自己像とその歴史に対する新たな問いが生じた。つまり、この国はこの転回に伴い、国民的ナラティヴを新しい多元的な自己像に向けて改造すべきではないか、あるいは、肝要なのは、新しい移民たちを、例の否定的な国民的記憶に適応させることではないか、という問いである。

これらの問いは長く続く論争の対象になった。例えば、ホーエンエムスのユダヤ博物館の館長ハンノ・レヴィは、移民に罪の記憶を押し付けるのか、あるいは、彼らを想起の共同体から排除するのか、という二者択一に対して反論した。想起をめぐる問題は、移民がドイツ社会の完全な一員であることを不可能にする、国境検問のような形を取ってはならない、とレヴィは言う[7]。歴史家のラウル・ヒルバーグはかつて言った。ドイツではホロコーストは家族の歴史であると。この認識がドイツ人の許にたどり着き、ホロコーストが〈内面化〉されるまでに、長い時間がかかった。それが承認されたあと、この認識は、自分たちの歴史を民族化するという新たな問題をもたらした。ダン・ディナーもドイツ人の国民的記憶の民族的性格というこの問題を指摘した。

ドイツ人と見なされるのは、自分が国民に帰属していることを、ナチズムの過去から離反することで定義する者である。そうすると、トルコ出身のドイツ市民は、このような集団のまったき一員になることが難しい。その人は、汚れた過去を指し示しながら、この共通の〈私たち〉の中に入っていくことができない。それゆえ、（出生地主義が導入されたにもかかわらず）血統主義が決定的なアイデンティティの指標であり続けている。この指標は想起と追悼記念の儀礼を通じて（気づかれぬまま）延長される[8]。

この問題はさまざまな批判者によって〈民族の逆説〉と名づけられた。つまり、歴史上の罪をドイツ人のアイデンティティの指標として強調することは、ドイツ国民を問題含みの仕方で民族化するというのだ。というのも、そうすることは子々孫々を彼らの先祖に結び付け、そうして、別の家族史を持っている人々を、この歴史との意味ある関わりから排除してしまうからだ[9]。

ドイツの想起の文化における〈民族の逆説〉は、メディアや学校の授業にとっても問題である。このことをＺＤＦの叙事詩『我らの母たち、我らの父たち』が改めて示した。この作品はドイツ史を家族の歴史として演出した。ドイツ連邦共和国のお茶の間で、人々はもう一度、「世代を超えて自分の家族の歴史」について話し合い、「埋もれ、抑圧され、言葉にできない事柄について語る」気になるはずだった[10]。そのような参加の仕方から、国外からの移住を背景に持つ家族は、自動的に排除されていた。それに応じて批判者たちは、罪に準拠した教育法は、出自の異なる生徒にとっては無理無体な要求であることに注意を促している。ハラルト・ヴェルツァーも同様に次のように強調している。移住を背景に持つ生徒にとって、

国民社会主義とユダヤ人絶滅は――彼らの家族の、あるいは国民的な出自からすれば――まったく何の役割も演じていない。この若者たちは、そうすると、自分たちはそうは感じていないのに、当事者であって罪を贖う気があるように振る舞わなければならないという、奇妙な状況に陥る。(11)

第二と第三の世代に属する〔ナチ時代の〕後に生まれたドイツ人を、何らかの国民的な罪の記憶になおも義務づけることが、ただでさえ困難であったのであれば、世界のまったく別の地域から移住してきた人々に、ドイツ人のこの否定的な記憶を保持する義務を負わせることは、まったく不可能に思われる。逆に、社会の統合能力は、その記憶の脱国民化もしくは脱民族化にかかっているとヴェルツァーは言う。

この民族の逆説をめぐる騒ぎはいささか大げさに思われる。というのも今日、第三と第四の世代はこの国で、ドイツの歴史に、もはや罪のナラティヴを介して同一化してはいないのだから。罪を進んで贖う気持ちや、罪を負っているというぬぼれにとっくの昔に代わったのが、犯罪の歴史的脈絡についての知識と、被害者に寄り添った、人権を基礎にした想起の文化における責任感だ。個人の罪責感情とはもはや結び付いていない、この想起の教育法は、その出自がドイツ系であってもそうでなくても等しく、後継世代を対象にすることができる。移民はいずれにせよ、ホロコーストの想起へといたる、彼ら自身の道を見つけることができる。彼らは例えば、トルコがドイツを逃れたユダヤ人に亡命を許したことを、誇らしく思うかもしれない。あるいは彼らは、差別され、排除されたユダヤ人に同一化するかもしれない。

経験的研究は、移住を背景に持つ生徒がしばしば、ホロコーストの想起にいたる彼ら自身の道を見つけることを、実証している。移民の家庭に生まれた若者についての、ヴィオラ・ゲオルギの調査は、ドイツ史に対する彼らの態度が非常に多様であることを示した。彼らの態度は、自分とは関係のない過去を拒絶することから、この歴史が繰り返されないようにすることに責任感を抱いている人々の、倫理的な想起の共同体に加わることにまで及ぶ(12)。もっとも、特に広まっているのは第三の立場だ。それはユダヤ人の被害者との同一化である。移民の家庭に生まれた若い人々は、何度も何度も、自分自身が日常的に、人種主義、冷遇、差別の経験をしている。そのことが彼らに、ユダヤ人被害者に何らかの形で同一化するのを可能にしている。彼らはそうして、すでに存在している〈被害者に寄り添った〉想起と並んで、より強く〈被害者に同一化する〉想起を発展させる（想起の文化についての言説において、概念を細分化することがいかに必要か、遅くともこの時点ではっきりしただろう）。被害者に同一化するような想起の相では、これからより詳しく見てゆくように、歴史におけるまったく異なった苦難の経験が、それらの歴史の差異を消すことなく、互いに〈結び合わされ〉うる。しかし、そのような想起はまた、アナロジーの短絡によって政治的な武器に変わり、〈トルコ人は新たなユダヤ人だ！〉といった単純なテーゼにつながりうる。国民的な想起の枠組みが、そこに入っていく人々によって、彼らの欲求に従っていかに切り替えられるか、この例で明らかになるだろう。

想起の文化におけるこれらの新たな立場や選択肢に照らすと、国民国家と想起の関係を、系譜学的なものではなく、より開かれた、より多様なものにしていくべきときであるように思われる。この場合に重要なのは、とりわけ、この国の住民の文化の多様性が増していることを一層顧慮する想起の実践に、道を開くことである(13)。同時に、想起の文化を移民の国としての状況に合わせて変えていくときに問題となるのは、移民を一方的に国民教育の対象にするだけではなく、彼らの経験を社会でもっと共有し、それを共通の記憶に根づかせることである。この重要な点は、すでに引用したカナダの市民権取得式でも言及されている。

利点は君たちのほとんどが新参者だということだ。それゆえ、ほかならぬ君たちこそ、どうすればこの国が難しい過去を切り抜けられるのか、その道を見つけるのを助けてくれる。君たちが当時居合わせなかったという事実は、私たちがどうしたら先住民との暮らしをより良くすることができるか、その新しいアイデアを君たちがもたらしてくれるかもしれないことを意味する。事実、私たちは過去の問題に対する多くの解決策を、新たに私たちの許に移り住んで来た人々に負っている。(14)

二〇一一年一一月四日の衝撃

二〇一一年一一月四日にドイツ社会はいやな目覚めを体験した。この日、一一年にわたる一連の殺人事件が、二人の極右犯人の自殺で終わった。この日を私はドイツの想起の歴史における一つの里程標と考える。犯人たちは一〇人を狙い澄まして射殺し、二回の釘爆弾による攻撃で多くの人を傷つけた。(15) NSU〔国民社会主義地下組織（Nationalsozialistischer Untergrund）の略〕によるこれらの殺人が明らかになると、自らを啓蒙され市民的と見なしていたこの社会は、自分たちの真っ只中で妨げられることなく、一〇年にわたって組織的に、的を絞って殺人が行なわれていたことを、しかも警鐘が鳴り始めることもなく殺人がなされていたことを、認めなければならなかった。捜査当局の遅れと無能は、毎週日曜日の晩に放映されるタートオルト〔Tatort（犯行現場の意）。ARDの人気推理ドラマ〕とは鮮明な対照をなしていた。実際、毎週毎週すばらしい仕事をする感じのいい男女の警部ほど、ドイツ人が愛しているものはない。このシリーズではどんな事件が起ころうとも、毎回、九〇分の放映時間のあとには、明快で公正な結果が保証されている。ひょっとしたら、テレビの警部たちのノウハウを、現実生活でも使ってみるべきかもしれない。つまりドイツの現実では、ミステリーの謎が次から次に解決されたのではなく、私たちの社会の開明的な自己像を重く傷つけた問題が、次々に重なり積もったのだから。ここでついでに述べておくと、この間判明したように、現実とフィクションの道は、数秒間交差したことがあった。二〇〇一年にタートオルトで『野獣』という回が放映された。その回はケルンが舞台で、極右のNSUテロリスト、ウーヴェ・ムントロースの手配写真が実際に出てきた。写真は、〔番組制作の〕見習いスタッフが切り抜いて、ドラマの中の性犯罪者の顔写真として、作り物の連邦刑事局の書類に貼り付けたものだった。

一連の殺人は二〇〇〇年九月九日に、ニュルンベルク東部のある道路の傍で、花屋のエンヴェル・シムシェクに対する八回の発砲で始まった[16]。一連の殺人は、どういうわけか解明が長引いたことで、容易になった。それには三つの前提が働いていたのだが、それらが互いに強め合うことになった。第一に、ぞんざいさと不注意、第二に、被害者自身にその運命の責めを負わせようとする、世間一般の嫌疑、そして第三に、治安当局と殺人者および彼らの支援者ネットワークが、何らかの共犯関係にあったかもしれないことである。これらが絡み合った結果、警察は犯人を、強烈な人種差別的偏見に従いながら、何がなんでも、〈よそ者〉と定義された移民集団の中に探そうとし、ドイツ人の社会は、これらの〈よそ者〉に対する一連の殺人を通じて、本当に自分たちに関わりがあることとは感じなかった。ここで起こり、さらに引き続き起こったことは、多くの人の目には、いわゆる並行社会のマフィア的世界に関係があるように映った。その並行社会では、外国人が彼らの混沌とした規範に従って行動し、そのつけを自ら払わなければならなかったのだ。このイメージは本質的にメディアによって広められた。この状況解釈は、住民に対する、ある閾下のメッセージを伴った。つまり、これは私たちには関係ない、これはほかの連中に関わりのあることで、私たちは関与しない。ある出来事を事件に変えるには、まず言語によって形作られ、何らかのナラティヴが与えられなければならない。そのナラティヴは同時に何らかの解釈と評価を含んでいる。この場合には、〈ドネル・ケバブ殺人〉という表現がすぐさま、この事件をドイツ人の住民から遠ざけるのに役立った。ある被害者の娘が述べたように、この表現は、青天の霹靂のように無実の被害者に対してなされた残忍な殺人を、「矮小化した」。この表現はドイツ人の多数派社会にとっては次のことを意味した。これは社会全体に関わる問題ではない。これは私ではなくてほかの連中に関わることだ。彼らはとにかく異なっているのだし、彼ら自身の問題を抱えているのだ。犯行の背景が明るみに出たとき、衝撃的なことに、人々が口にしていたのは、実は犯人たちの言葉だったことがわかった。犯人たちは彼らの襲撃を「ドネル・ケバブ焼き串作戦」というコードワードで呼んでいたのだ。それにもかかわらず、〈ドネル・ケバブ殺人〉という短縮した表現は、引用符が付されたり付されなかったりして、なおも数週間メディアの報道に残り続けた。(17)

二〇一一年一一月の犯罪が明らかになって初めて公に認識されたのは、テロの脅威はドイツでは、ＲＡＦの事件のように左から、あるいは、イスラム原理主義の結社からだけではなく、右からも迫っているということだ。(18) 二〇一一年一一月一三日に、フリードリヒ内務大臣は、「極右主義テロリズムの新たな形態」について初めて言及した。新たに行なわれた調査で、問題の一端は憲法擁護庁と刑事訴追の関係当局にあり、その解決の一端ではなかったことが確認されて、人々は驚愕した。ＮＳＵのスキャンダルは一種のストレステストであり、このテストに民主主義の諸制度はどうやら合格しなかったようだ。それゆえ、今、大急ぎで修繕しなければならない。しかし、〔当局責任者の〕罷免や〔捜査当局の〕新設だけでは、問題は取り除けない。なぜならこの問題は社会全体に関わることだからだ。

集団指向の人間嫌い

想起の文化と政治教育の関係は、今日、ますます喫緊の問題になっている。この二つのテーマはどのように結び付けることができるだろうか。私たちは決して、「想起しているというだけで民主主義教育と人権教育の成功が証明されている」かのように、単純に振る舞うことはできない。こう警告したフォルクハルト・クニッゲは、〈未来の市民社会〉にとって重要なテーマの輪郭をはっきりと描いた。ここで問題となるのは、「人と人との根本的な連帯を安定させたり不安定にしたりする政治的・社会文化的形式、不安を社会に引き起こすこと、その結果と克服、尊厳、自尊、参加、社会的・文化的な包摂と排除の構造と動態、信頼と暴力」である[19]。

NSU殺人の例で、いかに想起の文化と歴史教育が相互に連動しうるか、具体的に示される。両者を互いに結び付けるのはクニッゲが表現した意味での人権教育である。想起することは後ろ向きの態度であり、この態度は過去に執着して未来を塞ぐ、というのは広く行き渡った頑迷な誤解だ。というのも、私たちの社会の未来に関わるアクチュアルな問題に含まれるのは、今日では、移民をめぐるテーマ、よそ者に対してくすぶり続ける敵意、そしてその歴史的遺産だからだ[20]。想起の文化、政治教育、市民社会は、それゆえ、互いに密接な関係にある。

この国で私たちは、いかに速やかに人と人との基本的な連帯が放棄されうるか、そして社会が、数に入る集団——それは〈私たち〉だ——と数に入らない集団——それは〈ほかの連中〉だ——に分裂するか、その強烈な光景を目の当たりにした。私たちがドイツで直面しているのは人種主義の新たなヴァージョンだ。これは、依然として潜在的に作用している以前の見本〔ナチズムのこと〕の、一変種として現れている。あの右派のテロ細胞は、〈国民社会主義地下組織〉と名乗っていたように、実際、露骨にナチズムの信念の後継者をもって自任していた。この地下組織は、その〈無言の行動〉でもって、私たちの現在に爆発的に飛び込んできた。ＮＳＵ――ついこの前までこれらのアルファベットは、ネッカーズルムで生産された二輪車と自動車〔ドイツの自動車メーカーNSU（Neckarsulmer Strickmaschinenfabrik）のこと〕を表していた。あの極右の連続殺人以来、この略語はその無垢を失い、抑圧されたもの、あるいは、克服されたと思われていたものが回帰したことを知らせるシグナルになった。

あのテロ細胞は誤解の余地なくナチズムの過去と関係している。しかし、この過去は、私たちにまだ何の関わりがあるのだろうか。教育学者アストリート・メッサーシュミットは、歴史教育の仕事と政治教育の仕事は密接に関係していると考える。なぜなら彼女は、植民地支配の歴史や国民社会主義のイデオロギーを経験したことのある社会では、長期にわたる否定的な刻印が残されているという前提を出発点にしているからだ。これらの人種主義的イデオロギーは、メッサーシュミットによれば、今日にいたるまで潜在的に、こうした社会の自己像と他者像に影響を及ぼしている。したがって、彼女の社会心理学と教育学の観点からすると、私たちは〈ポスト国民社会主義の社会〉に到着して、この過去をすっかり置き去りにしているとは確実には言えない。メッサーシュミットはこの関連で、学習者を歴史的プロセスに引き込む、「巻き込み型の教育プロセス」を唱えている。(21) このプロセスで求められる姿勢は、歴史意識を活発に保つこと、そして、自己に批判的に向き合い心を閉ざすことなく、「何が統合されえず、それゆえに後々まで影響を及ぼしているかを問う」ことだ。(22)

さらに別の社会心理学のテーゼによれば、偏見のパターンは、柔軟に新しい状況に反応し、その都度新たな攻撃目標に向かうので、非常に長続きする。ほかの人々を軽視するように指図する人種主義の基本パターンは、自己の価値を引き上げて自分の地位を保全するのにじかに役立つ。これを表す新しい用語は、ビーレフェルトの政治学者ヴィルヘルム・ハイトマイヤーが造ったもので、〈集団指向の人間嫌い〉という。この概念には、民族的差異と並んで、同性愛、極貧、身体障害のような社会的差異も含まれる。新たな歴史の状況下では、今度はユダヤ人ではなく、ほかの民族的少数派や社会的少数派を標的として示す、新手の敵のイメージが出現するかもしれない[23]。

古い人種主義と新しい人種主義の間には類似点がいくつかある。世界を二つの人間タイプに区分することは重大な帰結をもたらす。NSU殺人者のような、暴力を辞さない犯人の場合、この区分は、人と人との間で許される行為の限界を消してしまうことにつながる。他者がもはや同種の存在として承認されなくなると、特定の感情的・文化的な壁が乗り越えられる。社会のより広い文脈では、他者を軽視することで生み出されるこの分割は、一種の選択的共感として現れる。これは、同じ価値があるとは格付けされない人々を、積極的な関心、敬意、感情を注ぐ対象から除外する。

しかしまた当時と今日の間には明らかな違いもある。集団指向の人間嫌いは、今日ではもはや、集団指向の強い自己愛を自動的に伴うことはない。集団指向の自己愛――キーワードはナショナル・アイデンティティ――の扱いに、ドイツ人は相変わらず苦労している。とりわけ、未来の見えない財政危機の時代には、私たちはどちらかといえば内向きの自己愛を相手にしている。ハイトマイヤーは〈未熟な市民性〉という言葉で、粗暴な手段で自分の利益を追うような存在形態を言い表している。この態度は社会という連帯共同体から退くことに結び付いている。こうした態度は、ポピュリズムのレトリックをありがたく消費するような、洗練されておらず教養のない市民や、もっぱら自分の特権を守ることを自己の行動の中心に据える、粗野なスタイルの企業家的個人に見られる。

この脱連帯化と分裂の傾向は、目下、各々の国民の内部だけではなく、ヨーロッパの次元でも現れている。ヨーロッパの諸国民をますます引き離しているのは同じ遠心的な力である。ナヴィッド・ケルマーニが書いているように、右派ポピュリズムは、「反ヨーロッパ的、外国人排斥的、反平等主義的な政治運動であり、それが主張しているのは、本質的な点では、一九世紀と二〇世紀初めのナショナリズムにほかならない」[24]。ヨーロッパというプロジェクト、そして、そのプロジェクトの未来を一致団結して信頼する代わりに、一種の〈ヨーロッパ懐疑〉が前面に出てきた。この懐疑は、国民的誇りと外国人嫌いをも、ますます育んでいる。

民主主義の価値コンセンサスと、それに結び付いた政治的・歴史的感受性は、繰り返し疑問に付され、多かれ少なかれあからさまに取り消されることがある。これがどのようにして起こるのか、それについては、目下さまざまな見解がある。社会の価値問題をめぐる公の諸論争がたどる法則性を調べた社会学的研究は、民主社会の価値コンセンサスの土台を掘り崩す、三段階のプロセスがあると想定している[25]。第一段階は診断である。この段階ではテーマ領域が構築され、社会に現在加えられている、あるいは社会を近い将来脅かす損害が、詳細に説明される。この批判的な社会診断の効果は、感情に働きかける二つの戦略で強められる。一方では、問題はタブー化され検閲を受けたものとして描かれる。つまり、どの普通の男女にも同じように目に見えているが、言説権力によって押し付けられたポリティカル・コレクトネスの隠蔽言説ゆえに、公然と話題にしてはならない事柄として描かれる。他方では、脅威のシナリオが構築される。これらのシナリオは、実際の現実の描写をはるかに超えてゆき、長期にわたって構築された無意識的な不安のパターンと偏見の構造を、住民の間で再活性化する。第二段階は予測である。ここでは、確定された問題に対する適切な解決策が提案される。そして第三段階は動員に関係している。ここでは、解決案を実行に移すよう、政府と住民に公然と呼びかけがなされる。これら三つの段階の間には明白な不均衡が存在している。診断という第一段階は強力に練り上げられ、著名な世論の作り手たちによって、メディアでメインストリームに広く深く定着させられる（ティロ・ザラツィンの本『ドイツは自滅する』（ザラツィン（一九四五〜）はドイツの政治家。元ドイツ連邦銀行理事。二〇一〇年に刊行した、ムスリム移民に否定的な見解を述べたこの本で物議を醸す）を思い浮かべてみてほしい）。それに対して、予測と動員の次元では、それに相当する目立った開始点はない。なぜなら、予測と動員はあからさまに、憲法と民主主義のコンセンサスにぶつかるかもしれないからだ。言論の自由は民主主義の貴重な財産である。それは幸いにも、民主主義が自らを廃止することに、自動的につながるわけではない。実行するかどうかは右派のテロリズム次第である。

ツヴィカウ〔ドイツ中東部、ザクセン州の都市〕のＮＳＵの三人組は、彼らの綱領、彼らのプロジェクト、彼らの襲撃の様子をＤＶＤに収めて、それらを脅しとして、イスラムの諸施設や公的な人物に送った。このビデオには次のように自分たちを記述した文字板が出てくる。「言葉の代わりに行動を――この原則を抱いた同志のネットワーク。政治、報道、言論の自由において根本的な変化が起こらないかぎり、我々の活動はさらに続く」。ここに見られるように、言説上の抗議が、具体的なテロに変わりうる。

差異と類似のあわいの共感

二〇一二年一一月四日、あの連続殺人が露見した一年後に、ドイツの三〇の町で人種主義に反対する声明が出された。〈構造的な人種主義の問題〉に取り組むために、〈沈黙に抗する同盟〉が形成され、この問題に関係する当局に対して、意欲を持って徹底的に自己調査するように求めた。この場合に問題となっているのは、〔関係当局の責任者たちが〕辞任することで解決するかもしれないような、個人の間違った行動だけではなく、社会全体がともに内包している難題である。私たちはこの事件から――まさに意識的・批判的に想起することで――何を学ぶことができるだろうか。

私たちが堅持しなければならない第一の認識は、市民社会というものは不安定な制度であり、確固たる所有物ではないということだ。市民社会は決して、しかと与えられているのではなく、そのようなものとして繰り返し、真価を示し、自己を確認し、論証していかなければならない。市民社会の核心において肝要なのは、フォルクハルト・クニッゲが強調したように、市民間の基本的な連帯を安定させることだ。人種主義の情動によって、さらには、財政危機の趨勢の中で増大する利己主義と社会的無関心によって、この基本的連帯は疑問に付されている。極右テロが横行したこの一〇年は、ドイツ社会を愕然とさせるリトマス試験のようだった。被害者との連帯を示すかくも重要な印が現れたのは遅く、しかもまばらだった。NSU殺人者の最後の被害者、警察官のミシェレ・キーゼヴェッターの葬儀が二〇〇七年四月に大勢が参列してとり行なわれた（一〇〇〇人以上が彼女の埋葬に参列した）のに対して、社会はほかの死者と負傷者のことはほとんど気に留めなかった。カッセルで二〇一一年一二月に、被害者の親族の集会と、追悼行進があった。「こんなにわずかのドイツ人しか私たちと歩みをともにしてくれないのは残念」というのが、当時、通行人を目にしながらある参加者が発した言葉だ。通行人たちは熱心にクリスマスの買い物をしていた。[26]

何年にもわたって続いた連続殺人は、私たちの社会の中心にある弱点を露にした。つまり、自己中心性と、ほかの人々に対する無関心である。それらの人々は最初から、重要で価値が等しいと格付けされる他者集団から除外されている。ここで問題となっているのは共感の欠如である。この共感は、あらゆる文化の相違と社会の差異を乗り越えて、人と人は根本的に類似しているという感覚を保ち続ける。この感覚は繰り返し、評価と承認という市民的行動によって、確認されなければならない。共感は社会的承認、感情的関与、政治的連帯の形で示される。尊敬と信頼が取りはらわれているとき、軽視された人々の許には、不安定化、自尊と尊厳の破壊、孤立と不安の環境が生まれる。

共感は、感傷的な感情の表出ではなく、啓蒙、情報、具体的な知識の獲得とともに始まる。ここで枢要なのは、抽象的かつ匿名で示される数を、名前、顔、来歴を持った人間の姿に具体化することである。目に付くのは、メディアがいかに強く犯人と彼らの仲間に注目し、被害者に関する報道がいかに乏しいものに終わったかだ。被害者たちはたいてい、〈一〇人の死者〉というコンパクトな数の中に消える。ある人物について多くを知れば知るほど、私たちは、所与の分類の垣根を越えて、他者を自分自身と似たような存在として認識したくなる。NSUの被害者の遺族たちに、連邦大統領のガウクは、二〇一三年二月一八日にベルヴュー宮殿で次のように語った。「皆さんは、一夜にしていかに生活全体が変わるかを体験されました。あなた方は慰めと支えを必要とされたでしょう。その代わりにあなた方は、嫌疑をかけられ、辱められ、ほうっておかれたのです[27]」。

映画や本は、市民が広く意識して共感を高めるのに、大いに役立つことがある。私はここでNSU殺人のテーマに取り組んだ芸術の試みを指摘したい。それは写真家のヘレーナ・シェッツレ、社会学者のリーザ・ケラーマン、活動家のアントーニア・ハインという三人の女性がカッセルで始めたものである。彼女たちは、カッセルで起こったNSU殺人の最後の被害者、ハリト・ヨズガトの殺害をきっかけに、展示プロジェクト〈目をつぶる〉を開始した。彼女たちはこのプロジェクトをカッセルの第一三回ドクメンタで発表した[28]。彼女たちは、あのテロの九人目の被害者を直接テーマにしたのではなく、「潜在的で日常的な人種主義を目に見えるようにし、議論できるようにして、メディアの報道では示されない、もしくはほとんど示されない人々に発言させ」ようとした[29]。展示は、日常の人種主義の潜在的な舞台にして犯行現場である町の光景を、差別の経験についての発言と組み合わせている。それらの発言はインタビューで集められ、オーディオ・コラージュの形でまとめられている。展示の制作者たちによれば、語ることと耳を傾けることが、このプロジェクトの中心にある。「というのも、語ることは、語る人にとって反省と消化のための一つの形式となりうるし、その一方で、耳を傾けることは、共感と連帯の場所として機能しうるから」。彼女たちの目的は、差別の経験をした人々について報告することではなく、これらの人々とともに語り合うことだった。当事者たちの発言からわかるのは、トルコ人のコミュニティ全体に深い苦しみを与えるのは、物理的な暴力とならんで、被害者たちの象徴的な除外である。ある発言では次のように述べられている。「彼らはハリト・ヨズガトをつねにトルコ人として理解し、カッセル市民としては理解しないでしょう。そのことが私には気がかりです——だって、殺害されたのはカッセル市民であって、トルコ人ではないのですから[30]」。差異を過度に強調して類似性を拒絶することに、私たちは、集団指向の人間嫌いを再認する。

ここでカッセルからイスタンブールに飛ぼう。かの地では二〇〇七年一月一九日に、アルメニア系トルコ人の作家で編集者のフラント・ディンクが、人種主義を動機とする殺人の被害者になった。彼の埋葬の日、数千のトルコ人が葬列に加わった。そのとき彼らは「私たちは皆フラント・ディンクだ」もしくは「私たちは皆アルメニア人だ」と書かれたポスターを掲げた。この行動によって彼らはカッセルの住民とはまったく異なる反応を示した。彼らは、異なる文化と宗教の人々を互いに結び付ける、根本的な類似性を認めたのである。

この襲撃の三週間後に、私は〔ハインリヒ・〕ベル財団が催した、「過去の重荷から社会の平和と民主主義へ」というテーマの会議に参加した。ディンクは生前にこの会議を一緒に準備していたが、自らはもはや参加することができなかった。彼の不在は、参加者たちを動揺させたし、会議では痛いほど感じられた。その時、私は講演で次のように述べた。「ちょっと思い浮かべてみてください。一九三八年一一月のポグロムのあと、ドイツの町々で、幾千もの非ユダヤ系のドイツ人がプレートを持って通りに出たとしましょう。そのプレートには次のように書いてあります。〈私たちは皆ユダヤ人だ〉。そのような騒ぎと警告があったとしたら、いわゆる〈最終解決〉というヒトラーの強迫観念は、ほとんど実行に移すことはできなかったでしょう」。その代わりに当時、ドイツ中に蔓延していたのは、肝をつぶした人々の、困惑した人々の、しかしとりわけ、無関心な人々の沈黙だった。今日では、連帯を示すそのような行動をとるのに、市民としての勇気はさほど要らない。しかし、共感は必要だろう。というのも、イスラムがドイツの一部であるように、ほかの出自と宗教の人々も私たちの社会に属しており、それゆえに、保護、福祉、私たちの全幅の同胞愛を求める同等の権利を有しているのだから。

想起の文化と政治教育は、したがって、見た目以上に、互いに関係している。私たちが今日体験している事柄の多くが、現在から明白に、過去を指し示している。例えばあのテロリストたちの〈国民社会主義地下組織〉という自己描写や、除外のさまざまな社会的パターンである。これらのパターンは、繰り返し活性化することのできる、偏見の構造や無関心の行動パターンに基づいている。そのようなデジャ・ヴュ効果ゆえに、私たちは過去と現在を同時に見ざるをえない。一九四五年以降、ドイツ社会が〈想起を通じた連帯〉の中でユダヤ人被害者を思い起こすまでに、四〇年かかった。しかし、〈共感的な社会〉(ジェレミー・リフキン)への道はまだ遠い。この道程では、想起の文化と政治教育、過去と未来は一対になっている。というのも、ルワンダのジェノサイドの目撃者である、ポール・ルセサバギナが強調したように、「私たちは過去を変えることはできないが、未来をより良いものにすることはできる」のだから。[31]

トランスナショナルな視点

今被害者でいたいと思う人は誰もいないのに、
過去の被害者だったら多くの人が喜んでなる。

ツヴェタン・トドロフ(1)

第六章　被害者競争

想起の文化に覚える不快感は、ドイツだけの現象ではなく、トランスナショナルな現象でもある。アメリカの歴史家チャールズ・メイヤーは、すでに一九九三年に「記憶産業《メモリー・インダストリー》」という言い方をして、記憶の概念がアメリカ合衆国で優勢になったことを憂慮した。その際に彼の念頭にあったのは、アカデミックな記憶言説のことではなく、むしろ、アメリカの社会と政治に広まった意見、雰囲気、動き、イニシアティヴだった。彼の批判のきっかけとなったのは、首都ワシントンの国民的な記念のための地区〔ナショナル・モールのこと〕に隣接して、ホロコースト記念ミュージアムが建てられたことだった。このミュージアムによって、異なる伝統と集団に分散していたアメリカのユダヤ人が、一つの共通のアイデンティティを作った。それだけではなく、このミュージアムはアメリカ人全体に、皆を結び付ける、そして拘束力のある国民的記憶を与えた。しかしながら、このように国民が被害者を想起しながら一体化することにメイヤーは納得できず、この中心的な想起の場は、アメリカ人が被害者の側にではなく加害者の側に立っていた別の歴史的出来事を隠す、一種の隠蔽記憶かもしれないと疑った。メイヤーはこれに関連して次のような「発見法的問い」を立てた。「どうしてアメリカの奴隷制のミュージアムじゃないのだろうか。私たち自身の国が責任を引き受けなければならない犯罪を想起させ具体的に説明することのほうが、国民の地所と財政のより適切な用い方ではないだろうか。（……）どうしてインディアンの苦しみについてのミュージアムじゃないのだろうか。天然痘やウーンデッド・ニーの戦いから、居留地でのアルコール中毒にいたるまで。（……）どうして人々はこのモールで、ほかならぬこの破局を想起して、奴隷の競売台や、アンドリュー・ジャクソンによるチェロキーの民族浄化は想起しないのだろうか[2]」。

政治的な想起の実践の二つの特徴が、この二〇年間で、はっきりと結晶化してきた。

一、肯定的な出来事よりも否定的な出来事のほうが明らかに優勢である。

二、加害者を想起するよりも被害者を想起するほうが明らかに優勢である。

過去の否定的な準拠点に一面的に集中すると、たいてい被害者の経験に特権が与えられる。この特権化は、苦しみを貴重な所有物に変え、それを重要な象徴資本として守る。被害者に固着することを、メイヤーは、マイノリティが生き残るための、そして彼らの脅かされたアイデンティティを守るための戦略と考えただけではない。彼はそこに、メランコリックな硬直化と集合的な独善の願望も潜んでいると考えた。記憶はこの状況下に一種の麻薬になり、新たな中毒現象を生み出したと彼は言う。メイヤーによれば、所望した被害者の役割があちこちで自分のものにされるために、この被害者の地位の承認をめぐる競争と、被害者のヒエラルヒーが生じた。そのヒエラルヒーでは、異なる被害者集団が、経済資源と政治権力をめぐって競い合っているという。それゆえメイヤーは次のように結論する。記憶産業に問題がある。というのも、記憶産業は集団の記憶とアイデンティティ・ポリティクスを多様化させるからだ。こうして記憶産業は民族の差異を先鋭化し、国民的コンセンサスに直接の政治的影響を及ぼす[3]。

メイヤーが想起の文化に覚える不快感は、まずもって、不利に扱われているマイノリティ集団が、アイデンティティ・ポリティクスのために想起を利用していることに関係している。［メイヤーに言わせると］これらの集団は分離主義的な傾向を強め、そうしてアメリカ合衆国の国民的結束を危険にさらしている。しかしながら、被害者の視点に立つと、関係は違って見える。マイノリティや、優遇されていない集団の権利を求めて尽力する人々は、「耳を傾けてもらえるように、自分たちを組織せざるをえない」と考えている。[4] この二〇年で具体的にはっきりしてきたのは、可視性とある種の政治的ロビー運動がなければ、しっかりと接合された記憶と権力の編成をめぐって交渉したり、それを開いたり、変えたりすることはまったくできないということだ。

記憶が苦難の経験に固着していると、メイヤーは見たが、この観察はさまざまな形で確認することができる。実際、苦しみと破局は最も深く記憶に刻み込まれる。被害者の記憶はかくも敏感で信頼できるのに、加害者の記憶はかくも鈍感で信頼できない。加害者の記憶は持続的な刻印を生み出さない。被害者を想起することが問題になっているのか、加害者を想起することが問題になっているのかに応じて、記憶は、中毒に向かったり禁欲に向かったりする。この非対称性をすでにニーチェが簡明に表現している。

それをしたのは自分だ、と私の記憶は言う。
自分がそれをしたなんてありえない、と私の誇りは言い、一歩も譲らない。
ついには記憶が退く。[5]

排他的な被害者言説と包括的な被害者言説

現代史家のマルティン・ザブロウは、私たちの現代の政治文化が根本的に変わったというテーゼを唱えている。「それはわずか数十年の間に、進歩という未来志向の主導的イメージを、記憶という過去志向の主導的イメージと交換した」。この急転とともに社会のほかの主導的イメージも交換されたという。「もはや英雄ではなく被害者が、私たちの今日の歴史文化の中心にいる」[6]。英雄化の言説から被害者化の言説への変遷を、ザブロウは、ドイツあるいはヨーロッパだけではなく、西洋の現象と見なしている。チャールズ・メイヤーは、被害者が活況を呈していることに、差異、距離、そして集合的アイデンティティの多元化を結び付けて考えた。ザブロウもまた、英雄から被害者に向き直ることを、「歴史の集合的主体である国民や民族からの別れ」と結び付ける[7]。

ザブロウは英雄から被害者へのこの言説の変遷を、二〇世紀のドイツ史を手がかりにして、より詳しくたどる。英雄が自律的に自分自身の価値に従って行動するのに対して、被害者の特徴はその苦しみが無意味なことにある。決定的な指標は、一方は主体としての立場、自律、能動性であり、他方は客体としての立場、他律、受動性である。

もっとも、一方は意欲のある(たいていは武装した)戦士と、他方は暴力の標的になる民間人というこの対置はかくも使いやすくて説得的なのに、被害者《オプファー》という概念それ自体は非常に複雑である。なぜならこの概念は、資料の語法では、まさに二〇世紀史の最初の時期にも用いられるのだから。というのも、第一次世界大戦と第二次世界大戦の死者は犠牲者《オプファー》とも呼ばれ、これらの犠牲者はまた英雄とも呼ばれたからである。ザブロウはそれゆえ「悲劇的な犠牲者＝英雄」という言い方をしている。戦争や戦闘で死ぬことの意味を高めようとする試みはどれも、被害者を、自らの決断で犠牲(sacrificium)を捧げるような、能動的な英雄もしくは殉難者に変える。この肯定的なレトリックは、兵士だけではなく、国民全体が集団で進んで犠牲になることも意味していたが、一九四五年以降は役に立たなくなった。この年は、ザブロウによれば、「被害者のパースペクティヴの突発的出現」(より正確に表現するならば、被害者の意味の変化)をもたらした年である。〈犠牲者《サクリファイス》〉から〈被害者《ヴィクティム》〉へと枠組みが入れ替わった——その際に犠牲の概念は、受動的な、自らの咎ではない苦しみという新しい意味を帯びた——日付を、ザブロウはほかの論文で、スターリングラードにまで遡らせている。「スターリングラードはしたがって、二〇世紀前半の英雄言説を、後半の被害者言説へと変えた、一つの移行現象である。破局として経験された〈第三帝国〉の没落とともに、苦難の被害者が、英雄的犠牲者から分離した。そうしてボン共和国は自らを〈被害者の共同体〉として構成することができた[8]」。

意味のこのようなコード変換を、ザブロウは、ドイツ人の〈自己被害者化〉と名づけている。これは自分の苦しみを中心に据えて、同時に、自分自身がこの不正の歴史に加担していることから人の目をそらす態度である。この受動的な被害者概念は途方もなく拡張することができた。この概念は、〔東部地域からのドイツ系住民の〕逃避と追放の苦しみから、爆撃と凌辱を経て、ヒトラー自身にいたるまで、なんでも包括する。彼は映画『ヒトラー――最期の一二日間』で自分自身の妄想の被害者として描かれているのである。

したがってザブロウの概観では、二〇世紀におけるドイツ人の、被害者としての連続的な歴史が再構成されている。この歴史はランゲマルク〔ベルギーのフランドルにある村。第一次世界大戦中の一九一四年一一月、ドイツ軍の学生志願兵部隊がこの村の近郊で全滅。この地名は愛国精神の象徴として神話化された〕から現在の〈被害者に同一化した想起の文化〉にまで及ぶ。彼のテーゼでは、「英雄化と被害者化は、最初にそう見える以上に、緊密に織り合わされている[9]」。この例は、被害者概念は玉虫色であり、能動性と受動性、誇りと鈍磨、意味付与と絶望のような反対の姿勢の間で揺れ動くことを、改めて教えてくれる。ザブロウが示した、被害者／犠牲者《オプファー》という一枚のメダルの両面である、ドイツ人の自己英雄化と自己被害者化の弁証法は、しかしながら、被害者の意味論のもう一つ重要な転回を隠蔽している。この転回はホロコーストの想起と結び付いている。というのも、この歴史的出来事は今日、ユダヤ人被害者の生き残りや親族によって、ある種の〔被害者に同一化した〕自己被害者化の形で想起されるだけではなく、すでに久しく、非ユダヤ人の、増大しつつあるトランスナショナルな想起の共同体によっても、被害者との共感という形で想起されているからである。ドイツ人の自己被害者化から、ドイツの暴力政治の被害者になったユダヤ人やそのほかの人々への共感に方向が変わったことをあっさり無視するのは、このテーマの容認しがたい短縮である。というのも、ここではまったく明らかに、英雄的犠牲者と苦難の被害者のほかに、第三の新しい、両者に劣らず重要な被害者のカテゴリーが見つかるのだから。すなわち、自分たちが犯した罪の被害者もしくは共感的に認知された被害者である。被害者概念はこのように途方もなく拡張することができる。したがって早急に必要なのは、この概念を、自由に浮遊するシニフィアンとして、暗示的な矛盾と曖昧の状態に留めておくのではなく、その都度より正確に規定することである。それゆえ、〈被害者を中心にした想起の文化〉のような標語は、その都度何が話題になっているのか、そもそも理解することができるためには、個別明確にすることが絶対に必要である。

一種の悔恨の政治の枠内で、そして［他者が被った］歴史の傷を承認するという課題の下に、自分たちの振るった暴力の被害者を想起するという新たな営みが、さまざまな脈絡で生まれた。しかし、被害者とのこの共感と並んで、被害者の役割に特権を与えることは、一九九〇年代以降、自己被害者化とアイデンティティ・ポリティクスの新たな形式をも生み出した。ポーランドとアイルランドは被害者としての長い歴史を持つ国である。オーストリアは一九四五年以後、「ヒトラーの最初の被害者」として自己を定義した。東欧ブロックの崩壊後に解放されて独立した国々は、東ドイツを除いて、自分たちのアイデンティティの基礎を、主に被害者としての役割に求めた。この被害者としてのアイデンティティは、スターリニズムの弾圧とソビエト軍占領のトラウマ的な暴力の歴史を、過去の方向を定める際の集団の準拠点にした。新たに建てられたナショナル・ミュージアムでは、これらの被害者の物語が具体的に展示され、同時に、この圧制に対する抵抗が国民の歴史的出発点として言祝がれる。これらのミュージアムの名称がそれを如実に物語っている。〈テロルの館〉（ブダペスト）、占領ミュージアム（リーガ、タリン）、ジェノサイド被害者ミュージアム（ヴィリニュス。これが意味しているのは［リトアニアで殺害されたユダヤ人ではなく］リトアニア人の住民である）。英雄的犠牲者と苦難の被害者は、これらの新たなナショナル・アイデンティティの構想では、混ざり合っている。住民の経験記憶にまだ深く根づいているトラウマ的な歴史は、ミュージアム、教科書、追悼記念文化において同様に国民的ナラティヴとして表象され、住民に強く支持される。

苦難の被害者という国民の自己像は新しい政治問題を伴っている。一方では、これらの国民の中では苦しみがいわば民族化され、それに伴って、社会の多元的傾向が拒絶されるという、危うい事態が生じている。イム・ジヒョンはこれに関連して、〈受け継がれる被害者意識〉(hereditary victimhood)という言い方をしている(10)。後継世代に遺産として残された苦難の物語が、国民的アイデンティティの核心にまで高められると、移民やマイノリティが、その社会で完全な承認と参加を獲得するのは難しくなる。この想起のもう一つの問題はその一面性である。あるいは、この想起と結び付いた選択的な健忘症と言うこともできる。自分を集団として被害者の側に位置づける人は、例えばこのナラティヴに、自分たちの犯罪、ファシズム・ドイツ占領軍への協力、ユダヤ人殺害への加担といったエピソードを組み込もうとはしない。その反対に、受動的な被害者というアイデンティティは、快適な道徳的立場であることがわかる。なぜならそれは、歴史上の犯罪や新しい犯罪のいかなる共同責任も免れられる、防護服として使うことができるからだ。自己を被害者にする国民は、これまで、自分たちの政治の被害者となった人々との共感的な関係を可能にするような〈悔恨の政治〉を発展させるのを、ことのほか嫌がっていたし、そうする能力もなかった。

これらの被害者ナラティヴは、通常、決して虚構などではなく、現実の歴史的経験と、長期にわたって影響を及ぼすトラウマに基づいている。しかしこれらのナラティヴは、政治的な自己演出の一部でもあり、この自己演出は独自の問題を含んでいる。国民のアイデンティティを形成する際によく用いられる論理では、被害者の役割と加害者の役割は、きっぱりと排除し合う。被害者というアイデンティティは、何らかの苦難の物語がアイデンティティの決定的な核心に、そして集合的な想起の唯一の内容にされることで作られる。この想起の枠内に占めるべき場所を見出さない事柄は、公共のコミュニケーションから排除されたままだ。国民の被害者アイデンティティがこうして硬化すると、その時々の加害者に近づき、対話し、和解することが難しくなり、また、〔同じ国民がある時は〕被害者になったり加害者になったりする位置関係を認めることが妨げられる。

西ドイツでは一九四五年以後、同じように、住民に広く根づいた集合的な被害者アイデンティティが生まれた。この〈自己被害者化〉は戦後ドイツ人のある態度を言い表している。「彼らは自分自身を被害者として演出し、自分たちが〔ナチズムに〕加担していたことを、褐色の誘惑、英米の爆撃、勝利者ソビエトの横暴の被害者という自己認識の背後に消し去った」[11]。もっとも、この被害者アイデンティティは、国家的なシンボルで表現されなかったという点で、中欧と東欧の新しい被害者アイデンティティとは区別される。つまり、ドイツ人の苦難の物語で満たされた家族の記憶や経験記憶はあったが、当時は、このパースペクティヴを公式に代表して外に向かって伝えるような、しかるべきミュージアムや記念碑はなかった。この「被害者の感受性」が決定的に方向を変えたのは「七〇年代と八〇年代だった」。この時期に、ヒトラーの被害者になった数百万のドイツ人の視線は、「数百万人がドイツ人の被害者になった」ナチの絶滅政策に向け直された[12]。再統一後は加害国民という公式のナラティヴに完全に移行した。このナラティヴは、かつての強制収容所を追悼記念施設として保存するという国民的委託によって支えられ、ベルリンの中央ホロコースト警告碑で、国外からのあらゆる訪問者に対しても具体的に提示された。

しかし、このために今やドイツでは、旧ソビエト圏諸国におけるのとは逆の問題が生まれた。それらの国々では、何らかの加害者パースペクティヴを承認するのをまだ当分の間は許さないような、公式の被害者ナラティヴが支配的である。それに対してドイツでは、何らかの被害者パースペクティヴを認めるのを同じように許さないと思われる、公式の加害者ナラティヴが支配的である。二一世紀になって、逃避と追放、爆撃、凌辱の思い出が、本、写真集、映画で再び息を吹き返したときに、すぐさま、不快感を表す規範的な言説が出現した。この言説はこれらの現象を、一九五〇年代のドイツ人の被害者アイデンティティへの逆戻りであり、加害者パースペクティヴを拒否する試みだと考えた。この加害者パースペクティヴでは、当事者の家族の中でいまだ鮮明に語り継がれてきた思い出を、社会的に承認し、共感をもって第二次世界大戦についてのドイツ人の歴史像に組み込むことはできなかった。その代わりに、これらの思い出は、自己被害者化の一形式として不信の念をもって遠ざけられ、総じて歴史修正主義という嫌疑をかけられた。

しかし、この〔東部地域からの逃避と追放で命を落としたドイツ系住民〕二〇〇万の死者の思い出を、それが社会に戻ってくるやいなや、多くの人々にとって再びタブーにしてしまったのは、何よりも〈反追放センター〉[1]による強引な政治化だった。とりわけ、この作業グループの好戦的な座長、エーリカ・シュタインバッハの攻勢は、修正主義的な主張がなされているという印象をポーランドで呼び覚まし、ヨーロッパの内部で境界線を接する〔ドイツとポーランド〕両国の関係を悩ました。ドイツでは、逃避と追放を社会が担い手となって想起することを求めるまっとうな願いは、被害者競争をめぐる見当違いの言説に移っていった。この言説では、もはや被害者たちの物語が中心にあったのではなく、最優先されたのは、これらの被害者に与えられるべき序列だった。例えばミヒャ・ブルームリクは、このセンターの要求に敏感に反応して、被害者の区分が深刻なほど欠けていると苦言を呈した。ブルームリクによれば、被追放者憲章[2]の文面では「ホロコースト、シンティ・ロマの虐殺、そして、ポーランドとソビエトの数百万の殺害された市民の被害者の区別が消されている」。彼は「殺害されたユダヤ人の追悼を模倣する、国民的な追悼記念の設備」に強く反対している。そのようなことは、ドイツ人の追悼記念の営みにおけるホロコーストの特異性と中心性を、事実上疑問に付すことになる。[13]〈反追放センター〉の主張によって呼び起こされた、被害者競争の言説は、これらの物語を社会的に承認し、感情的に関与することを、これまで促進するよりもむしろ妨げてきた。しかしながら、加害者のパースペクティヴと被害者のパースペクティヴを一つの国民的記憶の中で一緒にすることが、どうして無条件に不可能だというのだろうか。第二次世界大戦ではドイツ人の攻撃的で壊滅的な暴力が、そこから帰結した彼らの苦しみにじかに関連しているのだからなおさらだ。ブルームリクが書いているように、「第二次世界大戦のドイツ人の被害者にも敬意を込めて追悼される権利がある」。しかしながら、この追悼記念の問題は、被害者競争だけではない。これらの物語では、「国民社会主義がドイツ系の住民にも及ぼした壊滅的な影響」が話題になっているのみならず、ヨーロッパの隣人も加害者の姿で登場するという事実も問題を難しくしている。被害者たちが、隣国で〔隣国の住民によって〕犯された罪――それらの犯罪はその地では何らかの国民的な被害者ナラティヴに基づいて記憶から消されている――を一方的に想起することは、ヨーロッパ内の境界線で強い摩擦を生んでいる。この摩擦は、相互の尊敬と信頼回復に基づく、トランスナショナルな想起の共通の形式によってのみ克服することができる[14]。

歴史学には、人々が加害者になったり被害者になったりする位置関係を認識する余地がある。それに対して、記憶の構築物では、肯定的な自己像を維持したいという根本的な欲求のせいで、〈必然的に〉繰り返し狭隘化が生じる。ニーチェは、想起とアイデンティティの結び付きにおける、この排除のメカニズムと狭隘化の原因が誇りにあると考え、それを表すのにさらに地平形成という概念を導入した。「地平は閉じており欠けるところがない。そして、この地平の向こう側にさらに人々、情熱、教義、目的が存在していることを思い出させるものはない[15]」。想起は根本的にパースペクティヴに縛られており、新しい情報に対して、そう簡単に四方八方に自己を開くわけではない。このことは、誇りや受動的な被害者の地位を想起の門番にする、感情的圧力にのみ言えるのではない。そうではなく、記憶の枠組みが及ぼす規範的圧力にも当てはまる。それゆえ、想起のプロセスで作用しているこの排除の欲望を、反省に引き込み、それをテーマにして、相互の承認と交渉による決着という意識的形式に移すことが、かくも重要なのだ。この場合、目的は記憶の枠組みを拡張することであって、置き換えることではない。肝要なのは、あれかこれかを、あれもこれも、に変えていくことだ。その際に、具体的な調査結果に、また、歴史の経験は著しく多様で多義的であるという重要な認識に、人々がますます関心を抱くことで、記憶と歴史が互いに接近していくことにもなる。

以下では、被害者競争を克服するための三つのモデルについて議論しよう。三つのモデルとは、包括的な被害者のカテゴリー、マルチディレクショナル・メモリー(multidirectional memory)というマイケル・ロスバーグのコンセプト、そして〈対話的想起〉という私自身の提案だ。包括的な被害者のカテゴリーから始めよう。これは被害者の概念を一般化し、その際に加害者についての問いをどんどん見えなくしていく傾向にある。ルート・クリューガー〔一九三一～、オーストリア出身の文学者・作家。アウシュヴィッツの生存者。自伝『生きつづける』(一九九二)〕は、そのような、被害者に同情しながら同時に加害者の姿を見えなくすること、そして〔例えば迫害者も被迫害者も、命を落としたら皆等しく戦争の被害者である、というように〕被害者に対する公平性を説くことを、まがいものの過去の克服として厳しく批判した。罪と責任に対する問いを最終的には排除してしまう、そのような包括的な被害者概念の一例が、ヘルムート・コールが再統一後、一九九三年に国民の中央記念碑としてベルリンの中心に建てた、〈ノイエ・ヴァッヘ〉という追悼記念施設である。彼はその際に、これはほとんど知られていないのだが、アデナウアー時代のある伝統を受け継いだ。アデナウアーには、在職中に第二次世界大戦の被害者のための記念碑を建てるという、切実な願いがあった。ゲッティンゲン近郊のアウトバーンの上に〈帰還者記念碑〉という標識が設置されている。そこでわき道にそれると、フリートラント近郊の緑の丘の上に、コンクリートの巨大な、先のとがったくさび形の建造物がいくつも目に入る。それらのくさびは空に向かってそびえ立ち、下部には銘板が取り付けられている。献辞の刻まれた銘板は、この記念碑が一九六七年に〈〔救いに対する〕感謝の印〉として建てられたことを伝えている。ほかの何枚かの銘板は、一〇五〇万人の戦争捕虜――彼らのうち最後に移送された一団は一九五六年に戻ってきた――、さまざまな地域から追放された一五〇〇万の人々、連行された一〇〇万の人々、追放で死んだ二〇〇万の被害者、兵士と民間人を含む九三四万九〇〇〇人の戦争死者を想起させている。さらにもう一枚の銘板は、すべての大陸と海で命を落とした五〇〇〇万人を指し示している。「戦死し、殺され、命を落とした」。もっとも、この記念碑が包括的だったのは、第二次世界大戦の被害者に関してだけだった。というのも、「ユダヤ人の諸組織や、国民社会主義の暴力支配の被害者になった外国人の諸連盟が参加する可能性」は、当時はまだテーマにならなかったからだ。[16] これはまたしても記憶の著しい狭隘化のせいである。ここに自分たちの記念碑を設置した帰還者たちの、被害者としてのパースペクティヴは、当時はまだ、ドイツ人のせいで害を被った人々のことを考えるのを断固として除外した。コールが再統一後に、ノイエ・ヴァッヘで新しい国民的記念碑を計画したとき、彼はより包括的であろうとし、本当にすべての被害者集団を顧慮しようとした。フリートトランの〔帰還者〕記念碑が、その多くの銘板、数字、区分によって、ドイツ人の被害者集団の正確な帳簿をつけようと努めたのに対して、ベルリンの記念碑〔ノイエ・ヴァッヘ〕は簡潔かつ普遍的に「戦争と暴力支配の被害者」に捧げられた。この何もかもひっくるめた文句は、しかしながら、決してそのようなものとしては理解されなかった。ユダヤ系の市民は彼らの想起を、ケーテ・コルヴィッツ〔一八六七〜一九四五、ドイツの画家・版画家・彫刻家〕のピエタ〔亡き息子イエスを抱きかかえて嘆くマリアの像。なお本書第三章訳注〔4〕を参照〕というキリスト教的彫像に結び付けることはまずできなかっただろう。だって、ガス室と銃殺部隊は、嘆き悲しむ母親たちを一人もあとに残さなかったのだから。ユダヤ系市民はこの追悼記念の提案を受け入れなかった。かくして一つの隙間が生ずることになったのだが、この隙間はその後、〔ユダヤ人被害者に排他的に捧げられたベルリンの〕ホロコースト警告碑の建立で埋められた。したがって、その自己理解に反して、この被害者記念碑〔ノイエ・ヴァッヘのこと〕も包括的ではなく、それゆえアデナウアーの帰還者記念碑の伝統を継続したというわけだ。

包括的な被害者のカテゴリーは、ヴェルナー・コニッツァーが立てた、被害者に同一化した想起と、被害者に寄り添う想起の重要な区別を容易に消す。前者の場合には、想起しながら自分自身を被害者の役割に移す。後者の場合には、自分たちの犯罪が生んだ被害者を想起する。イェンス・クローは、ホロコーストの想起をスターリニズムの犯罪の想起と結び付けようとする欧州議会の努力を、もはやいかなる加害者も存在しないような包括的な被害者の共同体を作り出す、同じように見当違いの戦略と考えている。クローはこれに関連してヨーロッパにおける〈自己被害者化の文化〉という言い方をしている。ヨーロッパの諸国民の記憶が「そうこうするうちに〈被害者〉のカテゴリーに切り替えられた」あとでは、「まだ二〇世紀の終わりにそうであったのとは異なり、罪の記憶はもはや、ヨーロッパの諸々の想起の文化を示す、国を超えた目印ではない[17]」。

〈自己被害者化〉という語には否定的な響きがある。この語は自己演出の行為を指しており、この行為は同時に、自分自身も加担して罪を負っているという事実を覆い隠すものとされる。そのような語の用い方は、この場合、記憶の感情的次元に接近することを、まったく不可能にするとは言わないまでも、困難にする。ここで私たちは再び歴史が微妙にモラル化されているのを目にする。このモラル化は、その都度受け入れることができるものの枠を狭める。許容可能な枠に適合しない苦難の物語は、批判されるか、合理化によって縮減される。しかしながら、ポリティカル・コレクトネスの優越した視点から、時代の生き証人や彼らの子孫をこうして保護監督下に置くのは、問題含みである。なぜなら、自分の思い出とそれに結び付いた感情に対する人間の権利を否定し、それとともに歴史的な苦難の経験に対する共感をも拒絶することになるからだ。この考え方は相互排除の論理に縛られたままであり、この除外の論理は想起についての言説を引き続き支配している。この論理は、自分の苦しみを想起することが、自動的に、他者の苦しみに対する意識を消すことになると想定している。そのような規範的な狭隘化に対して、想起の情念を受け入れるために枠組みを拡げることが望ましい。人々に異なる思い出を持つ権利を認め、彼らが自分の苦しみにかまけて、正義についての問いとほかの人々の苦しみを見失うようなことはしないと信じて。

ヨーロッパの分裂した記憶

ヨーロッパの内部には、引き続き両立不可能の状態で存在し、ヨーロッパの記憶を分裂させる思い出がある。このテーマを導入するにあたり、日常生活でのある経験を紹介したい。そのために、私がマドリッドのとある学生寮で、朝食のときにポーランド人の同僚と交わした会話を再構成しよう。彼は数学者の会議に参加していて、私は記憶に関する会議で訪れていた。〈記憶？ 何ですかそれは〉と彼は知りたがった。〈心理学ですか、医学ですか？〉私は彼に、私たちは今日、個々人だけが想起するのではないということを出発点にしており、諸々の集団や国民が自分たちの過去の想起を利用することについて、新しい研究分野もあることを説明した。彼にはそれが想像しがたく、一九七〇年頃に生まれた彼の世代は、もはや歴史に対していかなる関心も持っていない、と私に説明した。しかしながら、私たちの会話が進むうちに、カティンからイェドヴァブネ〔ポーランド東部の小都市イェドヴァブネで、ドイツ占領下の一九四一年七月に起きた、ポーランド人によるユダヤ人虐殺事件〕にいたるまで、ポーランドの現今の想起の論争を、彼がよく知っていることがわかった。彼はさらに、最近の想起のスキャンダルに関する詳細まで付け加えた。そのスキャンダルは、歴史家のヤン・トマシュ・グロスが、トレブリンカやそのほかの絶滅収容所の死の野で戦後になされた、ポーランド人による金目当ての発掘を暴露したことで引き起こされた[18]。彼は私に次のように語った。第二次世界大戦の直後に生まれた自分の父は、息子の自分とは反対に、歴史の思い出にすっかり浸透されている。この理由で、自分の父には、いつかドイツへ旅するということも不可能である。父はそれゆえEUに激しく反対している。EUのことを彼は、かつてのドイツの帝国主義の、新しい変種にほかならないと考えていると。

この会話は、現在の感情的態度と政治的立場が、当事者たちが生まれる以前の過去の出来事によってどれほど規定されるかを、またしても教えてくれた。この場合、異なる社会化と歴史経験に基づいて、世代によってまったく異なる態度が現れる。ポーランドの国民の集合的な被害者記憶を体現し、ヨーロッパのパートナーに依然としてかつての敵の面影を認める父親と、この歴史の重荷を捨て去って、加害者の視点を国民的記憶に組み込むことをめぐる新たな論争をも、関心を持って追う息子。しかし決定的なのは、かつての東欧ブロックの国々では、西欧の国々とはまったく別の歴史想起が支配していることである。

このことはヨーロッパの歴史とじかに結び付いている。とりわけ一九四五年五月八日と九日に関係している。連邦大統領リヒャルト・フォン・ヴァイツゼッカーが一九八五年五月八日に行なった演説以来、ドイツ人は、一九四五年五月八日をもはや〈敗北の日〉として想起するのではなく、ますます〈解放の日〉と理解して祝うことに慣れてきた。そうしてドイツ人はいわば西欧の勝利者の記憶に参加した――しかしながら、その際に、罪と責任に対する視点を除外することはなかった。ドイツはこうして西ヨーロッパの想起の文化に自らを組み入れたが、その一方で、同時に、ヨーロッパの西部と東部の間に、はっきりした境界線が標された。というのも、一九四五年五月九日に東ヨーロッパの諸国はソビエトの占領下に陥ったからだ。このことはこれらの国々の苦難の歴史を四〇年延長した。それによって、民主主義と国民の自主決定に進むすべての動きが政治的に禁止されただけではなく、スターリンの収容所で被った、迫害と絶滅の苦しみに対するいかなる想起も、情け容赦なく押しつぶされた。

単純化するならば、私たちはヨーロッパの記憶を、二つの焦点を持つ一つの楕円として思い浮かべることができる。一方の核となる出来事がホロコーストだとすれば、もう一方の核となる出来事は、大量殺戮と強制労働収容所というスターリニズムの犯罪である。トランスナショナルな承認ということに関しては、両方の出来事の間には目下、まだ明白な非対称が存在している。この非対称は、いまだ結合可能な想起の状態にまで高められておらず、ヨーロッパをさらに引き続き分裂させている。楕円の最初の焦点、ホロコーストの想起が、トランスナショナルな記憶になり、ヨーロッパの創建神話にまで昇進したことから話を始めよう。フリートラント近郊にあるアデナウアーの帰還者記念碑が証明しているように、冷戦の時代には、第二次世界大戦の思い出が、ドイツ人の被害者記憶をまだ占めていた。それに対して、ヨーロッパのユダヤ人の虐殺が、沈黙と隠蔽で覆われていた状態から徐々に抜け出して再び姿を現し、この人道に対する罪に、世界的な意識の中で確固たる場所が与えられるまでに数十年かかった。二〇〇〇年一月にストックホルムで開催されたホロコースト会議は、四〇以上の国々が参加したが、この出来事を何らかのトランスナショナルな想起の形式に移行させ、これに、ジェノサイド、人種憎悪、排外主義と戦うという意志表明を結び付けるという、共通の意図を宣言して終わった。ストックホルム会議に基づく国際的な〈ホロコーストの教育、想起、研究の国際協力のためのタスク・フォース〉（ＩＴＦ）[19]は、すべての加盟国にとって義務的であるようなヨーロッパの想起の文化を実際に実現することに寄与した。この政府間組織は二重の目標を掲げている。

一、ホロコーストの想起を新しい千年紀の境目を越えて担ってゆき、時代の証人の生きた記憶が迎える時間的限界を克服するような、長期記憶に変えること、そして、

二、ホロコーストの想起を国民の境界線を越えて担ってゆき、トランスナショナルでヨーロッパ的な想起の共同体を、諸機関、財源、ネットワークの拡張したインフラで支えること。

ＩＴＦの想起の共同体は、今日では三一の国々を擁しており、アメリカ合衆国、イスラエル、アルゼンチンのほかは、もっぱらヨーロッパの国々が属している。

この新しい記憶政治の目に見える印が新たな記念日の導入だった。一九四五年一月二七日、赤軍によってアウシュヴィッツ強制収容所が解放された日は、まず一九九六年にドイツ連邦大統領ローマン・ヘルツォークのイニシアティヴで、再統一後、新しい全ドイツ的な記念日として導入されていた。四年後にスウェーデンのヨーラン・ペーション首相が続いた。彼はストックホルムの国際的なホロコースト会議をこの日に招集した。この発展の流れで、一月二七日は、新しいホロコースト記念日として多くのヨーロッパの国々で導入された。ストックホルム会議の五年後、ブリュッセルで開催された欧州議会も初めて、黙禱でアウシュヴィッツ解放を記念し、次のような決議文を可決した。

「一月二七日は全欧州連合でヨーロッパのホロコースト記念日であると宣せられる」[20]。

それ以来、〈ヨーロッパの創建神話〉としてのホロコーストが、ますます語られるようになった[21]。これについて興味深いコメントを歴史家のアロン・コンフィーノがしている。彼のテーゼによれば、西洋の文化ではフランス革命という創建的出来事に、いつのまにかホロコーストが取って代わった、もしくは覆い被さった[22]。フランス革命は、その上に西洋文化が打ち立てられた、土台としての中心的な出来事の地位を持っていた。この出来事は、一種の「象徴的な手引書」になり、以後人々はそれを参照して行動し、歴史の意味を解読した。この手引書は多面的に用いられた。「それはさまざまな政治運動と社会運動に投入された。そして一九世紀と二〇世紀の国民的、革命的、反植民地的闘争を鼓舞した。これらの闘争の指導者の名前がマッツィーニ〔一八〇五～七二、イタリアの革命家・共和主義者〕、レーニン、ローザ・ルクセンブルク〔一八七一～一九一九、ポーランド出身のドイツの革命家。ドイツ共産党の創設者の一人〕、シモン・ボリバル〔一七八三～一八三〇、南米の独立運動の指導者〕、あるいはネルーであろうとも[23]」。コンフィーノは、西洋の歴史のこの二つの基礎となる思い出を比較して、フランス革命という創建神話の光輝が一九八〇年代以降、目に見えて弱まり、その一方で、ホロコーストの重要性がこの時期から増し続けているのを確認している。彼によれば、いまやホロコーストが西洋の拘束力ある規範的想起として、歴史解釈、倫理的価値、政治的要求、そして新たな鍵概念のための共通の文化的枠組みを、ますます創出している。コンフィーノはこうして、革命的な英雄像から受動的な被害者の意味論へ、〈勝利《トリウムフ》〉から〈トラウマ〉へ〔ベルンハルト・ギーゼン〕、政治的神話から人権へ価値が変遷したことを確かめている。

もっとも、ホロコーストについて、〈ヨーロッパの創建神話〉と一括して語るときにたいてい見落とされるのが、ホロコーストはヨーロッパの西部でのみ、一つに結合する記憶のイコンの地位を得たということである。ヨーロッパの東部では別の想起が優勢である。冷戦が終わり政治の双極的な枠組みが分解したあと、ヨーロッパでは、それまで抑圧されていたさまざまな思い出が蘇って噴出した。ヨーロッパの歴史像を根本的に変えたこれらの思い出は、ヨーロッパの東と西では非常に異なる経過をたどった。東ヨーロッパでは東欧ブロックが解体するとともに、共産主義の占領とスターリンの犯罪の経験が、国民的想起の中心にきた。その一方で、ナチスによる侵略の経験と、この政権への協力は背景に退いた。同時に、ヨーロッパの西の諸国では、アーカイヴが開放されるとともに、対独協力とホロコーストへの加担の思い出が、まったく新たに意識にのぼった。一九九〇年代の想起の政治における大きなテーマは原状回復をめぐる国際的な論争だった。つまり、ユダヤ人の被害者に対する補償と、強制労働を課された人々に対する物質的代償が問題になった。この議論はドイツに発してほかのヨーロッパの国々にも波及し、それらの国々の肯定的な国民的自己像をぐらつかせた。信頼を喪失させるような思い出が断続的に浮かび上がり、激しい議論が交わされた。このことは支配的な国民的ナラティヴの一義性と唯一性を疑問に付した。ヴィシー政府や、東ドイツの反ユダヤ主義の歴史に関する新たな情報によれば、フランス人や東ドイツ人はもはや、もっぱら抵抗闘士というわけではなかった。ヴァルトハイム事件〔3〕とイェドヴァブネのあとでは、オーストリアとポーランドはもはや、もっぱら被害者の国というわけではなかった。そして中立のスイスでさえも、自国の銀行と国境が重い想起の場所に変わったのを、目の当たりにしなければならなかった。こうしてヨーロッパの西側で、ホロコーストに関連して、初めて加害者の思い出も広まった。この進展はストックホルム会議とITFの直接の背景になったと考えられている。(24) ホロコーストを想起する義務を公言し、その想起を制度化することは、こうして見ると、新たな歴史的感受性に対する一つの応答だった。この歴史的感受性の変化に伴って、この犯罪に対するヨーロッパの責任も拡大した。

同じ頃ヨーロッパの東側では、すでに言及したように、諸国民の自己像は、ロシアによる占領と共産主義独裁の時代を、もっぱら被害者として想起することで固められた。被害者の身分をこうして自己中心的に養うことは、新たな政治問題を伴った。つまり、この歴史的文脈で虐殺されたユダヤ人被害者は、除外されるか、周縁化されてしまったのだ。こうして東ヨーロッパの諸国民は、彼らのヨーロッパ的アイデンティティから、顕著にずれるようになった。これらの国民はほかの被害者に対して鈍感になり、部分的には、彼ら自身が国内に抱えるマイノリティにとって一種の脅威となった。

歴史家たちは目下、東ヨーロッパにおける暴力の歴史の、より統合的なイメージを作り上げるのに成功している――ティモシー・スナイダーの『ブラッドランド』やイェルク・バベロフスキの『焦土』、すなわち、ヨーロッパの東部におけるスターリンのテロル・キャンペーン、ヒトラーのホロコースト、そして飢餓戦争の緊密な絡まり合いを示した二冊の新しい本を思い起こしてほしい。その一方で、長い間鉄のカーテンの背後に消えていたこれらの出来事は、ヨーロッパの記憶では当面、断固として分離されたままであり、引き続き激しい論争の対象であり続けている。その結果を元駐独ポーランド大使のヤーヌシュ・ライターが明確に述べている。「一つになったヨーロッパは、その想起の文化においては、分裂した大陸のままである。拡大後、分割線は欧州連合の真ん中を走っている」[25]。

このヨーロッパの記憶の分裂を、ここでは、西側のホロコーストの記憶と、東側のスターリニズムの記憶を代表する二人の女性によって、具体的に説明しよう。[26] 一人はシモーヌ・ヴェイユ。ホロコーストの生き残りで、ヨーロッパを信奉する筋金入りの政治家であり、二〇〇〇年以来、フランスのショア追悼記念財団の長である。公の場に姿を現すたびに、彼女は、「ショアは私たち全員の相続財産である」という原則を繰り返し述べてきた。彼女はこの原則を、西洋文明の根本的な想起の命令であると宣してきた。[27] もう一人はサンドラ・カルニエテ。グラーク〔ソ連の強制労働収容所〕の生き残りで、一九九〇年のラトヴィア独立闘争における主導的な人物であり、ラトヴィアの外務大臣も務めた。彼女は、スターリニズムのテロルの被害者が、ヨーロッパの記憶において承認されることを求めて戦った。ライプツィヒ書籍見本市の開会に際して、二〇〇四年三月二四日になされた演説で、彼女はスターリニズムの被害者に人々の注意を向けさせた。その被害者には彼女自身と彼女の家族も含まれる。「ラトヴィアにはシベリアの物語を語ることができない家族はいません。ロシアのこの地域の途方もない過酷な寒さの中で、跡形もなく消えた親族の物語を。これらの物語はどれもとても似通っていました。ただ人物だけが違います。流刑のとき、人々が送られた場所、苦しみ、いかなる法や正義の支配も完全に欠如していること――これらはすべていつも同じなのです」[28]。彼女は続けて次のように要請した。勝利者の記憶であっても、今日のロシアの責任に帰せられるこれらの犯罪に対して、いつまでも知らん顔を決めこむことは許されない。「ファシズムに対する」闘いと勝利は、「無数の罪のない人々を階級イデオロギーの名において弾圧したソビエト連邦の犯罪を、永遠に赦すものではありません」。

ヨーロッパの西側では、ユダヤ人に対するジェノサイドや、そのほかの人道に対する罪の被害者が承認されたのに対して、そのような、ヨーロッパの文脈で考え直すプロセスは、スターリニズムの被害者に関してはまだ生じていない。戦後のドイツとは異なり、ロシアでは、政治体制の転換はなかったし、歴史的責任を引き受けることを求めてくる外圧もなかった。その反対に、ソビエト連邦は戦勝国として、ほかの連合国と一緒に道義的に正しい側にいると錯覚することができた。連合国はともにヒトラーの姿をした悪と戦い、これに打ち勝った。連合国はともにヨーロッパの新秩序の土台を据えた、というわけだ。スターリニズムの犯罪を見直すという、フルシチョフ時代以来のさまざまな動きにもかかわらず、これらの暗いエピソードはこれまで、ロシアの公式の歴史記述と公的な想起の中には入らなかった。しかしながら、被害者の後継者と加害者の後継者の間で、罪を抱えた歴史を承認し合う関係が生まれないかぎり、この被害者記憶はいつまでも過熱し続け、――ゼロサム・ゲームという想起の排除の論理にしたがって――ほかの思い出に対して入り口を遮断するだろう。何らかの想起のコンセンサスを形成して、人道に対する両方の犯罪をヨーロッパの記憶に受け入れる代わりに、歴史のこの二重の重荷は、政治の舞台では、被害者競争だけではなく、想起の戦いの様相さえも帯びた。

これにはサンドラ・カルニエテ自身が寄与した。というのも、彼女は「敗者も(……)この大陸の歴史の中に確たる場所を占めるべき」ことを求めただけでなく、これら数百万の人々の経験を欠いたら、ヨーロッパの想起は「一面的で、不完全で、不正直であり続けるだろう」と強く説いたからだ。[29] 彼女はそのうえ、「両方の全体主義体制――ナチズムと共産主義――は等しく犯罪的だった」と強調した。この発言で彼女はスキャンダルを引き起こし、彼女の願いを推し進めるどころか、すぐに無に帰せしめてしまった。私たちはここでヨーロッパの想起の規範的な枠組みの急所に触れている。この想起の枠組みは、西側の国々では、ホロコーストの特異性というテーゼの上に築かれている。第二次世界大戦のこの二つの大犯罪を比較したり等置したりすることは、サンドラ・カルニエテの演説を受けて起こった騒動が即座に示したように、深く根を下ろしたタブーである。このタブーは、スターリニズムの被害者の想起をヨーロッパの記憶に受け入れるべきかどうかが議論の的になっている場合、現今の論争でも生き続けている。このタブーは、第二次世界大戦後に広く唱えられた、いわゆる〈全体主義テーゼ〉にまで遡る。このテーゼは、ファシズムとスターリニズムを、同一の現象の二つの変種と位置づけた。ホロコーストがほかの大量殺戮と区別すべき特殊な出来事だという意識は、その後の歴史研究の中でようやく形成され、歴史家論争において特異性のテーゼで固められた。二〇世紀のこの二つの大犯罪を等置すること（植民地主義はこの文脈では話題にならない）は、それ以来、〔ナチズムの犯罪を相対化して矮小化するものとして〕タブーを犯すこととされ、歴史的に乗り越えられた意識への逆戻りと見なされる。その意識は、ホロコーストを否認するのとほとんど同じくらい強い、道徳的な反応を誘発する。

それゆえ、「全体主義的な共産主義政権が犯した罪を批判すること」をヨーロッパで促進し、被害者の苦しみを承認するためにEUが採るすべての措置は、今後とも、きわめて大きな不快感と不信感を伴う。[30] ヨーロッパの分裂した記憶を克服しようとするさまざまなイニシアティヴは、目下のところはまだ、国民社会主義のファシズムとスターリニズムのテロルを等置することになるという非難のせいで失敗する。例えばイェンス・クローは、「被害者たちのヨーロッパ」という包括的な構築物に抗議するだけでなく、まったくはっきりと、「ヨーロッパの競合する記憶を、被害者に同一化した、さらには、全体主義理論的なパースペクティヴを用いて和解させる」ことをしないように警告している。そのようなイニシアティヴでは、当然の義務として、ホロコーストが唯一無二であることは指摘されるが、事実上は「ヨーロッパのユダヤ人に対する大量殺戮の特異性は疑問に付される。もしもホロコーストが、歴史的に何の区別もされることなく一息に、スターリニズム、ホロドモール〔ウクライナ語で「飢え死に」を意味し、ソビエト・ウクライナで一九三二年から三三年にかけて人為的に引き起こされた大飢饉を指す。スターリンによる計画的な飢餓テロルとされ、数百万人の死者を出した〕、フランコ主義、スレブレニツァ〔本書一八〇頁以下参照〕と一緒に挙げられるならば[31]」。同様にミヒャ・ブルームリクは、ヒトラーの被害者とスターリンの被害者を、極端の世紀における一つの全ヨーロッパ的経験として包括するように記憶を拡張する考えを、激しく退ける。彼もまた、全体主義テーゼに対して、歴史的な区別の必要性を説き、その際に、ホロコーストの特異性だけでなく、スターリニズムと東ドイツが根本的に違うことを力説している。彼はそれゆえ、「専制的な警察国家にして社会福祉国家である東ドイツと、スターリニズムとの不正確な同一視」を非難し、ハンナ・アーレントに倣って、「全体主義的支配は、ドイツではヒトラーの死をもってその終わりを迎えたが、ロシアではそれに引けを取らずスターリンの死をもってその終わりを迎えた」と論じている[32]。

ブルームリクは確かに、ヨーロッパで「二〇世紀の恐怖と犯罪を追悼記念する共通の文化」にいたる道を見つけるという願いに対しては、理解を示している。しかしながら、この道は彼の見るところ、さしあたりはまだ細分化ができていないため、遮られたままである。この道はまた、一方では歴史研究のパースペクティヴと、他方では被害者の経験のパースペクティヴの根本的な違いゆえに遮られる。歴史家が〔歴史事象の〕全体的な展開の因果関係を視野に入れて、それを評価するのに対して、「被害者の視点からすれば、いかなる政権がいかなる理由で彼らの自由を奪い、そして、彼らを虐待あるいは殺害することを命じたかは非本質的」である[33]。

どうすればこの困難を克服し、適切なヨーロッパの追悼記念にたどり着けるだろうか。それも、その際に重要な区別を均してしまうことなしに。ここでもう一度、ファウレンバッハが考え出したルールを挙げたい。このルールは〈二つの独裁制〉というドイツの想起の事例のために案出されたが、ヨーロッパの次元でも、その意義を発揮することができる。この賢明なルールは、両方の大量犯罪を同一視することにはっきりと反対し、相対化の幽霊を追い払うことを可能にする。それをここでもう一度繰り返そう。

一、スターリニズムの想起はホロコーストの想起を相対化してはならない。
二、ホロコーストの想起はスターリニズムの想起を平凡化してはならない。

不一致の中にも相応の一致を見出して階層化することで、非融和的で排除に向かうあれかこれかは、あれもこれもに変わり、共通のヨーロッパの記憶に受け入れられるかもしれない。しかしながら、当面有効なのは、東側のパースペクティヴではホロコーストの想起に対して距離を保ち、西側のパースペクティヴではグラークの想起に対して安全な距離をとることだ。アメリカの歴史家チャールズ・メイヤーは、国民社会主義の記憶と共産主義の記憶の違いを明らかにするために、核物理学からアナロジーを引いている。それによれば、国民社会主義の「熱い」記憶は、プルトニウムのように、歴史の中での半減期が長く、その一方で共産主義の「冷たい」記憶は、トリチウムのように、半減期がはるかに短い[34]。ハンガリーの歴史家エヴァ・コヴァーチはこれについて次のようにコメントしている。「管見によれば、ポスト社会主義の諸国家では、まさに逆のことが生じている。つまり、共産主義の記憶は、大衆を動員することさえもできる熱いトポスになった。その一方で、国民社会主義の記憶は冷たいままに留まっている[35]」。中欧と東欧の国々で新たに建てられたホロコースト・ミュージアムは、必ずしもこのテーゼに対する反証ではない。ホロコーストの想起は、国民的ナラティヴの中にこの想起とのいかなる結合点も生み出されていないときには、ゲットーに閉じ込められているかのように、垣根に囲まれたままのことがよくある。

しかしながら、なぜこの二つの想起がヨーロッパの記憶の中でさらに脅かし合い、排除し合わなければならないのか、今日ではもはや理解できない。すでに見たように記憶は顕著な場所不足に悩まされている。このことから、この二つのヨーロッパの核心的想起が、競って押しのけ合うのではないかという、双方の不安はわかる。しかしながら、ホロコーストの記憶はそうこうするうちにさまざまに制度化され、もはやそう簡単には取り消すことができなくなった。それゆえ、これらの想起を一緒にするのを阻み続けているのは何なのか、理解しがたい。クラウス・レゲヴィーは次のように強調している。「二つの全体主義の過去、国民社会主義とスターリニズムの国家犯罪を、分割せずに想起して初めて、ナショナルな参照枠は粉砕される。全体主義に反対する公共性なるものは、冷戦の塹壕から逃れたいのなら、真にヨーロッパ的でなければならない[36]」。現在の非対称性はさらにある別の事柄で制約されている。リトアニアの文学研究者イレナ・ヴェイサイテが、あるインタビューでその事柄に言及した。「グラークについて、そして、人道に対するその恐ろしい罪について語ることも、本当に必要です。しかし、西側の世界はまだその準備ができていません。人々の意識の中では、アウシュヴィッツがホロコーストの象徴になっています。しかしグラークの象徴はどこにあるのでしょう。まだ一つもありません[37]」。

「ホロコーストの言説が西側で固まったのに対して、それは東側では、競合する、そして移り変わるナラティヴの対象として、重要ではあるが人々を分け隔てる準拠点であり続けている[38]」。今日モスクワには、中央アーカイヴにして国際的な研究機関である〈メモリアル〉がある。しかし、アーカイヴではまだ象徴とは言えないし、ヨーロッパの記憶になるにはほど遠い[39]。ロシアでは、スターリニズムの犯罪の想起は、真剣な脱スターリン化の運動にもかかわらず、まだ公式の、そして共通の想起を生み出していない。記念日や記念銘板をモスクワの町並みに探しても徒労に終わる。犯罪の歴史的記録、証言報告、迫害され殺害された人々の形見の品々を集めて保管している研究機関〈メモリアル〉も、それ自体が、専制的に抑圧してくるナショナリズム的な政治の文脈では、確たる未来の保証はない。むしろこの機関は、それが生まれてきた非公式の対抗記憶の地位に、いつでも逆戻りしうる。

しかし、ブリュッセルでは次のことについて、さらに思案がなされている。「どうしたらこの二つの想起（ホロコーストとスターリニズム）を結び付け、この二つの出来事に対する、何らかのトランスナショナルなヨーロッパ的視点を、私たちの現代のヨーロッパ・アイデンティティのために獲得することができるだろうか[40]」。八月二三日、つまり、ヒトラー＝スターリン（もしくはモロトフ＝リッベントロップ）協定（一九三九年八月二三日に結ばれた独ソ不可侵条約のこと）に調印された日を、両方の想起の複合体の記念日にするという欧州議会の計画は、これまでのところ実行に移されていない。なぜならこの計画は、歴史的に異なる想起を平均化する無差別な平等主義として、あまりにも否定的に受け止められるからだ。この状況下では、厭わしい想起の競合を続けているという非難を自ずと浴びることのないような、独自の記念日のほうが好ましいだろう。ＥＵが東に拡大することと引き換えに、ヨーロッパ人は別の思い出を手に入れたが、それらの思い出はどうやら、とうてい容易に統合できるものではなさそうだ。これら「ヨーロッパの家の見知らぬ従兄弟たち」は、ヨーロッパの国々に、自分たち自身の思い出について、新しい枠組みの中で交渉するように迫っている[41]。

悔恨の政治

そうこうするうちに、人は恥ずかしい出来事を忘れるという、ニーチェの説いた自然法則を外れる際立った例が、ますます多く見られるようになった。最も目を見張る例は、間違いなく、悔恨という政治的儀礼だろう。この儀礼は一九九〇年代後半からメディアの注目を集め、センセーションを巻き起こしている。この儀礼では高位の公職にある者たちが、これまで頑なに黙してきた、自分たちの国や機関の歴史における近い過去や遠い過去の出来事について、公の場で罪の告白をする。グローバルな公衆に向けられており、またきわめて公式的でもあるこれらの表明は、同時に突然の〈想起のひと突き〉を加えて、既存の公式ナラティヴを決定的な点で修正している。ジェフリー・オリックはこれに関連して〈悔恨の政治〉という言い方をしている。この〈悔恨〉(regret)を表すのにフランス語のテクストでは repentance という新しい概念が用いられる(pénitence〔悔悛〕という通常の語ではなく)。この謝罪の儀礼は、歴史においてまったく新しい現象だ。罪深い過去が、想起の中で呼び出され、後悔の対象になる。そうして自らの歴史に対する、そして未来の行動のための新しいパースペクティヴを獲得するために、価値の転換を導入する。この儀礼の決定的な影響力は、結局のところ、メディアの効果に基づいている。つまり、悔恨と謝罪のこのパフォーマティヴな行為は、グローバルな舞台でなされるのだ。この舞台が相手にしている観衆はグローバルな国際社会である。匿名の仮想の観衆は、こうして同時に、ある歴史的出来事の目撃者になる。個人が、守秘義務を負った司祭だけに対峙するカトリックの告解とは逆に、この場合にはある集団が、世界の耳目を前にして告白をする。[42]その際に、ただ歴史が想起されるだけではない。この想起の行為もまた初めて歴史を作るのだ。そのような想起されるに値する想起の行為の典型は、ヴィリー・ブラント〔一九一三～九二、西ドイツ首相(一九六九～七四)。東欧諸国との緊張緩和外交を推進〕が、一九七〇年一二月七日に、ワルシャワ・ゲットーのユダヤ人蜂起の記念碑の前で跪いたことだ。もっとも、これはまだ悔恨の儀礼ではなく、彼の東方政策の枠内でなされた、抜きん出た重要性を持つ自発的身振りだった。その身振りは同じ形で繰り返すことはできなかった。悔恨の儀礼の枠内での想起の出来事は、パフォーマティヴな行為として、現実でもあり演出されたものでもある。そしてそれゆえに、現実の真の表象と偽りの表象の間の厳格な区別を無効にする。[43]

この儀礼の実践はどんどん定着していったが、その一方でこの実践は多くの観察者には不可解であり、批判のきっかけもたっぷり与えた。どうしたら、ある個人が、公共団体全体に代わって語ることができ、さらには、自分が個人的には関与していない出来事の責任まで引き受けることができるのか。批判の根拠として頻繁に挙げられるのがこの儀礼の偽善的な性格である。繰り返し目にするのは、これは単なる口先だけの告白、象徴的な身振り以外のなにものでもなく、自分を政治的に正当化するための純粋な見せかけ、あるいはまた、アリバイ機能を持った一種の隠蔽想起であり、これは内面の変身のプロセスを促すよりもむしろ妨げる、という批判だ。これらの批判は、そのような空虚な身振りの代わりに、むしろ歴史の啓蒙に心を砕くべきであると言う。しかし、空虚な身振りと歴史の啓蒙という対立を構築しても、この場合はそれほど役に立つわけではない。なぜなら、この儀礼はそれ自体が、自己の歴史を新たに分析して得たパースペクティヴの結果なのであり、このパースペクティヴは、歴史の啓蒙を先導するものであり、また歴史の啓蒙から導き出されるものであらねばならない。悔恨の儀礼に対する批判はたいてい、自分の誇りを克服して、世界の目の前で自分で自分の罪を咎めるのに、どれほど感情と政治の費用を投入しなければならないかについても見誤っている。それゆえ、この身振りは根本的に、チャールズ・ダーウィンの言葉を借りるならば、〈貴重なシグナル〉(a costly signal)なのだ。この場合に決定的なのは、主観的な誠実さか冷徹な政治的計算かという問いではなく、この儀礼が結果を伴うのか伴わないのかという問いである。このことはオーストラリアで特に明らかになった。その地ではケヴィン・ラッド首相が、二〇〇八年二月一三日の朝九時に、就任後初の職務として、この国の黎明期からつい最近にいたるまでの植民移住政策に関して、公式に悔恨を表明した。彼はその表明ではっきりと、そして熱を込めて、先住民の苦しみに立ち入って語った。この表明を全国民が大きな期待をもってテレビの生中継で追い、オーストラリアのいたるところで個人的な想起の出来事として想起したが、この表明に続いたのは、社会の深い失望だった。この表明にはいかなる政治的、法的、経済的な行為も続かないことが明らかになったからだ。何らかの政治的な転回をもたらすことなく、また社会的平等に対する根本的な要求を満たすことからもかけ離れていると、この儀礼に胚胎する変化させる力は、実際に不発に終わり、社会を欲求不満のまま置き去りにする。

　このパフォーマティヴな儀礼は、とりわけ、植民地主義と奴隷制という暴力の歴史における犯罪を視野に入れて導入された。両者の場合に問題となっているのは、暴力の過剰、そして、自分たちの社会のマイノリティが抱える〈歴史の傷〉である。彼らの苦しみを承認することで、彼らと和解し、完全な社会統合を実現することが目指されている。さらには諸々の機関もこの儀礼を利用している。もっとも、それは必ずしも高い期待に応えるわけではない。例えばカトリック教会の場合には、悔恨の儀礼は、密かに自己釈明の振る舞いに変わった。公の場での罪の告白が一種の〈護教〉(弁明)になった。当時の枢機卿ヨーゼフ・ラッツィンガーは、我が過失《メア・クルパ》によりて、という懺悔の祈りの起草に本質的に関わっていた。この祈りは、十字軍から異端審問と魔女の火刑を経てホロコーストにいたるまで、教会が犯したすべての罪をリストにまとめたもので、二〇〇〇年三月に教皇ヨハネ・パウロ二世によって、サン・ピエトロ広場で公に読み上げられた。しかしながら、多くの人が批判したように、この祈りではいかなる影も、教会という、過ちを犯すことのない機関には落ちず、過ちを犯しうるその担い手にのみ落ちた。ホロコーストについての告白は、この祈りでは、とりわけ精彩を欠いたものに終わった。「国民社会主義者によるユダヤ人の迫害は、何人かのキリスト教徒の頭と心に息づいていた反ユダヤ主義的偏見によっても、容易ならしめられはしなかったかと、人は自問するかもしれない[44]」と懺悔の祈りにはあった。八年後にラッツィンガー自身が、教皇ベネディクトとして、シドニーの世界青年の日に、カトリック教会における凌辱事件について謝罪するという機会を得た。

　こうした謝罪の儀礼が、暴力行為に対する歴史的責任を完全に引き受けることよりも、むしろ、自らの弁明に役立っていることを示すさらなる例がある。純粋に修辞的な演技は、もちろん、〈貴重なシグナル〉ではない。例えば、二〇一三年五月にセルビア大統領トミスラフ・ニコリッチは初めて、一九九五年七月に起こった、七〇〇〇人以上のボスニアのムスリムの男性と少年の殺害を謝罪した。ボスニアのテレビ局のインタビューで彼は次のように言った。

「セルビアが、このスレブレニツァで犯された罪を許されるよう、私は跪いて請います」。これは印象的に聞こえるが、被害者たちにはしかし説得力がなかった。というのも、国際刑事裁判所（ICC）によって、この大量殺戮は〈大統領が述べたような個々人の犯罪ではなく〉〈ジェノサイド〉と認定されたからだ。スレブレニツァの母たちの団体の代表を務める女性は、それゆえ、次の言葉で応えた。「私たちは、セルビア大統領とセルビア国民から、〈ジェノサイド〉という言葉を聞きたいのです(45)」。

この儀礼の新しいところは——それを、この身振りが修辞的に平板になっているからといって見失うべきではない——、人権という価値を受け入れること、そしてその緊急性の意識が、広まり深まったこととじかに関係している。人権は、西洋世界では、ホロコーストの想起のクレッシェンドに並行して、ますます定着してきた。ポストモダンの時代には、普遍主義とグローバル化がこれまでになかった形で混ざり合った。この枠内では、人権という普遍主義的な原則は、今日ますます、〔メディアを介して〕グローバルな潜勢力として存在する証人によって請求され、実現される。ある政治の基本的価値と国際的な共同体が、メディアによる接続可能性を土台にしてこのように結び付くことは、政治的にきわめて大きな爆破力を持っている。なぜなら国家の高位の代表者だけではなく、匿名の個々人も、基本的にこのメディアの注目を集めることができるようになったからだ。人権というポストモダンの信条に導かれて政治の重心がずれた。そうして、これまで無視されてきた歴史上の被害者集団が承認され、政治的に責任を負っている人々が罪を認めるようになった。一九九〇年代以来、悔恨の政治、国際司法裁判所、真実委員会があり、そこでは、かつての不法政権が、自分たちの犯罪を歴史的に見直して公表している。この見直しは、自分たちの歴史を書き直すことにつながり、その歴史の被害者も初めて承認され、正当に評価され、そうして国民の記憶に自分たちの場所を得るようになった。この意識の変遷は想起の実践における一大飛躍を意味している。なぜなら、今や初めて、自分たちの政治の被害者が一緒に記憶に受け入れられるからだ。この新たな想起の文化は、〔植民地主義の〕歴史に対する私たちの視線を不可逆的に変えた。つまり私たちは、チャールズ・メイヤーが示唆しているのとは異なり、被害者競争とばかり関わっているのではなく、加害者の思い出と被害者の思い出の、徹頭徹尾対話的な布置とも関わっているのだ。その例が、移行プロセスにおいて、内戦後の社会の新たな基礎作りを担っている真実委員会であり、また、そのような政治体制の交替とは関係なく、悔恨の政治の実践を通じて、内的な意識と価値の変化を公に告げ知らせる国家や機関である。この新たな展開をまるっきり無視していると、私たちの世界を不可逆的に変えた、画期的な出来事を見逃してしまう。しかしまた、それらを十把一絡げに批判しても同じように見逃してしまう。この政治的儀礼がそれ独自の問題を抱えており、実行に際して欠けている点が多々あるからといって、この儀礼を一括して病的な「ある種の西洋のマゾヒズムの兆候」と考えることが正当化されるわけではない[46]。この冷笑的な語り方には見え透いた意図があって、とっくに生じている意識の変化に抗って自分の誇りを守り、その変化と結び付いた、植民地支配の記憶のパースペクティヴの変更を阻止しようとしている。悔恨の政治と結び付いている基本的な姿勢を、ある種のモラルの帝国主義と、ヨーロッパにおけるドイツの覇権の結果として弾劾する人々もいる。これについてアン・リグニーは次のように書いている。「いずれにしても、悔恨の政治は、広範囲に及ぶ一つの文化的モデルになった。そのモデルを用いて、ヨーロッパ（だけではないが）では、相互的な紛争と――さしあたりはためらいがちに、そしてまだ不均等ではあっても――植民地主義と奴隷制の遺産が処理される」。そして彼女はこう付け加える。「たとえヨーロッパ人が、彼らの歴史の一つの共通のナラティヴにたどり着いていないとしても、彼らは今日では一つの共通の想起の文化を分かち合っている[47]」。

歴史の傷

植民地主義と奴隷制の遺産を見直すのに、想起がいかなる重要性を獲得したかを示すために、ここで〈歴史の傷〉という概念を導入しよう。ディペッシュ・チャクラバルティはこの概念を、一種の「歴史と記憶の混淆」と考えている(48)。彼の同業者のほとんどがそうしているように、歴史と記憶が対立し相容れないものであることを引き続き思弁する代わりに、このインドの歴史家は、両者の緊密な絡まり合いを強調している。歴史の傷に対する意識は、歴史記述からではなく、承認という多文化的政治から生まれた。学問的な歴史記述の実践が、客観性というそれ独自の法則に従い、干渉や加担の様相を示すものはすべて入念に避けるのに対して、承認の政治は逆に、文化的アイデンティティを基礎づけ確認することに基づく。〈歴史の傷〉を承認することは歴史におけるまったく新しい現象だ。というのも、これには否認という、政治的に正当化され自明のものとなった実践の、数世紀の長きにわたる歴史が先行しているのだから。この実践は、他者集団から、等価値の人間であるという身分を剥奪する。

人間同士の交際は、第一義的には、彼らが互いにどう格付けし合っているかによって規定される。その際に上下の尺度が鍵となる役割を演じている。歴史上長きにわたって、社会と政治を規定してきたのは、不平等の所有関係を暴力的に生み出し維持することを通じて、そのようなヒエラルヒーの尺度で上下を確定することだった。まずは友と敵の違いを、その次には勝者と敗者の違いを生み出すことで、戦争は、この不平等関係を繰り返し新たに作り出し、そうして定期的に、その都度誰が行為と決定の権限を持っており、誰がこの決定を受け入れなければならないかを決めてきた。人間はしかし、戦争と征服によってのみ、上下の尺度に分類されるのではない。諸々の言説行為、思考の文化的伝統、イデオロギーの先入観によっても分類される。政治的尺度は友敵の区別に基づいており、また、流動的で変わりやすい権力関係の布置を反映しているが、これとは別に、戦争による対決と政治の力比べを超えたところに、上下の尺度に基づくさらなる格付けがある。この場合には、もはや政治的な不平等だけではなく、文化的な不平等も問題になっている。この文化的不平等は、ある集団が、強力な集団によって一方的に〈無力〉と格付けされることで生まれる。私はこの格付けを一種の否認の行為と定義したいのだが、それは、〈人間／非＝人間〉もしくは〈同等である／同等でない〉の区別に基づいている。そのような格付けが、自己と他者の本質的な線引きのつもりで企てられた場合には、同等でないと格付けされた集団には、権力の布置を変更するチャンスはない。その一方で、力のある集団は、彼らのほうでも、自分たちの通常の振る舞いの規則と制限を、こうした他者と付き合うときに無効にする権能が与えられたように感じる。こうして権力と無力の格差は、徐々に永続的で絶対的なものに変わっていく。私たちがこの次元で扱っているのは、いわば永続的な非常事態である。この非常事態はしかしながら、カール・シュミットが説明したような状況とは明確に区別される。シュミットのいう非常事態は、通用中の政治秩序を撤廃することで生じる、関係と行動の一時的な異常を名づけたものだ。それに対して、力ある者たちと無力な者たちの間の境界線を固める永続的な非常事態は、文化の刷り込みと偏見の構造に基づいている。これらは信念として社会化の過程で獲得され、かくも深く慣習化されるので、言説による正当化をもはや必要とせず、数百年以上にわたって持続することができたのである。

この何百年、何千年と続いた、同等である／同等でないという区別に基づく文化的不平等の歴史も、一九八〇年代にはその限界に達した。当時、さまざまな政治的秩序、歴史的エピステモロジー、文化的存在論が通用しなくなった。この時代の転回は、何らかの革命や戦争によってではなく、種々の領域における意識の転換によって実現した。それらの領域の効果は、互いにぶつかり合い、強め合った。その媒質となったのは、ある文化革命だった。もっともこの文化革命は、スターリンや毛沢東の場合のように、熱狂的に新たなものを発効させたのではなく、その実質は、自らの歴史とその文化的基礎を自己批判的に徹底解明することにあった。一九八〇年代には、キリスト教の普及、植民地支配の歴史、反ユダヤ主義と人種主義の根底にあった帝国主義が、突如として調査と自己審問の対象になり、西洋文化の基礎が揺さぶられた。これらの思想を要約するならば、否認とは、個人の行為としての差別を意味するのではなく、構造的な現象としての差別を意味する。否認の実践が文化的に裏打ちされ、政治的に固定された状況では、差別は、もはや説明され正当化される必要のない正常な事態になる。なぜなら正義は、無力な者たちの不利となるように、あらかじめ位置がずらされているからだ。それゆえ承認の政治の第一歩は、否認のこの現状を、批判的に主題とすることにある。このことは、パースペクティヴを変えて、歴史を書き直すことと軌を一にする。

これを背景に生じたのが、チャクラバルティが〈歴史の傷〉として説明し、承認の文化政治と結び付けている現象である。この意味での歴史の傷は、植民地支配の権力に屈せざるをえなかった先住民の許に、奴隷制や、スターリンとヒトラーの収容所での強制労働の被害者の許に、人種隔離、アパルトヘイト、厳格なカースト制度の存在する社会にある。長きにわたって除外され、圧迫されてきたマイノリティと、彼らの傷で織り成されたこの歴史では、ホロコーストは絶対的に新しいものとしてではなく、むしろ、否認のこの長い歴史のあらゆる破壊的傾向が、絶対的に凌駕しえないほど増大したものとして姿を現す。

チャクラバルティは彼の論文で〈歴史の傷〉と〈歴史の事実〉を区別している。彼はこの区別で二つの利害集団間の敵意と衝突の要点を言い表した。つまり、一方は本職の歴史家たちの同業組合、他方は、承認を目指す新たなアイデンティティ・ポリティクスを進める集団である。彼が繰り返し述べているように、歴史の傷は、歴史と記憶の混淆物である。それゆえ歴史家たちは歴史の傷に熱心に戦いを挑む。彼らは、歴史の真実を旗印にして、まさにこの〔主観的な記憶の〕要素を取り除くことを目指す。歴史の傷が事実として確かなのかどうかを、歴史家は立証できないことがよくある。なぜなら彼らの研究は、否認の記録をまさに収集も保管もしてこなかった、西洋のアーカイヴに依拠しているからだ。だからといって、歴史の傷の根底には何らかの歴史的真実がある、という可能性が排除されるわけではない。歴史の傷は、歴史的事実とは反対に、一般化を含んでおり、アイデンティティとの感情的なつながりを有しており、ナラティヴの一部をなしており、社会の承認に左右されるという理由からして、経験的に検証可能な事態以上のものである。これらの異なる成分の組み合わせを説明しているのが「歴史と記憶の混淆」という表現だ。人間としての地位を否認されることに起因する歴史の傷は、学問的な究明だけではなく、あとからの政治的・社会的な承認も必要とする。それゆえ歴史の傷は、取り決めに基づく、一種の対話的性格を持っている。承認の対話は、歴史の傷を負わせた者たちの側から始められなければならない。彼らには、何らかの〈悔恨の政治〉の形式で、その歴史の傷に自分たちが関わっていることを認める責務がある。一九九〇年代に矢継ぎ早に続いた一連の公式謝罪は、この意識転換に対する直接の反応であり、新たな承認の政治のパフォーマティヴな表現だった。歴史の傷は、対話的な承認に依存しているため、倫理的・社会的な性格を持つものであり、それゆえ、その地位は歴史的事実に比べてはるかに不確かである。ここで問題となっているのは「不安定な生」を送る文化的編成である。なぜなら、それが道徳的に有効であるためには、何らかのコンセンサスが作り出され、維持されなければならないからだ[49]。

歴史の傷は加害者と被害者の対話による取り決めに基づいている。その取り決めでは、双方の側が歴史の真実と、その歴史のトラウマ的経験を承認する。ホロコーストの歴史の傷に欠かせないさらなる要素は、被害者と生存者の証言に加えて、(出来事に直接)関与していない)第三者としての二次的証人の重要性が増したことだ。この第三者は、この歴史の傷を記憶に保持して忘れないという、道義上の責務を自発的に負う。こうしてホロコーストは、ほかの歴史の傷には当てはまらないような、普遍主義的次元を獲得した。

チャクラバルティは、歴史の傷というコンセプトが、歴史学にとってどうして無理無体な性格のものなのか、詳述している。歴史家にとっては、こうしたコンセプトの記憶という構成要素が厄介になる。なぜなら彼らは、個人的な経験の道を、歴史にいたる正当な通路として認めないからだ。彼らの論拠によれば、個人的な経験の道は、客観性という〔歴史記述に〕求められる態度の信用を落としてしまう。さらに歴史家たちが、現在において過去を武器として政治的に用いることに反対する一方で、歴史的経験を想起する重荷を担う人々は、その逆に、歴史家たちの、過去にいたる狭い通路を批判する。この論争は歴史学それ自体を変えた。実際、私たちは一九九〇年代以降、歴史記述の新たな諸形式に門扉が開かれたのを見ることができる。それらの形式は、歴史と記憶の境界線と同様に、事実と虚構の間に単純に引かれた境界線をすり抜けている。この場合に新しいのは、個人的な経験もまた、歴史の感情的次元やほかの重要な側面を理解する一つの可能性として、承認されるようになったことだ[50]。歴史記述と想起の方法論の違いは、現在と過去の関係の違いにある。本職の〔歴史家の〕同業組合が、現在と過去を厳密に分離することにこだわらなければならない――この差異と距離にこそ客観性という価値のエッセンスはあるのだから――のに対して、想起は過去と現在の溝に橋を架ける。つまり想起は、ある個人や集団が自己理解にまだ使えると、あるいはまだ片が付いていないと見なし、それゆえに感情、要求、あるいは指針になお結び付いている過ぎ去ったものを、現在に取り戻すのだ。〈歴史〉《ゲシヒテ》という抽象的な集合単数名詞は、一八世紀末に歴史学という新しい生業の基礎になったが、この集合単数名詞は今日では、その同質性のいくらかを失った。この普遍概念の中に凍結されて制御されていた複数性は、さまざまな物語《ゲシヒテン》が周縁で剝離することで、再び姿を現しているようだ。さまざまな物語という複数形とともに、これらの物語が、さまざまな集団、さまざまな経験、さまざまなパースペクティヴ、さまざまなアイデンティティと結び付いているという認識も戻ってきた。今日では、ラインハルト・コゼレックが強調したように、どの個人も自分自身の思い出に対する人権を持っているだけではない。個人だけではなく集団も、自分自身の歴史に対する文化的権利を持っている。この歴史はしかし、ほかの人々によっても承認され、ほかの諸々の歴史と結び合わされて初めて重みを持つ。

実際、私たちは植民地支配とトラウマを経た時代に、歴史の自信に満ちた勝者たちの大いなる物語がいかに修正され、西洋の歴史物語の重心がいかにずれたかを体験した。歴史の被害者たちの経験と思い出が、ますます公式の歴史記述と国民的記憶に組み込まれている。こうして社会は、自分自身の下位文化とマイノリティの歴史的経験のための場所を生み出している。それらの経験は、こうして社会的・文化的に承認され、支配的文化の社会の織物に包み込まれる。この新しい〈悔恨の政治〉[51]はまだ全面的には展開していない。しかしながら、この倫理的な転回は、西洋の意識における画期的な分岐点を標している。

マルチディレクショナル・メモリー

被害者概念の消え去らぬ猛威は、世界中で、戦闘的なアイデンティティ・ポリティクスの種々の形式を伴い、ヨーロッパでも対立や衝突をもたらした。対立し合う相容れない思い出が、サブテクストとして政治に付きまとい、諸国民の記憶の衝突(clashes of memories)となって繰り返し噴出する。この問題含みの趨勢は記憶研究でしっかりと記録されている。今日では『記憶の衝突』や『メモリー・ウォーズ』といった類の〔扇情的な〕タイトルの出版物が無数にある。これらの本が、国民の記憶の布陣を、絶えず新たに調べて提示するのに対して、ここでいくらか詳細に紹介するマイケル・ロスバーグの本は、まったく別の方向に進む。彼は、この展開に対する不快感それ自体を自分の研究対象にして、ある分析概念を発展させたが、その概念によって、被害者競争という記憶の罠から抜け出す道を示そうというのだ。ロスバーグのテーゼと調査フィールドは、ホロコーストの想起と植民地主義の想起が両立可能か、という問題に関係している。〔ゆえに〕彼の本のサブタイトルは『脱植民地化の時代におけるホロコーストの想起』という。その研究で浮かび上がってくるのは、植民地主義と奴隷制の想起が、ヨーロッパのさまざまな国で、ヨーロッパの記憶のさらに別の層を明るみに出すということだ。この本の重要な洞察は、また、歴史におけるほかの複合的な暴力にも応用することができる。

ロスバーグの方法の革新的な点は、想起についての学問的言説を、ナショナルな次元からトランスナショナルな次元に移すことにある。彼が記憶研究に導入した〈マルチディレクショナル・メモリー〉という概念を用いれば、被害者競争の根底にある分け隔てる論理を克服し、想起のプロセスでこれまで見落とされていた観点とポテンシャルを意識することができるようになり、実践的な想起の作業にも肯定的な効果が生まれるというのである。

すでに悔恨の政治の文脈で、想起の一種のグローバル化について話題にした。国民的な記憶の構築物は、幾人かの国家元首がグローバルなメディアの舞台で、自国の歴史においてなされた人権侵害について罪を告白するのに応じて、その自己中心性を失った。しかし同時に、想起のグローバル化は比較も促し、〈被害者〉競争を助長した。自己提示の新たな可能性は、国家のインフラと強力なロビーを持たない集団にも、資源と名望をめぐる世界的な争いの中で、承認を求める彼らの訴えを認めさせることを可能にした。ロスバーグは彼の本で、チャールズ・メイヤーと同じ問いから出発するが、まったく異なる結論にいたる。彼はその際に文芸批評家ウォルター・ベン・マイケルズの問いを引用している。「どうしてこの国では、国家の助成するホロコースト・ミュージアムが、ワシントンのモールにあるのだろうか」。マイケルズはこれに関連してある黒人活動家の意見を引用する。「黒人のホロコーストはユダヤ人のホロコーストより百倍もひどかった。君たちは六〇〇万人を亡くしたと言う。私たちは六億人を亡くしたんだ！[52]」トニ・モリスンは彼女の小説『ビラヴド』(一九八七年)――彼女はこの小説で一九九三年にノーベル賞を授与された――を「六〇〇〇万以上の人々」に捧げた。オプラ・ウィンフリーは、同小説の映画化で主人公を演じたが、この小説について次のように述べた。「これは私のシンドラーのリストよ！[53]」

ロスバーグはこのような記憶の衝突をきっかけにして、ここで交わされている承認を求める戦いと、それに結び付いた排除の論理をより詳しく調べる。彼自身は次のように問う。どうすれば想起の対立から、想起の並立にたどり着くことができるのか。その答えは、被害者の思い出を結び合わせるというものだ。彼はこれを、現在行なわれている相互の否認と排除に対する治療薬として、議論の俎上にのせる。私は本書で繰り返し、ホロコーストの想起の六〇年にわたるクレッシェンドと、制度的・政治的に確立された、トランスナショナルな想起の枠組みの成立について述べてきた。ロスバーグに言わせると、グローバル化した世界における、ホロコーストの想起のこのヘゲモニーは、決してマイケルズの議論が暗示しているような、別の歴史的トラウマの排除、ましてや抹消と理解されてはならない。ロスバーグはそのような想定の前提を批判する。彼によれば、想起の構築物を作るときに問題となっているのは、一方が勝って他方が負けるような、ゼロサム・ゲームではない。それは誤った展開であり、想起の性質自体には決してそのような萌芽はない。想起はつねに外部からの要素にも頼らざるをえない。国民的記憶では、〔スペースが足りないという〕閉所恐怖症的な偏狭さは、外部との境界を閉ざすことで初めて生じる。それゆえ、想起、記憶、暴力の悪循環を断ち切り、新たな構想を練らなければならない。

ロスバーグの新構想は想起研究の出発点そのものから始める。つまり想起とアイデンティティの関係だ。彼の見るところ、ここには自然に生じた直系の結び付きもなければ、明確な所有関係もない。そうではなく、境界の開かれた、開放的な交渉空間におけるナラティヴと表象がある。ロスバーグのテーゼによれば、ホロコーストの想起は、ほかの諸々の想起を排除し抹消したのではなく、その反対に、言葉と新たな社会的空間をそれらに与えた。ホロコーストの想起は実際に特異であり突出している。しかし、まさにそれゆえに、ほかの歴史的トラウマの範例やモデルになった。それらのトラウマは、この〔ホロコーストの〕想起を規準にして、自分たちに形を与え、政治的要求を行なった。ロスバーグによれば、ホロコーストの想起はしたがって、可能性を与えるように作用したのであり、阻害するように作用したのではなかった。なぜならこの想起は——これが決定的なことなのだが——連想的に、そして論証的に、繰り返しほかの想起と結び合わされることができたからだ。

ロスバーグの方法上の革新は一つの単純な原理に基づいている。彼は、ほかの人々がもっぱら差異を見たところに、類似を見るのだ。アイデンティティへの意志は、事実また、一線を画すことへの意志でもある。このことは必然的に衝突をもたらす。それに対して、類似点を発見することは別の方向を指し示す。この方向は逆に、共感と連帯のパースペクティヴを開く。そうして、以前は一義性が支配していたところに、両義性が生じる。というのも、ホロコーストが特異であるというテーゼは、この見方をすると、ほかのトラウマ的な暴力の思い出への架け橋でもあることがわかるからだ。それら暴力の思い出は、このつながりによって初めて、正しい姿を取り戻し、真価を認められたのである。「思い出の厄介な競り合いは、連帯と正義の新しいヴィジョンがそこから生まれなければならない大釜でもある[54]」。これが、さまざまな想起の接続可能性というコンセプトの基本理念だ。したがって、〈ブラック・ホロコースト〉というメタファーを用いた語りは、必ずしも被害者競争だけを意味するわけではない。この語りは被害者の連帯にも通じうる。そのように〔ホロコーストに〕結び付けることには、自分のトラウマ的な歴史を無関心の陰から取り戻して、評価を高めるという目的がある。そのような結合を表す〔いやな〕ドイツ語が〈ホロコースト化 Holocaustisierung〉である[55]。これで明らかになるのは、この歴史的出来事が一回限りのものだという主張が、逆説的にも、対比、メタファー、アナロジーを生み出すことになったということだ。しかし、そのような対比によって必ずしも衝突が生まれるわけではなく、まずはさまざまな歴史的出来事が結び合わされ、そうして場合によっては「連帯の複雑な行為」が生まれる。「その行為の中で、歴史を想起することは、新しい社会的・政治的アイデンティティが生まれる媒質になる。（……）〈マルチディレクショナル・メモリー〉というモデルは、文化的アイデンティティの排他的形式に対しては安全距離を保ち、いかに想起が異なる空間、時代、文化の場所を横断し、それらを結び合わせることができるかを示す[56]」。

第七章　トラウマ的な過去と付き合うための四つのモデル

想起するか、忘れるか

〈想起の文化〉という概念が定着してからというもの、私たちはたいていまったく当然のごとく、想起することは一つの義務であり、したがって重要な社会的・文化的資源だということを前提にしている。このコンセンサスに対してヤン・フィリップ・レームツマは異を唱えた。彼は、想起するのは自ずから良いことである、という想定に抗議している。「想起する、という語には命令するような意味合いがある〔原語 erinnern は人を目的語にとって「思い出させる」を意味する〕ことを、想い起こさなければいけない。けれども、想起することのどんな点が肯定的だというのだろうか。想起することも忘れることも人間の特性であって、それは良くも悪くもなく、両者とも生を克服するためには欠かせない。(……)想起は忘却を前提とする。想起することそれ自体を何か良いものと考えるのはナンセンスだ」[1]。

この点でレームツマは無条件に正しい。事実、想起することが憎しみを煽り、頑なにし、あるいは抑鬱にいたることもあるのを示す例には事欠かない。それゆえ肝要なのはつねに、想起する内容と枠組みをなす条件であって、それを踏まえて初めて、想起することに何か肯定的な面があるかどうかを決めることができるのだ。

想起するか、忘れるか。イスラエルの哲学者アヴィシャイ・マルガリートが、その著書『記憶の倫理』でこの問題について考えたとき、この二つの立場は両親の姿をとって現れた。

母はよく言った。

「ユダヤ人は根絶されて戻ってきません。まだ生存しているのは、大いなるユダヤ民族（彼女はヨーロッパのユダヤ人のことを言っていた）の惨めな残りです。ユダヤ人に残されている唯一の名誉ある役目は、想起の共同体を形作り、自らを〈魂の蠟燭〉にすることです。死者を記念して儀礼で灯される蠟燭のように」。

父はよく言った。

「私たち、生き残ったユダヤ人は、人間であって蠟燭ではない。死者の思い出の担い手としてのみ生き続けるというのは、人間にとって恐ろしい定めだ。アルメニア人はこれを選択し、そうして大失敗した。私たちはそのような失敗はなんとしても避けなければならない。集団墓地に支配される共同体よりも、主として未来のことを考えて現在に反応する共同体を築いたほうがましだ(2)」。

イスラエルでは、この二つの立場は互いに排除し合ったのではなく、時間的に相前後した。一九四五年以後、一般に実行されたのは、まず父の立場だった。イスラエルでは当時、新たな国家を建設するという国民的プロジェクトが問題となっていた。それは、生き残った人々にとっては新たな出発であり、また、後続世代のために未来を開くことを意味した。この課題のために必要とされたのは、英雄たちと、強固な政治的信念をもった力強い人々だった。この状況下では、ホロコーストの打ちひしがれた生存者など気にしていられなかった。彼らの声と証言はそれゆえ、初めのうちはイスラエルの社会に占めるべき場所を持たなかった。もっとも二〇年後、そして四〇年後にはさらに、母の立場がますますはっきりと地歩を占めていった。イェルサレムのアイヒマン裁判で、ホロコーストの生存者たちは初めて、公の場で自分たちの苦しみについて語る機会を得た。そうして彼らは、通常の法廷証人の役割をはるかに超えて、当時まだ書かれていなかった歴史の証人になった。生き残った人々はそれ以来、かくも長い間遠ざけてきた自分たちの過去に、再び、そしてよりしっかりと目を向けるようになった。人種差別を動機とするジェノサイドの暴力の被害者が注目と同情を集めた。六日戦争〔第三次中東戦争〕（一九六七年）とヨム＝キプル戦争〔第四次中東戦争〕（一九七三年）のあと、母の選択肢が勝った。そしてイスラエルの社会は儀礼的な想起の共同体にますます変わっていった。

マルガリートはここで、過去の重荷という問題に対する二つの解決策を、範列的に対置している。すなわち、想起するか忘れるか、過去の保持か未来志向か、である[3]。しかしながらこの二つの解決策は、この複雑な問題をきめ細かに議論するには、もはや十分ではない。今日、二〇世紀後半を振り返ると、トラウマ的な過去と付き合う形式が、何度も変わったことに気づく。それぞれ異なる時期に応じて、想起の政治に置かれた重点は非常に異なっていた。以下では、そのような段階のうち次の四つを区別して、その時々の規範と目標設定を再構成しよう。

一、対話的に忘れること
二、決して忘れないために想起すること
三、克服するために想起すること
四、対話的に想起すること

対話的に忘れること

〈想起するか、忘れるか〉という問いは、古代史家クリスティアン・マイアーも、『忘却の命令と想起の不可避性』について書いた本で立てている。その中で彼は、想起することではなく忘れることを、文化の成果と見なすことに賛意を表している。もっとも彼は、アウシュヴィッツはこの規則から除外されねばならないとはっきり付言しているが。(4)忘却がもたらす恩恵というマイアーのテーゼは、そうこうするうちに、ドイツの想起の文化をめぐるどの議論でも確固としたトポスになった。しかしながらその際に、著者がすでにその本のタイトルで告げている〔想起の不可避性という〕限定が顧慮されることはない。マイアーの本はたいてい、歴史研究書として読まれるよりは、ドイツの想起の文化に対する歓迎すべき、学問的なお墨付きをもらった、定番の反駁書として推奨される。

この本は詳しくは何を扱っているのだろうか。マイアーは内戦状況を出発点にする。彼の基本テーゼは以下のとおりだ。想起するということは、きまって、暴力行為が繰り返されるのを阻止する一つの手段として説明される。実際にはしかし、当事者の脳裏に破壊のエネルギーを維持するのは、ほかならぬ想起なのだ。この前提から必然的に次の結論が生まれる。想起することが憎しみと復讐心に薪をくべ続けるとすれば、忘れることは、紛争の当事者を静めて、再統合という、生き残るためにかくも重要な段階を導入することができる。もちろん国家は、個々の市民の私的な思い出に影響力を及ぼすことはできない。しかし国家は、公の言説で古傷に触れ、昔の苦痛と憎悪を更新して、新たな怨恨と敵意に息を吹き込むことなら、処罰で禁止することが十分できる。この鎮静の実践は、ペロポネソス戦争後〔の前四〇三年〕に〔当時内戦状態にあった〕アテナイで定められ、成功を収めた。(5)そこではこの忘却の規範を表すのに新しい語まで作られた。その語 Mnesikakein は、文字通りには〈悪いことを思い出す〉という意味で、アテナイの法律用語の枠内では、〈伝達の禁止としての想起の禁止〉に、したがって、公益の名の下になされる一種の公的検閲の行為に相当した。このギリシア語は何かまったく特殊な事柄を意味している。つまり、ほかの人々が自分に対して働いた不正や自分に加えた危害を、これからはもう公に話題にしてはならない、ということだ。この新しい法はこうして、自らを被害者にし、己の被害者としての身分を感情的に養い育てることを予防する。そこから復讐心が生まれ、暴力の応酬が更新されるかもしれないからだ。

この古い政治的な知恵は、マイアーが説得力をもって示すことができるように、ヨーロッパの歴史では何度も用いられてきた。ここでシェイクスピアも例として挙げることができるだろう。彼はその史劇の一つで、一種の〈終止符政治〉の諸原則を、簡潔に四つの命令法にまとめている。「忘れ、赦し、終わりにして仲良くしろ」(6)。マイアーは三十年戦争後の和平の実践も指摘している。一六四八年のミュンスター＝オスナブリュックの講和条約では、決定的な文句は次のように述べていた。「永遠の忘却と赦し《ペルペトゥア・オブリヴィオ・エト・アムネスティア》」。つまり、「忘れて赦す」という標語は、歴史を顧みると内戦のあとで何度も、速やかな政治的・社会的再統合を促してきたのだ。大量の恩赦によってかつての敵対陣営の間にあった紛争の種が消されたことで。

マイアーの挙げる有無を言わせない例が第一次世界大戦だ。この戦争をドイツ人は〈ヨーロッパの隣人たちとは異なり〉あまりにもしっかりと記憶に留めた。組織的に煽られた怨恨によって、不正を被っているという意識が築き上げられ、それが敵意を活発にして、ドイツ人をまっすぐ第二次世界大戦に駆り立てた。マイアーによれば、第二次世界大戦後はその反対に、忘却という救いをもたらす治療法が、新たなヨーロッパの基礎を据えた。ギリシア、ローマ、ヨーロッパの歴史から拾ってきた例で、マイアーは自分のテーゼを裏付ける。つまり、政治的共同体は、過剰な暴力と内戦のあとでは、まさに想起することによってではなく、忘却という治療薬によってのみ修復され、紛争の当事者は再び和解させられうる、というテーゼだ。

事実、マイアーが繰り返し指摘する忘却という治療薬は、第二次世界大戦のあとも再度投入された。西ドイツの社会を再建し、ヨーロッパの平和を固めることがその目的だった。ニュルンベルク裁判で主要なナチ犯罪人が刑事訴追された短い時期が過ぎると、ナチの幹部と同調者の大部分は復位・復権した。専門的な職能を備えたエリート層の「褐色の」連続性を、連合国は、西ドイツ社会が冷戦の勢力ブロックの枠内で速やかに復興するのを後押しするためには、やむをえないことと考えた。集団で黙殺することは、戦後、一つの国際的実践としても通用した。例えば、ド・ゴールとアデナウアーは観兵式にともに臨席し、一九六二年にランスの大聖堂で荘厳ミサをともに挙行した。彼らはこれによって、国の境を越えて、軍事的ならびに宗教的な枠内で赦しと和解の合図を送った。その歴史的舞台として、きわめて象徴的な場所が選ばれていた。ここ北フランスの都市ランスでは、一九四五年五月七日にドイツの降伏が調印され、ここにアイゼンハワー元帥は司令部を置いていたのだ。この宗教的な浄化の儀礼には重要な政治的意味があった。つまり、〈対話的に忘れること〉で、西ドイツを西ヨーロッパの同盟に再び受け入れることが急がれたのだ。この枠組みをなす条件の下、一九五〇年代と一九六〇年代には、トラウマ的な罪深い過去の重荷は、まず忘却によって厄介払いされ、もしくは麻痺させられた。

集団で黙殺するという国際的な実践を、政治学者のトニー・ジャットが、より詳しく分析している。冷戦の間、ヨーロッパの諸国民の記憶は、鉄のカーテンの両側の新たな西欧同盟と東欧同盟をそれぞれ支えるために、凍結された。「戦争の全責任、その危害と犯罪の責任がドイツ人に割り当てられた」一方で、例えば戦中と戦後に他国によって犯された罪は、「しかるべく忘れられた」[7]。快く忘れるという態度は、西側と東側で、冷戦が終わるまで続いた。しかしながら決定的なのは、この沈黙がもはや、自分自身に加えられた苦しみだけを対象にしていたのではなく、とりわけ、自分たちがほかの人々に加えた苦しみも対象にしていたことだ。ヨーロッパの再＝統合は、それゆえ、ユダヤ人被害者をいわば〈忘れること〉を共通の土台にして成し遂げられた。

ウィンストン・チャーチルが、とりわけはっきりと、忘却する用意のあることを、一九四六年九月にチューリヒで行なった演説で表明した。その演説は、人々が当時、ヨーロッパを新たに築かれるべき家族と見るパースペクティヴから、第二次世界大戦を諸国民の内戦として振り返ったことを示している。人々はその内戦をもう一度、忘却という定評ある手段で克服しようと望んだ。チャーチルは、ドイツ人の、そして枢軸国に協力した人々の過去を、これ以上咎めないことに賛意を表した。責任を負うべき者たちがニュルンベルクで有罪判決を下された今、彼は「決算の終了」を求めて、次のように宣言した。

私たちは皆、過去の惨禍に背を向けなければなりません。私たちは未来を見つめなければなりません。私たちは来たるべき年月に、過去の傷から生まれた憎しみと復讐心を引きずっていくことなどできません。ヨーロッパを際限ない不幸と最終的な破滅から救おうというのなら、私たちは、ヨーロッパが家族だということを信じる行為に、そして、過去に犯されたすべての罪と過ちを忘れるという行為に、その土台を求めなければなりません。(8)

一九五〇年代と一九六〇年代初めの社会の特色をなしているのは、当時は〈過去の克服 Vergangenheitsbewältigung〉〔人口に膾炙したこの語は、名詞 Vergangenheit（過去）と名詞 Bewältigung（克服）の合成語で、後者には負債などの「清算」「帳消し」の意味もある〕と呼ばれ、今日では一種の終止符政治と呼ばれているものだ。ドイツ人の視点からすると、過去とは一九五〇年代と一九六〇年代には、補償〔原語の Wiedergutmachung には「埋め合わせ」や「罪滅ぼし」の意味もある〕、イスラエルとの外交関係、償いの印(1)活動やその他の活動のような、さまざまな措置によって処理することができる罪と同義だった。それらを通じてその罪を片付ける、あるいは少なくとも背後にやることが望まれ、期待された。ヘルマン・リュッベが何度も強調しているように、忘れるということは当時、私たちが今日そうするのとは異なり、自動的に〈抑圧すること〉と同一視されたのではなかった。そうではなく――当時支配的だった進歩思考と近代化思考の枠内で――〈更新〉と、そして未来のための開放と同一視された。未来に人々が期待したのは肯定的な変化と更新だった。これが、近代化理論が中心に据えた価値の前提だった。この理論は一九四五年以後、西側と東側で、拘束力のある価値指針としてヨーロッパのあらゆる国に共有された。(9)

未来に対する熱烈な、薄れることのない信仰告白は、さらに一九六六年五月のあるエピソードを例に、説明することができる。〔前〕連邦首相コンラート・アデナウアーは当時、イスラエルを訪問していた。その途中、彼はイスラエルの首相レヴィ・エシュコルに、テル・アヴィヴで迎えられた。エシュコルはその機会に「イスラエルの民のしぶとい記憶力」を強調した。エシュコルによれば、これは長い迫害がもたらした結果だ。彼の民族は、その敵も友も等しく忘れない。この訪問客は後者に属している。とりわけ一九五二年の「〔西ドイツ＝イスラエル間の〕補償協定の建築家」として見せた働きゆえに。老首相はそれに応えて曰く、自分は「ユダヤ人が国民社会主義者から受けたひどい迫害のことはよく知っている」、自分自身が恐怖政治の間、多くの苦難に耐えなければならなかったのでなおさらだ〈ドイツ人の多くには知られていないのだが、事実アデナウアー自身、妻と一緒に、ナチ政権に政治犯として〈保護検束〉された――これはゲシュタポの拷問監禁を表す恐ろしい婉曲語法だ。彼の妻はこの拘禁の後遺症で死んだ〉、それゆえ自分は首相在任中、特別な責任感をもって、「ユダヤ民族、そしてフランスの隣人との和解」に努めてきたと。

ここまではそれでよい。しかしその日の晩、首相官邸で思いがけない騒動があった。ホストがディナー・スピーチで次のように述べた。「イスラエルの民は、ドイツ国民が過去の恐ろしい重荷を認識していることを証す、新たな印を待っています。補償は、血にまみれた強奪の単なる象徴的返済にすぎません。残虐行為の贖いはなく、私たちの悲痛を慰めるものはありません」。これを聞いたとき、九〇歳のアデナウアーは仰天した。エシュコルの攻撃を彼はドイツに対する侮辱と解釈し、それに応じて「この残虐の時代をなかったことにすることはできないが、しかし克服する」よう訴えた。「私たちはこの時代をいまや過去に委ねるべきです。それを受け入れるのが、ユダヤ民族にとってどれほど困難なことかはわかります。けれども、善意が認められなければ、そこから何も良いものは生まれません(10)」。

決して忘れないために想起すること

もっとも、同じ時期に別の声もあった。ある新たな想起の文化の重要な先駆的思想家として、ここでハンナ・アーレントに語ってもらおう。チャーチルやそのほかの人々が、未来を志向する新たな忘却の政治に同意したのに対して、ハンナ・アーレントは、新しい倫理的な想起の文化の構想を、改めて公式化した。忘却に賛意を表したウィンストン・チャーチルのチューリヒ演説の五年後に、ハンナ・アーレントは『全体主義の起原』についての本を刊行した。その英語版の序文で、彼女は、忘却に反対する言葉を書き綴っている。それらの言葉は、道標となるモットーとして、この新たな想起の文化の上に掲げることができる。彼女はその序文で四つの命題を立てているが、それらは合わさって、この新たな想起の文化の枠組みをなしている。

一、アーレントは、第二次世界大戦の恐怖を目の当たりにして、まずもって、一つの根本的な境目があることに気づいた。彼女はその境目を、そこで『あらゆる希望が死んだ』歴史の底点と規定した。終止符のレトリックと、新たな未来への希望に満ちた出発とはまったく反対に、アーレントは次のように説く。「あらゆる文明の基本構造は崩壊した」のであり、それゆえ、もはやいかなる未来の約束も、そう簡単にはこの境目を越えるのを助けてはくれない。(11)

二、アーレントは、全体主義の最終段階をもって、「ある絶対的な悪」が姿を現したことに気づいた。彼女はここで〈絶対的〉という言い方をしているが、それはこの出来事が「理解可能な人間的動機のカテゴリーではもはや説明できない」からだ。(12)この極限の暴力に襲われた人々にとって、この否定的啓示は、ある新たな時代の始まりを画している。つまり人々は、「悪の真に根本的な性質」を知ってしまった時代に到達したのだ。ユダヤ系アメリカ人の歴史家ヨセフ・H・イェルシャルミやそのほかの人々は、アーレントに続いて、この出来事の形而上的性質について書いている。この出来事とともに人類は再び認識の木の実を食べた。今回はしかし苦い灰の味がした。[13] それが〈ホロコースト〉と名づけられ、また歴史家論争でその位置づけが評価されるずっと前に、アーレントはこう解釈して、ヨーロッパのユダヤ人の殺害を偶然的な歴史の脈絡から解き放し、一つの普遍的な人類史の次元にまで高めた。

三、アーレントによれば、この否定的啓示は、行動の次元での応答を求める。この応答は、彼女にとっては、人間の尊厳を政治的、法的、普遍的な次元で守ることにある。「人間の尊厳は今後、新たな保障を必要とする。その保障は新しい政治的原理に、この地上で新たに創造されるべき法にあらねばならない。その効力は、この場合、全人類を包括しなければならない。その際、権能を付与された権力は、明確に限定されたままでなければならない。その権力は新たに定義されるべき領域単位につなぎ止められ、それらの単位によって制御されねばならない」[14]。

四、この人権政策の新しい形式のほかに、アーレントは、この新たな超越的経験に対するさらなる応答を求めて、倫理に基づく想起という彼女の構想を展開した。

過去の良いものだけを選び出して、自分たちの遺産として受け取り、その一方で、悪いものは単純に無視して、時間が自ずとあまねき忘却に沈めてくれるであろう、死せる重りと見なす。私たちにはもはやこんなまねはできない。西洋の歴史の暗流はついに地表に現れ、私たちの伝統の威厳を奪い去った。これが、私たちがその中で生きている現実だ。それゆえ、苦い現在を逃れて何らかのまだ損なわれざる過去のノスタルジーに駆け込もうとあがいても、あるいは、より良い未来をあてにして忘却に飛び込もうと骨折っても、すべて無駄だ。[15]

アーレントの四つの論点、
——文明の崩壊という境目

――絶対的な悪の否定的啓示
――新たな人権政策の必要性
――倫理的な想起の構想

は、〔今日の〕新しい想起の文化の精神的基盤をなしている。しかしながら、この想起の文化は、これらの文章が書かれた一九五一年ではなく、三〇年から四〇年を経て、一九八〇年代と一九九〇年代になって築かれた。というのも、価値と時間の暗黙の指向がずれて、進歩の物語が色あせ、これが実際に「私たちがその中で生きている現実だ」と一般に考えられるようになるまでに、かくも長い時間を要したからだ。暴力の世紀のトラウマ的な過去は、もはや自ずと消え去ることはなく、その反対に、振り返ってもっとよく注視するよう求めるだろう。この炯眼のカッサンドラ〔ギリシア神話に登場するトロイアの王女で、トロイアの滅亡を予言するが誰からも信じられなかった〕はそう予言した。「私たちは過去に立ち向かい、この世紀が私たちに課した重しを担わなければならない[16]」。これが意味しているのは、過去はそうこうするうちに、もはや「死せる重り」としてのみ理解することはできなくなり、死者の重み、そして彼らに対して犯された不正の重みとしても理解されねばならないということだ。その重みは現在に対していまだ要求を突きつけている。

〈過去の克服〔清算、帳消し〕〉や〈補償〔埋め合わせ、罪滅ぼし〕〉のような、忘却の政治の主導概念は、連邦共和国では一九六〇年代以降、ますます批判と抵抗を受けるようになった。一九六〇年代の半ばには、療法学の言説〔アレクサンダー・ミッチャーリヒ、およびジークムント・フロイト研究所の設立〕、フランクフルト学派の批判理論の言説〔テオドーア・W・アドルノ、マックス・ホルクハイマー、ならびにズーアカンプ社のヴァルター・ベンヤミン著作集の刊行〕、そして司法の言説〔フランクフルトのアウシュヴィッツ裁判を指揮した検事長フリッツ・バウアー〕の新たな時代が始まった。その際に決定的だったのは、立ち位置が根本的に取り替えられたことだ。ここではもはや、〔ドイツ人の〕多数派社会の中で犯罪人の面目を保つために発言がなされたのではなく、ユダヤ人被害者の立場でなされた。彼らはそれまで過去についての支配的なナラティヴから大幅に抜け落ちていた。この視点を、戦後派の六八年世代が、これらの展開に引き続いて我がものとし、戦争世代である彼らの両親と国家に対して差し向けた。その際、想起することと忘れることがそれぞれ帯びていたコノテーションは、文化のパラダイムが古いものから新しいものに移る過程で、その意義と価値を相互に交換した。ヨーロッパの文化が近代化に沿って調整されていたとき、忘れることは、更新と統合の戦略として、肯定的な意味を含んでいた。それに対して、この語はいまや否定的に評価され、否認と抑圧に結び付けられた。その反対に、想起することは、以前は否定的に評価され、後ろ向きの執着、憎しみ、復讐心、怨恨、分裂と結び付けられていたが、いまや価値を高め、療法上および倫理上の義務にまでなった。

一九八五年はドイツの想起の文化の、鍵となる転換の年になった。幕を開いたのは、ヘルムート・コールとロナルド・レーガンが、終戦記念式典の一環として、一九八五年五月五日にビットブルクの戦没兵士墓地を一緒に訪問したことだった。そこには親衛隊員の墓もあった。この〔加害者も〕被害者の仲間にひっくるめる政治は、ホロコーストの被害者に対する一種の忘却の儀礼と受け止められ、国際的なスキャンダルにまで発展した。[17] リヒャルト・フォン・ヴァイツゼッカーの終戦四〇周年記念日の演説、ベルリンにある、後に〈テロルのトポグラフィー〉〔本書第三章訳注〔3〕参照〕となった敷地の無許可発掘、そして歴史家論争が、一九八〇年代のさらなる出来事だ。これらの出来事とともに、西ドイツでは文化と政治の領域で、枠組みをなす条件が、忘れることから想起することに切り替えられた。〈想起の文化〉という語が、〈終止符〉〈過去の克服〉〈補償〉のような、一九五〇年代と一九六〇年代の連邦共和国で、〔自分自身を赦して〕忘れるという政治に付き添ってきた、かつての主導概念に取って代わった。[18]

この新しい想起の文化の核心がホロコーストだった。一九三九年から一九四五年の〈圧縮された時代〉に畳み込まれたこの出来事は、終戦から四〇年を経てようやく、社会的、国民的、そして超国民的に、一般の意識にのぼった。ドイツ人がユダヤ人に対して犯した巨大な罪が、裁判審理の対象に、そして歴史学とメディアの研究対象になったあと、この犯罪は今日ではますます、政治的および社会的な想起の対象にもなってきた。加害者の子孫であるドイツ人と、生存者や被害者の子孫であるユダヤ人との間で結ばれた、一種の倫理的な想起の協定を土台にして、ホロコーストの記憶を確かなものにすることは、ユダヤ人殺害という、その規模と実行方法の点で絶対的に先例のない犯罪に対する、歴史的に新しい種類の応答だった。

忘れるということは、特定の状況では、過去の重荷に対する治療薬である。しかしそれは間違いなく万能薬ではない。忘れることが真価を発揮するのは、とりわけ、対称的に暴力が行使されたあとか、あるいは、新たな同盟関係が築かれねばならない特別な政治的状況下だ。しかし、極度の暴力が振るわれた非対称的な関係が問題となっているときには、忘れることは失敗する。ホロコーストの場合、生存者や被害者の子孫と新たな関係を取り結ぶことは、何らかの終止符を経由してではなく、その反対に、ともに想起する心構えを経由してのみ、達成できるということがわかった。被害者がその思い出を抱えたまま見捨てられるのではなく、彼らの視点が加害者の子孫によって、〈想起を通じた連帯〉（ヨハン・バプティスト・メッツ）の中で共有されることで、歴史のトラウマは、共通の未来を築くための基礎に、あるいはより正確に言えば、基礎を据えることになりうる。この想起は、被害者にとっても加害者にとっても、彼らの集合的な自己像の不可欠の部分になっているので、ホロコーストはその点で、一種の規範的な過去の性格を帯びた。過去の保持のこの形式は、未来永劫続くことを目指す、ある倫理的な想起の協定に基づいている。すなわち、忘れないために想起することだ。

克服するために想起すること

私たちはこの数十年の間に、奴隷制、植民地主義、独裁制、内戦といったほかのトラウマ的な過去に直面した際にも、いかに文化の枠組みをなす条件が、忘れることから想起することに切り替えられていったかを体験した。しかしながら、ここでもう一度、想起の二つの形式を区別しなければならない。その二つの形式とは、すでに本書で、ドイツの二つの独裁制に関連して、一方は〈過去の保持〉として、他方は〈過去の克服〉として導入したものだ〔本書一二一頁以下参照〕。過去の保持が表しているのは、その核心において倫理的に根拠づけられた想起の文化である。この想起の文化は、トラウマ的な過去を不変の規範的審級にまで高める。現在の行為はその審級に準拠して当否をはかられねばならず、それゆえ、この想起の文化は、忘却を後々まで阻止しようとする。過去の克服――ここで私はこの概念を、以前の否定的な連想から解き放し、中立的な用語として再投入している――は、〔暴力の歴史によって傷ついた〕社会を治療することを意図した想起の形式である。この想起の形式は、和解と、社会および国民の統合を目指している。この場合、想起することは、絶対的な規範にまで高められるのではなく、その目的のための手段として用いられる。想起することは、この脈絡では、移行期の危機的な状況下でなされる重要なパフォーマティヴな実践であり、トラウマを癒やし、罪を浄化し、人々をまとめるという働きが期待されている。

文化はなべて、そのような〈一時的に想起すること〉の例に富んでいる。例えば、キリスト教の告解では、忘れるために想起される。つまり、罪は列挙され、言葉にされて初めて、司祭の赦罪によって消される。似たようなことが、カタルシスという芸術のプロセスにも当てはまる。つまり、劇場の舞台でつらい出来事を再び演出することで、過去の重荷をもう一度体験し、克服することができるのだ。そのような出来事を事後的に体験する集団は、アリストテレスの理論によれば、この経験の中から、ともに浄化され、強められて出てくる。想起することを通じて忘れることは、結局のところ、フロイトの精神分析の目標でもある。これは重荷となる過去をもう一度意識に引き上げて、それからより安全にあとにすることができるようにする。忘却の薬と同じように癒やしをもたらす働きを、想起は、新しい公的・政治的な手続きの中で獲得している。つまり、つらい真実はもう一度明るみに出して公にされねばならず、被害者はその苦しみを語ることが許されねばならず、その苦しみは共感をもって傾聴され、承認されねばならない。そうして、その苦しみを社会的あるいは政治的な記憶から取り除こうというのだ。この手続きに従って〈真実和解委員会〉の公聴会は組織されている。それらの公聴会は、南アフリカのアパルトヘイト統治が終わった（一九九〇年）以後、ツツ主教とアレックス・ボレインの庇護の下、法廷とカタルシス劇とキリスト教の告解式が入り混じったものになった。

現在、世界中で三〇以上の真実委員会が活動している。しかしその手続きの規則は、状況に応じて、いつも新たに案出されねばならない。政治体制の転換という、この移行のプロセスでは、正義《ジャスティス》の部分は決して手つかずのまま放っておかれるわけではないが、真実《トゥルース》の部分に新しい革命的な意義が与えられる。覆ってそっとしておくのではなく、社会的な空間で話題にし、告白し、公に知っておくことが、想起の政治のこの形式を特徴づける。この形式は、和解と統合を目指しているので、〈過去の克服〉のまったく新しい形式と見なすことができる。その使命は、独裁制やその他の人権を侵害する政体を、民主制に変える手助けをすることにある。[19] 真実はどの戦争でも最初にその犠牲になると言われる。そしてこのことは、奴隷制、植民地主義、ジェノサイド、あるいはスターリニズムの恐怖政治のような人道に対する罪で振るわれる、非対称的な暴力にはなおのこと当てはまる。このとき、歴史的真実は多くの場合、辱め、搾取、殺戮、組織的な絶滅から数年後、数十年後、そして一部は数百年後に、およそまだ回復可能なものがあるとすれば、その唯一のものである。有罪判決、処罰、原状回復といった法的手段は、時間の隔たりゆえにもはや実施できないことがよくあるが、これらの法的手段とならんで、この場合にはまさに、公の場での罪の告白や悔恨の表明といった象徴的手段が、特別な重要性を獲得する。トラウマによって引き裂かれた社会では、法治国家体制と統合にいたる道は、今日では一般に、大量犯罪を振り返って再検討するという形をとった想起の、狭い針穴を抜けなければならない。悔恨を示し、被害者の抱える思い出に社会が共感をもって参与するという政治的儀礼を通じて、トラウマの威力を弱め、罪の重荷を取り払おうというわけだ。それから初めて再出発が可能になる。トラウマ的な歴史が過去になっているという条件の下で。

真実委員会のモデルは南アメリカで案出された。そこではチリ、ウルグアイ、アルゼンチンのような国々が、一九八〇年代と一九九〇年代に、軍事独裁制から民主制に変わった。これらの独裁制の被害者たちは、そのために人権パラダイムを賦活し、この価値観を土台にして、〈人権侵害〉や〈国家テロル〉といった新しい政治的概念を作った。これに依拠して諸々の調査委員会が設立され、そこから後に真実委員会が生まれた。これらの委員会が頼りにしたのは、歴史的真実が有する、自己の意味づけを変化させていく力であり、したがって、活発な想起の作業の重要性だった。〈繰り返さないために想起すること〉(nunca más)が、広く政治的・文化的な掟になった。人権のパラダイムのおかげで、新しくて影響力のある、被害者の言説が創造され、階級闘争、国民革命、政治的敵対関係という伝統的な政治的ナラティヴに取って代わった。いまや諸価値の中心にあったのは、個人の身体的・社会的な不可侵性という意味での、人間の尊厳という普遍的な価値だった。これらの普遍主義的な価値とともに、ある新しい政治的アジェンダが生まれた。そのアジェンダの中で初めて、国家暴力の他の形式も、批判することができるようになった。例えば人種差別や性差別、そして先住民の圧迫である。この価値の変遷は、「人道に対する罪」をグローバルな法意識に持ち込むのに重要な、象徴的資源になった。一九世紀には奴隷制を撤廃するためにトランスナショナルな運動が展開されたが、二〇世紀末と二一世紀初頭においてそれに相当するのが、暴力の被害者を世界的に擁護することである。もっとも、この場合の重要な違いは、いまや被害者が自分自身のために語り、グローバル化した世界の中で承認され、想起される権利を求めていることだ。彼らの声が広まり、彼らが公の場で目に見え、耳に聞こえるようになったことで、新たな世界のエートスが創造された。このエートスは国民国家の権威者に対して、忘却と排除の抑圧的な政治を続けていくことを、少なくとも前よりは困難にしている。

新しい想起の文化の基礎として人権の言説がグローバルに拡大していることを、上述の公的な悔恨の表明も、示唆している〔本書一七七頁以下参照〕。それらの儀礼では、国家元首や政府高官が、自分たちの国家がかつて犯した暴力のエピソードを公の場で想起し、被害者に謝罪する。一九九〇年代に誕生し、さらに続いているこの実践に照らすと、国民国家はグローバルなアリーナで初めて、道徳的な行為者にして責任を自覚した共同体として、その姿を見せている。これも想起の文化の新しい形式である。この形式は近年、人権のパラダイムの枠内で、自らの国民史の、とりわけ植民地支配の歴史の、罪と暴力の暗いエピソードに取り組んでいる。

独裁制後の社会では、被害者の苦しみを承認して想起することは、政治体制が転換したあとに続かなければならない社会の変化と和解の、重要な部分と見なされている。換言するならば、政治的な移行プロセスは、何らかの社会的な変形プロセスで補完し、深化させなければならない。新しい文化の枠内では、想起の実践と儀礼は、過去の犯罪と取り組むプロセスを導き入れ、そうしてその犯罪を認知し、人々を分離するトラウマ的な歴史を克服することにつながりうる。この実践を表すのに、（こうして新たに意味を充塡されるべき）過去の克服という概念はうってつけだ。それがまずもって目指すのは、共通の未来を獲得するために、暴力の歴史を乗り越えて、それをあとにすることだからだ。

対話的に想起すること

三つ目のモデル――克服するために想起すること――が関係しているのは、価値観の根本的な変換や政治体制の転換を成し遂げたあと、内部で分裂した住民を再び一つにまとめ、共通の価値コンセンサスを受け入れる気にさせるという課題に直面している国家である。私が挙げる四番目の、そして最後のモデルは、この一国内の枠組みを超える状況に関わる。問題となっているのは、共通の暴力の歴史で互いに結ばれている、二つかそれ以上の国家の間での、想起の政治だ。二つの国家が対話的な想起のモデルを発展させるのは、どちらか一方が、あるいはお互いに、相手のトラウマ化した歴史に自分が関与していることを承認して、自らが引き起こし、責任を負うべき相手の国民の苦しみを、共感をもって自分たちの記憶に一緒に包み込むときだ。

もっとも、これは国民的記憶にとっては、並外れた挑戦である。なぜなら国民的記憶は普通、モノローグ的に組織されているのだから。というのも国民的記憶は概して、ナショナル・アイデンティティを支え、顕彰するために一九世紀に創造されたからだ。それゆえ、国民的記憶のプリズムはいつも、歴史を栄光ある、敬うべき、あるいは少なくとも許容できる一切片に狭める傾向にある。トラウマ的な過去に直面したとき、そもそも国民的記憶が受け入れることができるのは、通常、三つの裁可された役割しかない。悪を打ち負かした勝利者の役割、悪と戦った抵抗運動の闘士にして殉難者の役割、そして、悪に苦しめられた受動的な被害者の役割である。これらの立場とそのパースペクティヴの彼方にあるものは、容認されたナラティヴの対象になることがまったくできないか、あるいは、きわめて難しい。そしてそれゆえに公式の次元では〈忘れられる〉。

国民的記憶の論理は、すでに被害者の地位をめぐる競争と想起の争いを概観したときにわかったように、場所が足りないという強迫的な考えに取りつかれている。自分の苦しみを容れるのに精一杯で、自分がほかの人々に加えた苦しみには余地を残さない。国民的記憶のこの独白的な性格を、マルク・ブロックが、すでに一九二〇年代に批判している。「お互いに相手が言っていることを理解せずに、国民の歴史から国民の歴史へといつまでもおしゃべりするのは、もういい加減にやめようじゃないか」。彼は「誰もが相手の質問にまったく見当違いの返事をする、耳の遠い人たちの対話」という言い方をした[20]。しかしながら、国民的記憶はヨーロッパでは、もはや孤立した状態で存在しているのではなく、ほかの国民的記憶と分かちがたく結び付いている。事実、再三明らかになっているのは、ヨーロッパの統合は、加盟国の独白的な記憶の構築物がさらに固まって互いに衝突するかぎり、真に進展することはありえないということだ。この状況に対する答えが、本論で挙げる四番目のモデル、〈対話的に想起すること〉である。このモデルをここで、包括的な被害者の概念、および、想起を結び合わせる構想（マルチディレクショナル・メモリー）と並んで、記憶の衝突を克服する第三の可能性として提案したい。ここで問題にしているモデルは、まだ決して、共有された暴力の歴史を扱うために広く実践されている形式ではない。しかしそれでも、ヨーロッパというプロジェクトにまさに含まれている、大きな文化的・政治的なチャンスを意味している。

欧州委員会は目下、研究プロジェクトを公募している。それらのプロジェクトには明確な政治的目標が定められている。その課題は、「どうすればヨーロッパの市民の間の対話が、それぞれに異なる記憶を顧慮しながら、強化されうるか、そして、どうすればそこから、ヨーロッパの過去、現在、未来に対する共通の見方が生まれうるか、アイデアを発展させる」というものだ[21]。このテーマに対する私の提案はきわめて簡単だ。私は対話的な想起のことを、まったく実際的な意味で、共通の暴力の歴史に関して被害者と加害者の位置関係を互いに承認すること、と解している。相手側のトラウマ的な思い出を自分たちの記憶に受け入れることで、ナショナルな境界線に沿って画された、緊密で、統一的な記憶の構築物が破られる[22]。ヨーロッパ連合の状況は、この点で、独白的な記憶の構築物を対話的な記憶の構築物に改造するための、またとない枠組みを提供している。精神分析学者のアレクサンダー・ミッチャーリヒはかつて、「かくも長い間先延ばしにされてきた、現実原則に従った過去の処理」という言い方をした。この作業は今日では、ヨーロッパの国々が肩を寄せ合うという条件の下で進めることができる。[23] リチャード・セネットは、不愉快な歴史的事実を承認するには、対立し合う多様な思い出が必要だということを強調した。[24] まさにこの点に、ヨーロッパの想起の枠組みがすでに用意しており、にもかかわらず、これまでわずかしか利用されていない、特別な可能性がある。

ヨーロッパ連合はそれ自体が、第二次世界大戦の一つの結果であり、この戦争に対する一つの応答である。ますます歴然としてきているのは、この交錯した暴力の歴史のトラウマ的な遺産は、もはやこれ以上、伝統的な国民的記憶の、限定された文法では処理しきれないということだ。この暴力の歴史には、歴史家は知っているけれども、これまで国内外の圧力が欠けていたために国民的記憶に場所を得ることのなかった事柄が、たくさん含まれるようになった。それに数えられるのが、ドイツ人が隣国の人々に対して犯した、第二次世界大戦の数多くの残虐行為だ。隣国ではこれらの残虐行為は、一部は非常にはっきりと記憶に留められた。ユダヤ人の被害者が、国際的な想起の文化の枠内で、一般の意識にのぼったのに対して、ドイツでは後継世代は、ドイツの戦争遂行の被害者になったポーランドやロシアの人々について、ほとんど何も知らないに等しい。国防軍の犯罪についての展示〔本書第二章訳注(4)参照〕は一九四一年六月のロシア侵攻から始めた。この区切りを、ＺＤＦの三部作『我らの母たち、我らの父たち』が改めて受け継いだ。〔一九三九年九月の〕ポーランド急襲と、この殲滅作戦で実行された焦土政策は、この見方ではお約束どおり話題にのぼらない――これはポーランドの隣人にはおもしろくない無思慮な着想だ。コンラート・シュラーはこの機会に、何がドイツ人の記憶の盲点であり続けてきたかを、再び思い出させた。「ポーランドはヒトラーの最初の被害者だった。占領で六〇〇万の市民が命を落とした。その半分がユダヤ人だった。その人口に比して、戦争でこれほど多くの人命を失った国はほかにない。私たちの母たちや父たち〔加害者であるドイツ人のこと〕が夢に出てきてもっとうなされているのは、せいぜいのところイスラエルくらいだろう」[25]。おまけにＺＤＦの叙事詩には、ポーランド人パルチザンのどぎつい反ユダヤ主義を描いた、ポーランド語のやや長いくだりがある。この場合、これは無思慮な着想というに留まらず、ドイツ人自身が抱える問題を〈外在化〉するものであり、非常にいかがわしい。ドイツ人の主要登場人物たちはこの問題を免除されており、この問題はこうやって単純に国境の向こう側に押しやられる。〔ポーランドの〕ドナルド・トゥスク政権の対話政策が、これで重たい一撃を加えられたのは明らかだ。

ヨーロッパが対話をすることができるかどうかは、ほかの人々のトラウマに自分が関与していることを自覚しているかどうかにかかっている。ドレスデンの爆撃がそうこうするうちにドイツ人の国民的記憶にしっかり根づいたのに対して、この国では、ワルシャワ蜂起（一九四四年）の報復としてドイツ人が行なったワルシャワの破壊については、ほとんど何も知られていない。この蜂起はたいてい、ブラントが跪いて有名になったゲットー蜂起（一九四三年）と混同される。一九四一年から一九四四年にかけてドイツ国防軍が行なったレニングラード封鎖は、近代史上、最も長く最も破壊的な〈攻囲〉の一つであり、およそ一〇〇万のロシア人が餓死したが、そのレニングラード封鎖も、ドイツ人の歴史的記憶にいかなる場所も占めていない[26]。どうして——とクリスティアン・マイアーに倣って問い返すことができるかもしれない——これらのことをすべて想起しなければならないのか。こんな苦しみはいい加減にそっとしておいて、おしまいにしたほうがよいのではないか。この問いに対する答えは簡単だ。このトラウマ的な暴力を被った人々が、これらの出来事を忘れず、その反対に、彼らの国民的記憶の確固たる準拠点にしているかぎり、この苦しみは、加害者側の一方的な忘却によって、簡単にこの世から取り除くことはできない。逆にそのような、一方的に想起して忘れるという非対称的な関係こそが、依然として過去の重荷のかなりの部分をなしており、ヨーロッパの域内コミュニケーションをずっと歪めている。これらの非対称的な関係もヨーロッパの記憶の場《リュ・ド・メモワール》だが、それらは学校の課題になることはなく、言論で触れられることもほとんどなく、公共空間における象徴的な表象からもまだ広く排除されている。

独白的な想起が自分の苦しみを中心に据える（キーワード＝自己被害者化）のに対して、対話的な想起は、隣人に加えた苦しみを、自らの記憶の中に一緒に受け入れる。ただし、対話的に想起することは、持続を目指す倫理的な想起の協定のこと［「決して忘れないために想起すること」］を指しているのではない。そうではなく、一つの共有されたトラウマ的な暴力の歴史の中で、その時々に立場が変わる加害者と被害者の関係についての、共通の歴史認識のことをいう。一つにまとまったヨーロッパには、統一的な歴史像は必要ないが、両立可能な歴史像は要る。ここで言っているのは決して、ヨーロッパの単一化されたマスター・ナラティヴのことではなく、もっぱら、諸国民の歴史像が対話的な関係を結び、お互いに承認し合い、相互に接続可能になることだ。イタリアの歴史家ルイーザ・パッセリーニは、この脈絡で、一つの重要な区別を導入している。彼女は〈共有された物語《シェアード・ナラティヴ》〉と、接続可能な物語という意味での〈共有可能な物語《シェアラブル・ナラティヴ》〉という言葉を用いている。[27] 対話的に想起することは、国民的記憶に係留されているが、トランスナショナルなパースペクティヴを通じて、諸国民の境を越える。被害者と加害者の相互承認を土台にして初めて、共通の未来に対する展望が開かれる。ただし、諸国民の狭隘な歴史像が優勢であるかぎり、ヨーロッパでは今後も〈耳の遠い人たちの対話〉が支配する。くすぶる〈思い出の内戦〉とは言わないまでも。英雄神話と被害者競争の袋小路から抜け出す道はただ一つ、ペーテル・エステルハージの言葉を借りるならば、「加害者であり被害者である私たち自身についての、共有された、ヨーロッパ人の知識」である。[28] ヨーロッパにおける国を超えた対話的想起の原理を、もう一人のハンガリーの作家、ジェルジ・コンラッドも明確に述べている。「私たちが思い出を交換して、ほかの人々が自分たちの歴史についてどう考えているかを知るのはよいことだ。（……）ヨーロッパの全歴史は目に見えて共通の財産になっている。その財産は誰もが、自分の帰属する国やその他の予断に縛られることなく、自由に使うことができる」[29]。コンラッドはこの文章で、まだ現実の状態を描写したわけではないが、EUの文化的な枠組みがその加盟国に用意している、特別な可能性は言い当てた。

イスラエルの作家アモス・オズはかつて書いた。「もしも私に和平交渉での発言権があったら——ワイ川〔アメリカのメリーランド州を流れる川〕であれ、オスロであれ、どこでもいいが〔ワイ川とオスロはパレスチナ和平に関する会合の地〕——交渉当事者の一方が過去について話し始めたらすぐにマイクを切るよう、音響技師に指示するだろう。交渉者たちはなんといっても、現在と未来の解決策を見つけるために、お金をもらっているのだから」[30]。残念ながら、過去を克服するという問題と、差し迫った未来の課題を解決するという問題は、必ずしも、ここで前提とされているほどはっきりと切り離せるわけではない。その反対に、想起の諸々の形式は、今日世界のいたるところで、新たな政治構造を確立し、現在と未来に対する新たなパースペクティヴを獲得するという課題と、きわめて緊密に結び付いている。

第二次世界大戦が終わってから六八年〔原書初版は二〇一三年に刊行〕を経て、私たちは、過去をめぐる政策のさまざまな段階と形式を振り返っている。初めに、〈対話的に忘れる〉という意味で沈黙がなされた。確かにこのときも、政治体制が転換したあとに、移行期の正義《トランジショナル・ジャスティス》を執行するため、主要な戦争犯罪人が訴えられた[31]。しかし、〔西ドイツの〕社会の内部では、ユダヤ人の経験が広範に排除される一方で、赦して忘れることが、社会統合の効果的な戦略として実践された。ヨーロッパの国々の間でも、冷戦ブロックの内側で、ともに忘れられた。ホロコーストが第二次世界大戦の影から抜け出して、人道に対する二〇世紀の主要な犯罪として〔世界の〕意識にのぼるには、一九八〇年代に入るまで待たなければならなかった。内戦のような、対称的な暴力の関係のあとだったら真価を発揮する終止符と沈黙の政治は、極度の暴力が行使される根本的に非対称的な関係が問題となっている場合には、挫折せざるをえない。対話的な沈黙が、相互の取り決めに基づく戦略であるのに対して、抑圧的な沈黙は、破壊的な力関係を延長する。それは加害者をいたわり、被害者を傷つけるからだ。

二番目のモデル、すなわち永続的に記念することは、歴史的に新しい想起の文化と政治の形式であり、これはホロコーストのために考え出された。〈それを決して忘れてはならない〉という命令は、その有無を言わさぬ厳しさの点で、ほかのいかなるトラウマ的な過去にも適用されない。被害者の国民と加害者の国民の間に一本の橋を架けるこの命令は、ある新しい、グローバルな証人の共同体を築く。想起の義務をこうして絶えず己に課すことは、歴史のある特定の時期を規範的な〈過去〉にまで高めるが、この点でそれは、一種の（市民）宗教的な信仰告白に匹敵する。ホロコーストの想起が構築されることで、政治と社会の枠内で、忘れることから想起することへと、切り替えがなされた。この想起は、政治的な感受性を、グローバルな規模で不可逆的に変えた。持続を目指す、グローバルに拡大したホロコーストの想起は、すでに見たように、ほかの被害者集団が自己の権利を主張するモデルになったが、同時に多くの点でそれらとは根本的に区別される。

つまり一九九〇年代以降、さらなる想起の形式が考え出されたのだが、その政治的および文化的な目標は、まずもって被害者を承認し尊重することであって、被害者をいつまでも想起し続けることではないからだ。この三番目のモデルは、克服するために、想起することに賭ける。問題となっているのはトラウマ的な過去を徹底的に見つめ直すことだ。そのプロセスの終着点にあるのは、想起することそれ自体ではなく、暴力的な国家体制を、道義的な責任を取る社会構造に転換し、一つの社会の中で被害者と加害者を成功裏に再統合することだ。被害者に声が与えられ、彼らの苦しみが承認されて共感をもって受け止められ、彼らの歴史が国民のナラティヴに取り込まれ、彼らの被った虐待の諸結果が象徴的に、そして／あるいは物質的に償われる。そうすることで期待されているのは、（例えばアルゼンチンにおけるように）政治的テロルの、あるいは、（例えばオーストラリアにおけるように）植民地支配の暴虐の、社会を粉砕しかねない暴力の歴史を克服することだ。したがって、この三番目のモデルで問題となっているのは、持続的な〈過去の保持〉ではなく、本来の意味での〈過去の克服〉、すなわち、トラウマを乗り越えること、和解して共通の未来を開くことである。

最後に、対話的に想起することだが、これはようやく輪郭を現し始めたばかりであり、想起の政治の、しっかりと実践されている形式というわけではまだない。この形式は、二つかそれ以上の国民が巻き込まれている共通の暴力の歴史の、歴史的現実に対する応答である。対話的に想起することは、ヨーロッパのような国家同盟ならば、特別な可能性を有している。ここではこれから先、次のことが一段と重要になるかもしれない。つまり、お互いに歩み寄り、相手に加えられた苦しみを承認する諸々の形式によって、国民的記憶を分け隔てるモノローグの壁をもっと風通しのよいものにし、よりきめ細やかでより複雑な記憶の構築物によって、国を超えた統合を強めることである。

ここでは実際に、相互の学びと歴史教育のための、重要な活動が生まれている。最初の世代には不可能だったこと、そして第二の世代によって無視されたことは、第三の世代だったらもっと容易に、語らい共感をもって受け入れる対象になりうる。自国がヨーロッパの隣人の許に残した苦痛の痕跡と傷を知ることは、ヨーロッパの境界線に沿って負担に耐えうる関係を築くための、重要な基礎である。そのような知識は、ある内省的な知識につながり、それが、私たちを取り囲む諸国民に対する、新しい種類の、より深い結び付きを生み出す。これもまたヨーロッパ的教養である。すなわち、隣国のトラウマに対する理解、とりわけ、自分たちがもたらしたトラウマに対する理解だ。この相互の理解が深まれば深まるほど、ヨーロッパの諸国民は、それほど過敏に、神経症的にならずに付き合うことができるようになるだろう。アンゲラ・メルケルをヒトラーの口髭をつけて描くギリシア人の嘲り、あるいはイギリス人が、ほとんど七〇年が経っても、ドイツ人に対して抱き続けている深い不信感——そのような態度はステレオタイプに固まって、世代から世代へと引き継がれうる。しかし、そのような態度はまた、それらを真剣に受け止めるならば、少しずつ努力して取り除き、徐々に解消することができるかもしれない。対話的な想起の絶えざる実践の中で。

結び——新たな想起の文化の諸前提

単なる自然の存在は忘れて最初からやり直す。
私たちはしかし人間であり、決して誠実にはならない、
なされたことをありありと思い浮かべないならば。
カール・ヤスパース(1)

想起が新たに評価されたことで、過去に対する私たちの関係は根本的に変わった。この新たな態度に結び付いている文化的効果は、五つの前提にまとめることができる。

一、想起することは、個人としてであれ集団としてであれ、人間の普遍的な特性である。それはしたがって、人間が自己を確認し、空間と時間において定位する一つの中心的な形式である。この認識だけならば決して新しくない。むしろ、この認識は太古からあるものであり、さまざまな文化的実践を昔からずっと支え、導いてきた。この認識は一時的に、もっぱら未来に特権を与えて過去を無価値にした近代の時間レジームの優勢のせいで、忘れられ、効力を失っていたにすぎない。というのも、過去が不可逆的に過ぎ去り、それゆえもはや現在にとって資源になりえないということを出発点にしていたかぎり、想起するという人間の能力には、社会的重要性、ましてや文化を創造するほどの重要性は、大して与えられえなかったからだ。想起の人間学的、社会的、文化的重要性が再び発見されたことで、想起の概念は個人から集団へ、集団から集合的行為者へ拡張され、同時に、文化的記憶というコンセプトの枠内でメディア、保存技術、制度にまで延長されることになった。想起についてのこの新しい理解は、人間学的な基礎に始ま

り、この概念の心理的、社会的、政治的、文化的次元までも含んでいる。この理解は、ユーリー・ロトマンとボリス・ウスペンスキーが綱領的に表現したように、記憶としての文化を(再)発見することになる。つまり、文化とは「集団の遺伝できない記憶」なのだ(2)。

想起の文化の枠内では、個人、集団、文化に、自らのパースペクティヴ、経験、〈アイデンティティ〉に対する基本的な権利が認められる。もっとも、だからといって、どんな形の想起の実践でも正当なものとして承認されるわけではないが。この根本的な承認と軌を一にするのが、個人の思い出、体験された歴史、世代の経験、そして想起しながら過去と関係を取り結ぶ文化的形式の豊かなレパートリーに対する、新しい学問的関心である。想起の文化への転回に伴って、個々人の運命、家族の記憶、時代の生き証人、日記・手紙・写真などの遺物といった個人的で非公式の思い出に対して、また、世代を超えた受け渡しの問題に対して、社会の関心がますます高まっている。

二、想起することは過去を現在化することである。〈現在化すること〉が意味しているのは、現在において、そして現在のために、ということである。ただ現在だけが、何か過ぎ去ったものが呼び出されうる場所である。そしてこの現在は同時に、その過ぎ去ったものが、その中で更新されながら再構成されるコンテクストでもある。こうした行為は、過去へ遡ろうとする主体というものの存在を指し示している。この主体の立ち位置は、パースペクティヴが必然的に限定されている。このパースペクティヴは、ある個人のものでもありうるし、ある集団のものでもありうる。その過去は、思い出の中で加工される自分の経験だったり、あるいは、イメージ、テクスト、物語において伝承される、数百年の歴史を持つ経験であるかもしれない。いずれにせよ、その都度想起しながら過去から召喚されるものは、高度に選択的でありつねに個人や集団のアクチュアルな欲求と要求に縛られている。このように見ると、現在化とは——まったくニーチェの言う意味で——過ぎ去ったものを新たに活性化することを意味する。この活性化によって、その時々の行為者は、自分たちの歴史を確認し、独自性を際立たせ、自己意識を強め、未来の指針を獲得する。したがって、想起された過去は、決してメダリオンの中の宝石のように、それ自体のうちに安らっているのではない。むしろ、過去から選ばれ呼び出されるものは、じかに現在に食い込む。そうしてアイデンティティを構成し、態度を決定し、動機を刺激し、行動を可能にし、決断に影響を及ぼす。

三、想起することは表現することを必要とする。今あるものと、かつてあったものとの間の存在論的な差異は、かいくぐることができないのだから、過ぎ去ったものを現在に単純に取り戻すという操作の可能性は、根本的に排除されている。取り戻すという操作はSF映画の時間旅行でのみ可能だが、私たちが想起の文化で関わっているのは、決して過去そのものではなく、つねに過去の代理表象や、それに結び付いたメディアによる変形である。「過去の事実は、私たちの許に生《なま》の状態ではなく、つねにある物語の一部分として届く」[3]。目に映じたものは言葉に表現され、体験は物語に加工され、感情は記念碑に変換され、歴史的出来事は映画に翻訳され、ある時代は展覧会で提示される。代理表象として、〈思い出〉は相続することができ、商品化することができる。思い出に対する関心の高まりに伴って、今日では市場が拡大している。思い出は公共のメディア（新聞、書籍市場、舞台、ラジオ、テレビ、映画、インターネット、ミュージアム、展覧会）で重要なテーマになった。その際に、欠けている、目に見えない、遠ざかった過去は、つねに何か別のもので代替される。その代替物のおかげで私たちは過去を感性的に引き合いに出すことができる。この象徴的な代理物は決して単純な写しではない。そうではなく、引き合いに出されるものをすでにモデル化したもの、解釈したもの、構成したものである。想起の文化はそれゆえ、メディア、ジャンル、表現のフォーマットと密接に関係している。これに伴い私たちの知覚も、構成的な、それゆえに対象をつねにあらかじめ制限する物語の図式、提示方法、解釈と意味形成のプロセスに対して、鋭敏になった。とりわけ芸術家は、自分たちのその都度のメディアの可能性や限界と反省的に取り組むことに経験豊かなので、彼らは今日、過去を現在化するにあたって、また、その行為それ自体を反省するにあたって、特に重要な役割を果たしている。

四、想起の文化の新しい点はその倫理的な枠組みにある。思い出を、ありとあらゆる活動家たちが自分たちのその都度の目的のために利用する獲物と見なすかぎり、それについて新しい概念を案出する必要はなかっただろう。過去への懐古的で独断的なアクセスは前々からあったし、これからもあるだろう。想起することは人間の普遍的な特性である、ということだけで、想起することが、何か良いものになったりするわけではない。というのも、クリスティアン・マイアーが強調したように、想起することは、憎しみを掻き立て、復讐心を活気づけ、敵意を煽るために投入されることもあるのだから。例えば第一次世界大戦のあとには、ドイツ人の集合的な自尊心は、敗北と象徴的な屈辱によって深く傷つけられた。当時、人々は癒やしをもたらす忘却のことなど考えず、その反対に、この苦悩を大衆の運動と動員の基礎にした。意味づけを求める自己中心的な欲望が想起と行動の関係を決めた。つまり、戦死した兵士たちは決して無駄死にしたのであってはならなかった。死者たちを想起することから、被った不正に新たな、より強大な暴力で報いるという国民の義務が生じた。

　政治的想起を拘束する価値は、歴史においてはつねに、そのように個別的で、ある集団に特有のものだった。それらの政治的想起には――限定された地平の必要性を説いたニーチェとまったく同じ意味で――自らの目的のために行為を方向づけ、自らの自己像を強化し、自らの行為を正当化するという明白な機能があった。集合的な想起の構築物が並立する場では、それゆえ必然的に、ある種の文化の衝突《クラッシュ・オブ・カルチャーズ》、世界観のぶつかり合いが主調をなしていた。つまり、古い多神教の神々は「墓場から立ち上がり、私たちの生活を支配する力を求めて、彼らの永遠の戦いを再開する[4]」。

　これらすべては決して過ぎ去ったわけではなく、私たちが新聞で毎日読むことができるように、不安になるほどアクチュアルなままである。その一方で新しいのは、ある倫理的な前提である。この前提は想起することを人権という普遍主義的な価値に結び付け、そうして過去と現在の組み合わせにまったく新しい性質を与える。つまりこの場合、核心において問題となっているのは、もはや現在が発するつねに声高な要求ではなく、まだほとんど聞かれたことのない声である。それらの声は、まだ片が付いていない過去の負い目を告発している。そのような要求の背景をなしているのが、歴史において犯された、人道に対する重い罪だ。それらの犯罪の後、被害者の苦しみと損害は時間が経つうちに簡単に消えたわけではなく、現在にまで及び、事後的な応答と対処を待ちわびている。この過去はそれゆえまだ過ぎ去っていない。なぜならこの過去は、承認、補償、和解、あるいは想起に対する要求を伴っているからだ。

被害者のパースペクティヴが、加害者や勝利者によって引き継がれることは、歴史におけるまったく新しい現象だ。この間、人権を旗印に掲げるこの新たな想起の文化の枠内で、ある倫理的な命令がますます大きな役割を演じるようになった。つまり〈汝、想起せよ!〉という掟はほかでもない、自発的な、あるいは人々を結集し、自集団を強化する想起の衝動がないところ、――まったくその反対に――恥と罪の免除やその重荷からの解放を約束してくれるような、忘却の強い命令が前面にあるところで効果を発揮する。ラテン語の monere は、たいてい〈想起させる〉を表す動詞として用いられるが、もともとは〈勧告する ermahnen〉を意味する。〈記念碑/警告碑 Mahnmal〉は、何かを忘れないようにという〈戒め Mahnung〉と結び付いている。記憶がつねにもろいから、というだけではなく、記憶は場合によっては想起の重荷をあまりにも進んで拒絶したがるからだ。ヨハン・ホイジンガは、この次元を念頭に置いて、次のように書いている。「歴史とは、ある社会が自らの過去について弁明する、精神的形式である[5]」。できれば忘れたいと思っている事柄を想起することは、人間の欲求、すなわちアイデンティティを確保するという欲求にかなうものではないが、だからこそ、この過去との関わりの倫理的性格の本質をなしている。この関わりは、狭い集団の束縛の外に出て――それが普遍主義的なものであれ、〔EUのような〕超国家的レベルで共有されたものであれ――ある想起の次元にいたる。そこでは、被害者の苦しみが承認され、彼らの歴史が共に想起される。この倫理的な命令を土台にして、一九九〇年代以降、悔恨の新しい政治が生まれた。ここで忘れてならないのが、例の〈否定的な記憶〉だ。この記憶は自らの罪を認めることで生まれた。これは、国家が歴史的な罪を認めて、自分たちが危害を加えた人々の苦難の歴史を承認するところでは、どこでも当てはまる[6]。それ以来想起は、個人や集団が自己を確証するためのメディアにすぎないのではなく、それ以上のものになった。想起は、自己批判という困難なプロセスさえも導き入れ、対話的な、結び合わされた、トランスナショナルな記憶の枠内で、権利を奪われた集団の尊厳を回復し、社会的な信頼を強めることに力を貸すことができる。

五、想起についての言説は、批判的に自己を省察する機会をもたらす。一九九〇年代以降、新しい想起の文化と並行して、相当な規模の国際的かつ学際的な研究分野が成長した。この分野は、一種の自己省察の次元であり、国家と社会の想起の活動を観察し、批判的に追いかけている。この学問的言説は、実践的な関わりやアクチュアルな論争とは明確に一線を画した、一つの研究領域になった。一部では、この学問的言説は、実践的な関わりや記念の場所、歴史ミュージアム、映画といったさまざまな実践領域と緊密に関わり続けている。しかもその関わり方には、それらの実践領域を支持し正当化するものもあれば、脱構築し批判的に介入するものもある。一九世紀や二〇世紀初めの状況とは対照的に、今日では、諸々の想起の構築物はその自明性と、したがってその無邪気さを失い、学問的な専門知識とトランスナショナルな比較の批判的照明を浴びて観察されることを甘受しなければならない。

想起するという行為や想起された事柄は、「ア・プリオリに平和的でも道徳的でも」ないのだから、想起研究の孕む批判的な力は、諸々の想起の構築物の破壊的な側面も、癒やしをもたらす可能性も、ともに調べることにある。「歴史を想起することは、歴史において(……)繰り返し、非常に攻撃的な目的に仕えてきたし、これからも仕えるだろう。例えば敵のイメージを確定して恒常化するという形で。あるいは、まだ決着が付いていないと称して復讐や返報を根拠づけ、焚きつけるという形で」。だからといって、これは想起研究の盲点なのではなく、その対象をなすのである[7]。記憶の言説はそれゆえに複線的であり、自分自身を観察することもそこには含まれている。例えば、私たちは規範的な記憶の構築物を支えにしているが、それらの構築物が人々による措定と取り決めに基づいていることを知っているのだ。

想起の従来の実践から、想起の文化という新しい枠組みへの転回は、一九八〇年代以降に起こった。当時、過去・現在・未来の座標がどんどんずれていった。あらゆる行動はつねに新たな未来の期待に基づく、というそれまで歴史を支配していた期待が相対化された。それとともに初めて明らかになったのは、過去もまた私たちに要求を突きつけることがある、ということであり、それらの要求を私たちはそう簡単には無視することができない。このことが当てはまるのはとりわけ、誤認、無視、忘却によって、抑圧的なヒエラルヒーが延長され、そうして被害者にさらなる害が加えられる場合である。こうして見ると、想起の文化という概念は、西洋の社会や国家の引き受ける責任の範囲が著しく広がったことの普遍的な表現にほかならない。これらの社会や国家は、自分たちの肯定的な基礎を確認するだけではなく、自分たちの歴史の否定的な出来事も、集合的な自己像に受け入れているのだから。この方向転換は、私たちの時間意識における転回と軌を一にしている。私たちは、過去が、人間の影響力のまったく及ばなくなった、〈もはやない〉の領域であるという考えから離れた。むしろ、時間の階層秩序も何らかの文化的形成に従っており、不可逆的に取り去られ、片付けられ、決着済みと見なされた事柄は、特定の状況下に再び、現在の効力ある行動の空間に取り戻されるという確信が強まった。今日、いずれにせよ次のことは確かだ。つまり、トラウマ的な暴力の歴史が後々まで作用しているときには、時間だけではいかなる問題も解決しない。人道に対する罪は、ひそかに解消することはなく、被害者を承認して責任を引き受けるという、遡及的な行動を求める。東ドイツの最後の国家元首、エーリヒ・ホーネッカーは、公の場での演説を次のスローガンで締め括るのをつねとしていた。「前進あるのみ、後退はなし！」未来への途上で、過去を置き去りにできるし、置き去りにしてもよいし、置き去りにしなければならないというこの自信は、近代化の信条として、壁のこちら側でもあちら側でも通用していた。この時間感覚に対する否を、エリアス・カネッティは、簡潔な文で表現した。「過ぎ去っても終わっていない Vorbei ist nicht vorüber」（ドイツ語の諺 Vorbei ist vorbei（過ぎたことは過ぎたこと）のもじり）。この確信とともに想起の文化の枠内で時間が新たにはかり直される。

注

序論

（1） Sigmund Freud, Das Unbehagen in der Kultur (1930), in: ders., *Kulturtheoretische Schriften*, Frankfurt/M. 1974, 191–270, hier 218, 260.

（2） Dana Giesecke/Harald Welzer, *Das Menschenmögliche. Zur Renovierung der deutschen Erinnerungskultur*, Hamburg 2012, 166. ここで次の文献が挙げられている。Joachim Radkau, *Natur und Macht. Eine Weltgeschichte der Umwelt*, München 2002, 164 ff.

（3） これについては次を参照。Aleida Assmann, *Ist die Zeit aus den Fugen? Aufstieg und Fall des Zeitregimes der Moderne*, München 2013.

（4） Hermann Lübbe, *Vom Parteigenossen zum Bundesbürger. Über beschwiegene und historisierte Vergangenheiten*, München 2007, 132.

（5） Giesecke/Welzer, *Das Menschenmögliche*, 73.

（6） Friedrich Nietzsche, Vom Nutzen und Nachteil der Historie für das Leben, in: ders., *Werke in drei Bänden*, hrsg. v. Karl Schlechta, München 1962, Bd. 1 229–230.

（7） Aleida Assmann/Ute Frevert, *Geschichtsvergessenheit — Geschichtsversessenheit. Vom Umgang mit deutschen Vergangenheiten nach 1945*, Stuttgart 1999.

〔1〕 躓きの石(Stolpersteine)はドイツの芸術家グンター・デムニヒ(一九四七〜)が始めたプロジェクト。ナチ時代に迫害された人々の名前と運命を、一〇センチ四方のプレートに刻印し、彼らが生前に暮らしていた建物の前の路面に設置したもの。このプロジェクトの特徴は、近隣住民が自発的に被害者の運命を調査し、当局に設置許可をとり、費用を負担することにある。草の根の想起のプロジェクトとして、ドイツの町々だけではなく近隣諸国にも広まり、二〇一八年八月現在、ヨーロッパのお

よそ二〇〇〇箇所でおよそ七万個の躓きの石が置かれている。

〔2〕　一九六〇年代末、西ドイツでも、学生など若者を中心とした大規模な反体制運動が起こり、反資本主義、反ファシズム、反帝国主義、反ヴェトナム戦争、反核、女性解放、大学改革などを訴えた。戦争中や戦争直後に生まれた若者たちによる抗議運動は、西ドイツでは、親世代（戦争世代）の「褐色の過去」とその沈黙を告発するという世代間闘争の面もあった。西ドイツの反体制運動は一九六八年前後に最高潮を迎え、この運動を担った世代は「六八年世代」とも呼ばれる。

〔3〕　ドイツの作家マルティン・ヴァルザーが、ドイツ出版協会平和賞を授与されるに際して、一九九八年一〇月にフランクフルトで行なった演説。この演説でヴァルザーは、アウシュヴィッツが、現在の諸目的のために「いつでも投入できる萎縮手段」あるいは「モラルの棍棒」としてメディアに道具化されていると批判。ナチズムの過去を想起することが儀礼化し、規範化されている現状に対して、個人の「良心の自由」を求めた。文壇の重鎮がドイツの「想起の文化」を公然と批判したこの演説は、賛否両論を巻き起こすスキャンダルになった。

忘却、黙殺、想起

第一章

（1）　Tzvetan Todorov, *Hope and Memory. Lessons from the Twentieth Century*, Princeton, NJ 2003, 3.　以下、特に注記しないかぎり、ドイツ語訳は著者〔A・アスマン〕による。

（2）　Reinhart Koselleck, Gibt es ein kollektives Gedächtnis? 二〇〇三年一二月六日にソフィアで開かれた国際会議〈ピエール・ノラ。記憶の場と現在の構築〉でなされた講演。この会議で称えられることになっていたフランスの歴史家ピエール・ノラの面前で、コゼレックがこの講演を行なったとき、私自身もその場にいた。コゼレックはこの機会を利用して記憶研究を拒否した（引用は、タリンのある研究者がインターネットで探し出し、親切にも私に送ってくれた録音を書き起こしたものによる）。

（3）　Maurice Halbwachs, *Das Gedächtnis und seine sozialen Rahmenbedingungen*, Frankfurt/M. 1975.

（4）　Bodo Mrozek, Zur Frage des kollektiven Erinnerns. Die Semantik der Memoria, in: *Merkur* 66（Mai 2012）, 411-419, 412.

(5) 事実、ハンブルク社会研究所で働いている歴史家のウルリーケ・ユーライトは、ドイツ人がこの境界線を否定、あるいは意図的に消していると疑っている。彼女のテーゼはまた後ほど取り上げることにする。

(6) Koselleck, Gibt es ein kollektives Gedächtnis?, 4.

(7) Ebd., 6.

(8) Ebd.

(9) Ebd., 5.

(10) Hermann Düringer, Die Vergangenheit ist nicht abgeschlossen. Religiöse Aspekte des Erinnerns, in: Margrit Frölich/Ulrike Jureit/Christian Schneider (Hrsg.), *Das Unbehagen an der Erinnerung — Wandlungsprozesse im Gedenken an den Holocaust*, Frankfurt/M. 2012, 55–66, hier 59.

(11) Jörn Rüsen, Was ist Geschichtskultur? Überlegungen zu einer neuen Art, über Geschichte nachzudenken, in: ders., *Historische Orientierung. Über die Arbeit des Geschichtsbewusstseins, sich in der Zeit zurecht zu finden*, Köln et al. 1994, 211–234.

(12) Jan Philipp Reemtsma, Wozu Gedenkstätten?, in: *Aus Politik und Zeitgeschichte* 25–26 (2010), 3–9, hier 3.

(13) Giesecke/Welzer, *Das Menschenmögliche*, 16.

(14) Giesecke/Welzer, *Das Menschenmögliche*, 75.

(15) Reemtsma, Wozu Gedenkstätten?, 9.

(16) Koselleck, Gibt es ein kollektives Gedächtnis?, 3.

(17) Mrozek, Zur Frage des kollektiven Erinnerns, 419.

(18) Reemtsma, Wozu Gedenkstätten?, 7.

(19) Vera Kattermann, Endlich fertig erinnert? Ein psychoanalytischer Beitrag zur Diskussion kollektiver Vergangenheitsarbeit, in: *Merkur* 66 (Mai 2012), 459–465, hier 463.

(20) Volkhard Knigge, Zur Zukunft der Erinnerung, in: *Aus Politik und Zeitgeschichte* 25–26 (2010), 10–16, hier 10. クニッゲは〈善き批判的歴史学〉と〈悪しき想起の文化〉、もしくは〈個別化〉と〈集合化〉を厳密に区別している。この点で彼はコゼレックの立場の代弁者と見なすことができる。

(21) Ebd.
(22) Ebd.

第二章

(1) *Der Spiegel*, 25. 3. 2013, 134.
(2) Christian Buß, ZDF-Weltkriegsepos: Glaube, Liebe, Hitler, in: *Spiegel Online*, 13. 3. 2013.
(3) *Der Spiegel*, 25. 3. 2013, 134.
(4) *Der Spiegel*, 11. 3. 2013, 144.
(5) Ebd.
(6) Buß, ZDF-Weltkriegsepos.
(7) Wolfgang Michal, Wunschtraumata der Kinder, in: *Frankfurter Allgemeine Zeitung*, 22. 3. 2013, 43.
(8) Matthias Kamann, Grenzen der Erinnerung, in: *Welt am Sonntag*, 24. 3. 2013, 10.
(9) Ulrich Herbert, Nazis sind immer die anderen, in: *tageszeitung*, 21. 3. 2013, http://www.taz.de/113239/（最終閲覧日二〇一三年七月二三日）.
(10) Anne Fuchs, *After the Dresden Bombing. Pathways of Memory, 1945 to the Present*, Houndmills 2012, 9-15.
(11) この文章は、映画・テレビ監督のドミニク・グラーフが、作家でテレビ監督のオリヴァー・シュトルツ（一九二九〜二〇一一）に行なったインタビューによる。シュトルツは第二次世界大戦に召集された最後の世代に属していた。彼は一九六〇年代の初めから、この時代をまだありありと覚えていたような公衆のために、テレビ映画を撮影した。彼の映画ではナチ時代とこの時代に犯された罪が変わらぬテーマだった。したがってシュトルツは、戦後の沈黙を繰り返し破ろうと試み、このテーマをドイツの家庭に持ち込むために、まだ実験段階の、まさに生まれつつあったマスメディアであるテレビを利用した人々に属している。
(12) Lübbe, *Vom Parteigenossen*.
(13) これについては次を参照。Malte Herwig, *Die Flakhelfer. Wie aus Hitlers jüngsten Parteimitgliedern Deutschlands führende Demokraten wurden*, München 2013. 私はこの世代についてのドキュメンタリー映画を制作したことがある。

Anfang aus dem Ende. Die Flakhelfergeneration (2013).

(14) Lübbe, *Vom Parteigenossen*, 18 f. 同じようにエリーザベト・ノエル＝ノイマンも述べている。「それは、孤立したくないならば、世間で口にしたり、示したりしなければならない意見、振る舞いだ」。Wolfgang Donsbach, Die Theorie der Schweigespirale, in: Michael Schenk (Hrsg.), *Medienwirkungsforschung*, Tübingen 1987, 324-343, hier 327; Elisabeth Noelle-Neumann, *Öffentliche Meinung. Die Entdeckung der Schweigespirale*, erw. Ausgabe, Berlin und Frankfurt/M. 1996 [1982].

(15) Helmut König, Das Erbe der Diktatur. Der Nationalsozialismus im politischen Bewusstsein der Bundesrepublik, in: ders. et al. (Hrsg.), *Vertuschte Vergangenheit. Der Fall Schwerte und die NS-Vergangenheit der deutschen Hochschulen*, München 1997, 301-315, hier 308.

(16) Lübbe, *Vom Parteigenossen*, 69.

(17) Ebd., 95.

(18) Die Normalität des Unnormalen. Hermann Lübbe im Gespräch mit Stephan Sattler, in: *Focus*, 3. 9. 2007.

(19) この概念はクリスティアン・シュナイダーから借用している。次を参照。Christian Schneider, Der Holocaust als Generationsobjekt. Generationsgeschichtliche Anmerkungen zu einer deutschen Identitätsproblematik, in: Margrit Frölich et al. (Hrsg.), *Repräsentationen des Holocaust im Gedächtnis der Generationen. Zur Gegenwartsbedeutung des Holocaust in Israel und Deutschland*, Frankfurt/M. 2004, 234-253.

(20) この文は、一九六一年八月の〔ベルリンの〕壁建設に直面して、ギュンター・グラスとヴォルフディートリヒ・シュヌレが東ドイツの作家同盟に宛てたものだ。しかしこの文は、ナチの過去を黙殺することに対する、彼らの態度も表現している。グラスはこの沈黙を、四五年後にようやく、自分が武装親衛隊員だったことを打ち明けて破った。

(21) あるインタビューでのペーター・スローターダイクの言葉。次に所収。Matthias Matussek, *Wir Deutschen. Warum uns die anderen gern haben können*, Frankfurt/M. 2006, 204.

(22) Götz Aly, *Unser Kampf. 1968 — ein irritierter Blick zurück*, Frankfurt/M. 2008.

(23) M. Rainer Lepsius, Das Erbe des Nationalsozialismus und die politische Kultur der Nachfolgestaaten des ‹Großdeutschen Reiches›, in: Max Haller et al (Hrsg.), *Kultur und Gesellschaft*, Frankfurt/M. und New York 1989, 247-264.

(24) Harald Schmid, Das Unbehagen in der Erinnerungskultur. Eine Annäherung an aktuelle Deutungsmuster, in: Frölich

et al.(Hrsg.), *Das Unbehagen*, 161–181.

(25) Christian Schneider, Generation im Abtritt. Vom Schicksal historischer Gegenidentifizierungen, in: Frölich et al. (Hrsg.), *Das Unbehagen*, 85–100, hier 89.

(26) Ulrike Jureit/Christian Schneider, *Gefühlte Opfer. Illusionen der Vergangenheitsbewältigung*, Stuttgart 2010, und Frölich et al.(Hrsg.), *Das Unbehagen*.

(27) Frölich et al.(Hrsg.), *Das Unbehagen*, 31.

(28) 被害者に同一化するような想起の文化と、被害者に寄り添うような想起の文化の区別については次を参照。Werner Konitzer, Opferorientierung und Opferidentifizierung. Überlegungen zu einer begrifflichen Unterscheidung, in: Frölich et al.(Hrsg.), *Das Unbehagen*, 119–127.

(29) Lübbe, *Vom Parteigenossen*, 32.

(30) Ebd., 79–80.

(31) Ebd., 11.

(32) Giesecke/Welzer, *Das Menschenmögliche*, 7.

(33) Lübbe, *Vom Parteigenossen*, 20.

〔1〕 オイゲン・コーゴン(一九〇三〜八七)はドイツの社会学者・政治学者。ナチスの反対者として一九三九年から一九四五年までブーヘンヴァルト強制収容所に囚われた。一九四六年に刊行された『SS国家——ドイツ強制収容所のシステム』(林功三訳、ミネルヴァ書房、二〇〇一年)は、親衛隊の権力構造、強制収容所の内部組織、衛生状態、労働、懲罰、親衛隊員と囚人の心理などについて記述したもので、ナチスのテロル機構を初めて歴史的に分析した本とされる。

〔2〕 一九六一年四月から一二月にかけてイェルサレムで行なわれた、元親衛隊将校アードルフ・アイヒマン(一九〇六〜六二)に対する裁判。アイヒマンは、ナチスの国家保安本部の幹部として、「ユダヤ人問題の最終解決」に関わり、数百万人の強制移送を指揮した。戦後アルゼンチンに潜伏したが、イスラエルの諜報機関に捕らえられ、イスラエルに連行された。裁判でアイヒマンは、自分は命令に従っただけと一貫して無実を主張。しかし有罪・死刑判決が下され、一九六二年六月に絞首刑に処された。ホロコーストの規模と実態について国際社会を啓発したこの裁判は、イスラエル国家が演出した一種のメディア・イ

ベントでもあった。自国民と国際社会に、ホロコーストをユダヤ民族に対する犯罪と意識させることで、イスラエル国家の正当性をアピールする狙いがあった。この裁判は西ドイツでもテレビ中継され、大きな関心を集めた。

〔3〕 ドイツの精神分析医アレクサンダー・ミッチャーリヒ(一九〇八～八二)とマルガレーテ・ミッチャーリヒ(一九一七～二〇一二)が、一九六七年に刊行した論文集(原題 *Die Unfähigkeit zu trauern*、邦訳『喪われた悲哀――ファシズムの精神構造』林峻一郎/馬場謙一訳、河出書房新社、一九七二年)。精神分析学の観点から、戦後のドイツ社会における、ナチズムのトラウマ的な過去の想起(喪)の失敗と集団的な抑圧の機制を指摘し、反体制運動を担った六八年世代の理論的支柱となった。

〔4〕 ハンブルク社会研究所が、一九九五年から一九九九年まで開催した巡回展「絶滅戦争――国防軍の犯罪 一九四一年～一九四四年」と、内容を刷新して二〇〇一年から二〇〇四年まで開催した巡回展「国防軍の犯罪――絶滅戦争の広がり 一九四一年～一九四四年」を指す。このパネル展示は、ナチス犯罪とは無縁の「清廉潔白な国防軍」という社会通念を突き破り、ドイツ国防軍が東部戦線の占領地域で住民の虐殺に積極的に加担していたことを一般公衆に示して、大きな反響を呼んだ。

〔5〕 アメリカの歴史家ダニエル・J・ゴールドハーゲンが一九九六年に刊行した『普通のドイツ人とホロコースト――ヒトラーの自発的死刑執行人たち』(望田幸男監訳、ミネルヴァ書房、二〇〇七年)のこと。ドイツでベストセラーになった。ゴールドハーゲンは本書でホロコーストの原因を探求し、一種の拡大版「意図説」を主張した。そのテーゼによれば、ドイツ人は遅くとも一九世紀以来、「絶滅志向の反ユダヤ主義」に染まっており、ナチスだけではなく、「普通のドイツ人」も、ユダヤ人を自発的に殺害する用意のある、狂信的な反ユダヤ主義者だったという。ゴールドハーゲンの本はドイツで賛否両論を呼び、激しい論争を巻き起こした。

〔6〕 ジャン・アメリー(一九一二～七八)はオーストリア出身の著述家。ナチスの強制収容所を生き延びる。戦後、作家・批評家として、徹底的な省察に裏打ちされた作品を著すが自殺した。自伝的エッセイ集『罪と罰の彼岸』(初版一九六六年、日本語版、池内紀訳、みすず書房、二〇一六年)に所収の「ルサンチマン」で、戦後ドイツ社会における過去の忘却を厳しく指弾、「押しひしがれた人々のモラル」である被害者のルサンチマン(恨み)を触媒にして、ドイツ人が過去を直視し、内面の変革を遂げることを求めた。

〔7〕 アンドレーアス・バーダー(一九四三～七七)とウルリーケ・マインホフ(一九三四～七六)はドイツの左派テロ組織「赤軍派」(RAF)の中心人物。反体制運動が過激化して生まれた赤軍派は、一九六〇年代末から一九九〇年代にかけて、反帝国主義・反資本主義の旗印の下、数々のテロを行なった。特に一九七七年には暗殺、ハイジャック、誘拐殺人を相次いで起こし、

幹部は獄中で自殺。西ドイツ社会を震撼させた。

〔8〕アウシュヴィッツ裁判とも呼ばれ、フランクフルトで一九六三年一二月から一九六五年八月にかけて開かれた、アウシュヴィッツ強制収容所の運営・管理に関わった元親衛隊員に対する一連の裁判を指す。西ドイツの司法が自らの手でホロコーストの実行犯を追及した初の本格的な裁判で、ナチス犯罪の実態をまざまざと社会の意識に呼び戻し、「過去の克服」と「想起の文化」の歴史における、一つの重要な転機となった。

〔9〕時効論争は、一九六〇年から一九七九年にかけて、四度にわたって連邦議会で交わされた、謀殺罪などのナチス犯罪の時効成立をめぐる論争。この論争を通じて謀殺罪の時効は段階的に延長され、最終的に一九七九年に撤廃された。時効成立賛成派と反対派の争いは、法学的議論を超えて、ナチズムの過去を忘れて終わりにしたいという立場と、この過去に対して歴史的責任を負い、ナチス犯罪を追及し続けるべきという立場とのせめぎ合いでもあった。この論争は(西)ドイツの「過去の克服」の歴史における重要な一歩を標している。

第三章

(1) John Torpey, *Politics and the Past. On Repairing Historical Injustices*, New York und Oxford 2003, 3.

(2) Jureit/Schneider, *Gefühlte Opfer*. 以下、ウルリーケ・ユーライトが執筆した諸章を主に引き合いに出す。

(3) Frölich et al. (Hrsg.), *Das Unbehagen*.

(4) Giesecke/Welzer, *Das Menschenmögliche*.

(5) Weshalb erinnern? *Vorgänge. Zeitschrift für Bürgerrechte und Gesellschaftspolitik*, Heft 2, Juni 2012.

(6) Jureit/Schneider, *Gefühlte Opfer*, 84.

(7) Giesecke/Welzer, *Das Menschenmögliche*, 49.

(8) Es ist nie vorbei. Ein Interview mit dem Filmproduzenten Nico Hofmann, in: *Frankfurter Allgemeine Zeitung*, 18. 3. 2013, 27.

(9) Lübbe, *Vom Parteigenossen*, 345.

(10) Jureit/Schneider, *Gefühlte Opfer*, 25.

(11) Reinhart Koselleck, Formen und Traditionen des negativen Gedächtnisses, in: Volkhard Knigge/Norbert Frei, *Ver-*

brechen erinnern. Die Auseinandersetzung mit Holocaust und Völkermord, München 2002, 21–32, hier 28.

(12) Jureit/Schneider, *Gefühlte Opfer*, 33, 95 ff.

(13) Konitzer in: Frölich et al.(Hrsg.), *Das Unbehagen*, 120 f.

(14) Ebd., 124.

(15) Jureit/Schneider, *Gefühlte Opfer*, 85.

(16) Jureit in: Frölich et al.(Hrsg.), *Das Unbehagen*, 10, 27.

(17) この話を私はイグナーツ・ブービス本人から聞いた。彼はこの話を一九九〇年代半ばにコンスタンツ大学の大講堂で行なわれた講演で語った。

(18) Harald Schmid, Das Unbehagen in der Erinnerungskultur. Eine Annäherung an aktuelle Deutungsmuster, in: Frölich et al.(Hrsg.), *Das Unbehagen*, 161–181, hier 169.

(19) Ebd., 177.

(20) Lübbe, *Vom Parteigenossen*, 90.

(21) ヴェーラ・カッターマンの論文のタイトルにこうある。Vera Kattermann, Endlich fertig erinnert? Ein psychoanalytischer Beitrag zur Diskussion kollektiver Vergangenheitsarbeit, in: *Merkur* 66(Mai 2012), 459–465.

(22) Giesecke/Welzer, *Das Menschenmögliche*. 以下ではもっぱら、ハラルト・ヴェルツァーが執筆した数章だけを引き合いに出し、それゆえに彼の名前のみ挙げることにする。

(23) Ebd., 20.

(24) Ebd., 23.

(25) Bravourös bewältigt. Interview mit Hans-Ulrich Wehler, in: *Welt am Sonntag*, 8. 5. 2005. 同じくリュッベも次のように強調している。「ナチズムの経験に対する実際的な応答が連邦共和国でした。まさにこの国の建設が成功裏に進んだがゆえに、最終的にナチズムは完全に歴史化されて終わらなければならなかったのです」。Die Normalität des Unnormalen. Hermann Lübbe im Gespräch mit Stephan Sattler, in: *Focus*, 3. 9. 2007.

(26) Ebd.

(27) Giesecke/Welzer, *Das Menschenmögliche*, 21.

（28） Ebd., 25.
（29） Torpey, *Politics and the Past*, 26.
（30） Giesecke/Welzer, *Das Menschenmögliche*, 18.
（31） Konrad H. Jarausch, Nightmares of Daydreams? A Postscript on the Europeanisation of Memories, in: Malgorzata Pakier/Bo Strath (Hrsg.), *A European Memory? Contested Histories and Politics of Remembrance*, Oxford und New York 2010, 309–320, hier 314.
（32） Giesecke/Welzer, *Das Menschenmögliche*, 98–99.
（33） これに関しては以下を参照。Hans Joas, Gewalt und Menschenwürde. Wie aus Erfahrungen Rechte werden (Ms. 2009). および Jay Winter, Foreword: Remembrance as a Human Right, in: Aleida Assmann/Linda Shortt (Hrsg.), *Memory and Political Change*, Basingstoke 2011, vii-xi.
（34） Jürgen Habermas/Jacques Derrida, February 15, or What Binds Europeans Together: A Plea for a Common Foreign Policy, beginning at the Core of Europe, in: *Constellations* 10, Nr. 3 (2003), 291–297. Jacques Derrida, A Europe of Hope, in: *Epoché* 10, Nr. 2 (2006), 407–412.
（35） http://www.tagesschau.de/ausland/friedensnobelpreis-eu100.html（最終閲覧日二〇一三年四月三日）.
（36） Jureit/Schneider, *Gefühlte Opfer*, 34.
（37） Mary Douglas, *Ritual, Tabu und Körpersymbolik*, Frankfurt/M. 1986.
（38） 連邦大統領リュプケによって一九六三年に、つまり東ドイツでの蜂起の一〇年後に、国民記念日の地位にまで高められた六月一七日は、初期の連邦共和国の政治的記念文化では、市民とは遠い、上から指示された儀礼だった。青少年はこの日を「厳かに記念」すべしとされた。当時は松明行列が催された。
（39） Reinhard Wesel, Gedenken als Ritual: Zum politischen Sinn ‹sinnentleerter Rituale›, in: Wolfgang Bergem (Hrsg.), *Die NS-Diktatur im deutschen Erinnerungsdiskurs*, Opladen 2003, 17.
（40） Giesecke/Welzer, *Das Menschenmögliche*, 21.
（41） Christian Schüle, *Deutschlandvermessung. Abrechnungen eines Mittdreißigers*, München und Zürich 2006, 100.
（42） Annette Wieviorka, *L'ère du témoin*, Paris 1998.

（43） Lübbe, *Vom Parteigenossen*, 93.

（44） Hermann Lübbe, Correctness. Über Moral als Mittel der Meinungskontrolle, 1. 6. 2006, 1–20, hier 1, http://www.bund-freiheit-der-wissenschaft.de/downloads/texte/vt_010606_luebbe.pdf.

（45） Ebd., 3.

（46） Ebd., 16.

（47） Jureit/Schneider, *Gefühlte Opfer*, 34–35.

（48） Lübbe, Correctness, 15–16.

（49） Parvin Sadigh, Wer hat sich mehr blamiert?, in: *Zeit Online*, 11. 10. 2007, http://www.zeit.de/online/2007/42/presseschau-eva-herman-kerner/seite-2（最終閲覧日二〇一三年六月一一日）.

（50） Arne Hoffmann, *Der Fall Eva Herman. Hexenjagd in den Medien*, Grevenbroich, 2007.

（51） Sadigh, Wer hat sich mehr blamiert?

（52） Egon Flaig, Das Unvergleichliche, hier wird's Ereignis. Reflexion über die moralisch erzwungene Verdummung, in: *Merkur* 701（Oktober 2007）, 978–981.

（53） Lübbe, *Vom Parteigenossen*, 73.

（54） Brockhaus in: Frölich et al.（Hrsg.）, *Das Unbehagen*, 112.

（55） Lübbe, Correctness, 13, 15.

（56） Brockhaus in: Frölich et al.（Hrsg.）, *Das Unbehagen*, 113.

（57） Rolf Schieder, Die Zukunft der Religion. 引用は二〇一三年一月一四日にコンスタンツ大学で行なわれた講演の原稿によった。

（58） Ebd.

（59） 芸術の領域ではタブー化の規則は通用しない。その反対に、限度を越えることは——ホロコーストの描写においてさえも——芸術的創造性の主要な推進力をなしていると言える。

（60） Schieder, Die Zukunft der Religion, 18–19.

（61） Giesecke/Welzer, *Das Menschenmögliche*, 9.

(62) このインタビューはヨッヘン・フランクが行なった。*Frankfurter Rundschau*, 16./17. 5. 2012, 32.

(63) Giesecke/Welzer, *Das Menschenmögliche*, 100.

(64) Jureit nach Frölich et al.(Hrsg.), *Das Unbehagen*, 84.

(65) Ebd.

(66) Alain Badiou, *Le siècle*(2005). 引用はドイツ語版によった。*Das Jahrhundert*, Zürich und Berlin, 2006, 17-18. 新たな〈製作可能性のカルト〉、ならびに、規律訓練、仕上げ、品種改良の考えについては、とりわけ次の文献の「新しい人間」についての章を参照。Jörg Baberowski, *Verbrannte Erde. Stalins Herrschaft der Gewalt*, München 2012, 132-154.

(67) Lynn Hunt, *Inventing Human Rights. A History*, New York und London 2007, 204-205.

(68) Jureit nach Frölich et al.(Hrsg.), *Das Unbehagen*, 31.

(69) Rudolf Jaworski, Alte und neue Gedächtnisorte in Osteuropa nach dem Sturz des Kommunismus, in: ders./Jan Kusber/Ludwig Steindorff(Hrsg.), *Gedächtnisorte in Osteuropa. Vergangenheiten auf dem Prüfstand*, Frankfurt/M. und Wien 2003, 11-25, hier 21.

(70) Arno Borst, Barbarossas Erwachen. Zur Geschichte der deutschen Identität, in: Odo Marquard/Karlheinz Stierle (Hrsg.), *Identität. Poetik und Hermeneutik VIII*, München 1979, 17-60, hier 19.

(71) Lübbe, *Vom Parteigenossen*, 132-133. Frank Schirrmacher, Historisierung — Nur noch ein Kapitel im Geschichtsbuch, in: *Frankfurter Allgemeine Zeitung*, 18. 3. 2013, 3, 5.

(72) このことをミュンヘンの歴史家ヴィンフリート・シュルツェはある論文で「法律による想起」と名づけている。彼はその論文でヨーロッパの想起の政治を振り返っているが、教えられるところが多い。Winfried Schulze, Erinnerung per Gesetz oder «Freiheit für die Geschichte»?, in: *Geschichte in Wissenschaft und Unterricht*, Heft 7/8(2008), 364-381.

(73) Nikolay Koposov, «‹Memory Laws› in Europe: A New Civil Religion?». ジョンズ・ホプキンス大学での講演(二〇一三年一月二二日)。http://columns.uga.edu/news/article/noted-russian-historian-to-lecture-on-memory-laws/

(74) Giesecke/Welzer, *Das Menschenmögliche*, 49-50.

(75) Ebd., 50, 52.

(76) Ebd., 52.

(77) Schüle, *Deutschlandvermessung*, 98.
(78) Giesecke/Welzer, *Das Menschenmögliche*, 77.
(79) John Torpey, The Pursuit of the Past. A Polemical Perspective, in: Peter Seixas (Hrsg.), *Theorizing Historical Consciousness*, Toronto 2004, 240–255, hier 251.
(80) John Torpey, *Making Whole What Has Been Smashed. On Reparations Politics*, Harvard, MA 2006, 8-9.
(81) Torpey, The Pursuit of the Past, 251.
(82) Giesecke/Welzer, *Das Menschenmögliche*, 52.
(83) Jacob Burckhardt, Weltgeschichtliche Betrachtungen, in: ders., *Gesamtausgabe*, hrsg. v. Albert Oeri und Emil Dürr, Bd. 7, Berlin/Leipzig 1929, 6 f.
(84) Karl Reinhardt, Die Klassische Philologie und das Klassische, in: ders., *Vermächtnis der Antike. Gesammelte Essays zur Philosophie und Geschichtsschreibung*, Göttingen 1966, 334-360, hier 336.
(85) これについては次を参照。Aleida Assmann, *Ist die Zeit aus den Fugen? Aufstieg und Fall des Zeitregimes der Moderne*, München 2013.

〔1〕第一次世界大戦中の一九一五年に、オスマン帝国でアルメニア人が追放・虐殺された事件。被害者数は諸説あるが一五〇万人とも言われる。フランス、ドイツ、アメリカ、欧州議会など国際社会はこの事件をジェノサイドと認定しているが、トルコ政府は否定している。

〔2〕第二次世界大戦中の一九四〇年に、ロシアのスモレンスク近郊カティンの森で、ソ連の内務人民委員部が、捕虜としたポーランド軍将校を虐殺した事件。ソ連政府は当初否定していたが、一九九〇年に公式に謝罪した。

〔3〕ベルリン中心部のニーダーキルヒナー通りとヴィルヘルム通りに面したこの敷地には、一九三三年から一九四五年までの間、ゲシュタポ本部、親衛隊情報部、国家保安本部などナチスのテロル機構の中枢が置かれていた。この一画は第二次世界大戦末期に壊滅し、戦後は東西ベルリンの境の荒れ地となって、長らく市民の意識から消えていた。しかし、一九八〇年代に市民有志によってナチ時代の遺構の発掘が行なわれ、一九八七年以降、敷地の一部が一般公開された。二〇一〇年には資料館が完成し、現在は〈テロルのトポグラフィー〉の名称で国内外から多くの訪問者を集めている。

〔4〕ノイエ・ヴァッヘ（新衛兵所）は、元々はプロイセン王の衛兵屯所かつナポレオン戦争の戦没者追悼碑として、一八一六年に建設された。この施設は政治体制の転換に伴い何度も改造される。一九三一年には「第一次世界大戦戦没兵士のための追悼記念施設」に、東ドイツ時代には「ファシズムと軍国主義の被害者のための追悼記念施設」になる。そして、再統一後の一九九三年には、コール政権によって、「戦争と暴力支配の被害者のためのドイツ連邦共和国中央追悼記念施設」に改められる。擬古典主義様式の建物の内部には、彫刻家ケーテ・コルヴィッツの制作した母子像の拡大レプリカが据えられている。

〔5〕憲法パトリオティズム（Verfassungspatriotismus）は、ドイツの政治学者ドルフ・シュテルンベルガー（一九〇七～八九）に由来する概念。国民統合の基礎を、民族や言語などではなく、民主主義、法治国家、基本的人権などの普遍的原理を掲げる憲法に求め、市民の自主的な参加を重視する考え。「歴史家論争」（一九八六～八七）でユルゲン・ハーバーマス（一九二九～）が改めて提唱し、よく知られるようになった。

〔6〕ヨシュカ・フィッシャー（一九四八～）はドイツの元政治家（九〇年同盟／緑の党）。六八年世代の代表的人物の一人。一九九八年から二〇〇五年までシュレーダー政権で連邦外務大臣兼副首相を務めた。一九九九年のコソボ紛争時、ドイツはNATOの空爆に参加。戦後初の国外派兵をめぐり、連立与党の九〇年同盟／緑の党の内部では賛成派と反対派に分裂。フィッシャーは、一九九九年五月の党大会の演説で、セルビアの行為をホロコーストになぞらえ、アウシュヴィッツを「繰り返してはならない」として、空爆参加を、ドイツの歴史的責任を顧慮した人道的介入として正当化した。フィッシャーの演説は、九〇年代の政治的言説で、「アウシュヴィッツ」が、ドイツの国民的アイデンティティを基礎づける符号として普遍化したことを示す一例。

〔7〕ドイツ刑法典一三〇条に「民衆扇動罪」が定められている。公共の安寧を乱す形で、その帰属ゆえに特定の人々に対する憎悪や暴力行為を扇動したり、尊厳を傷つける行為をした者に適用される。ホロコーストの否認や、ナチズムを礼賛する言動も適用の対象になる。違反した場合には最長で五年の自由刑が科される。

〔8〕〈おじいちゃんはナチじゃなかった〉はハラルト・ヴェルツァーらの著した研究書のタイトル（Harald Welzer/Sabine Moller/Karoline Tschuggnall, *«Opa war kein Nazi». Nationalsozialismus und Holocaust im Familiengedächtnis*, Frankfurt/M. 2002）。社会心理学の観点からドイツ人の間世代的記憶を検証。インタビューによって、家族内の語りの中で、ナチズムの過去がどう想起され、解釈されているかを調査した。その結果、学校教育で習得するような客観的な「歴史知識」に対して、「歴史意識」つまり「過去についての感情的なイメージ」の次元では、ほとんどの「まったく普通のドイツ人」の家族の記憶

では、かつてナチに加担した祖父母の世代は加害者としてではなく、被害者あるいは英雄として想起されていることがわかった。

ドイツの想起の文化の実践領域

（1） Jonathan Safran Foer, *Extrem laut und unglaublich nah*, Frankfurt/M. 2011, 105.

（2） Giesecke/Welzer, *Das Menschenmögliche*, 20–21.

第四章

（1） Lepsius, Das Erbe des Nationalsozialismus, 247–262.

（2） Volkhard Knigge, Zweifacher Schmerz. Speziallagererinnerung jenseits falscher Analogien und Retrodebatten, in: Petra Haustein et al.（Hrsg.）, *Instrumentalisierung, Verdrängung, Aufarbeitung. Die sowjetischen Speziallager in der gesellschaftlichen Wahrnehmung 1945 bis heute*, Göttingen 2006, 250–264.

（3） Gedenkstätten: Den doppelten Schmerz aushalten（フォルクハルト・クニッゲとのインタビュー）, in: *Spiegel Online*, 25. 4. 2006, http://www.spiegel.de/politik/deutschland/gedenkstaetten-den-doppelten-schmerz-aushalten-a-412829.html（最終閲覧日二〇一三年六月一四日）.

（4） Philipp Oehmke, Zwickmühle der Vergangenheit, in: *Der Spiegel* 21（2008）, 166.

（5） Katrin Göring-Eckardt, Kritisch Erinnern — Grüne Positionen zur Aufarbeitung der Vergangenheit（原稿、二〇〇八年）, 1.

（6） Bernd Faulenbach, Probleme des Umgangs mit der Vergangenheit im vereinten Deutschland. Zur Gegenwartsbedeutung der jüngsten Geschichte, in: Werner Weidenfeld（Hrsg.）: *Deutschland. Eine Nation — doppelte Geschichte. Materialien zum deutschen Selbstverständnis*, Köln 1993, 190. 連邦議会が投入した「ＳＥＤ独裁の歴史と結果の再検討」〔Aufarbeitung von Geschichte und Folgen der SED-Diktatur〕のためのアンケート調査委員会は、一万五〇〇〇ページ以上におよぶ成果を著した。一九九五年にはさらに第二の委員会が続いた。

（7） Göring-Eckardt, Kritisch Erinnern, 15.

（8） Ebd., 3.

（9） Eckard Jesse, Die zweiten Materialien einer Enquete-Kommission zur SED-Diktatur: kein Aufguß der ersten, in: *Jahrbuch für Historische Kommunismusforschung 2000/2001*, Berlin 2001, 484-488.

（10） Zum Schlußbericht der Enquete-Kommission »Deutsche Einheit« des Bundestages. Gemeinsame Erklärung des Parteivorstands und der Bundestagsgruppe der PDS（一九九八年六月一七日付）, http://archiv2007.sozialisten.de/partei/geschichte/view_html?zid=3362&bs=41&n=48（最終閲覧日二〇一二年二月七日）.

（11） Claus Peter Müller, Leerzellen der Geschichte, in: *Frankfurter Allgemeine Zeitung*, 5. 1. 2010, 3.

（12） Wolfgang Schuller, Erst Unrecht, dann Undank, in: *Die Welt*, 12. 2. 2011, http://www.welt.de/print/die_welt/vermischtes/article12515731/Erst-Unrecht-dann-Undank.html（最終閲覧日二〇一三年六月一四日）.

〔1〕 連邦大統領ヴァイツゼッカー（一九二〇～二〇一五）が、一九八五年五月八日に、終戦四〇周年を記念して連邦議会で行なった演説は、「過去に目を閉ざす人は、現在に対して盲目になります」と説き、「過去の克服」から「想起の文化」に向かう一つの転機となった。ヴァイツゼッカーはこの演説で、ユダヤ神秘主義の言葉「忘れようとすることは流謫を長引かせる。そして救済の秘密とは想起のことである」を引用。これをキリスト教的な救済信仰の文脈に接続して、ユダヤ民族との和解（ドイツ人の救済）への希望は、罪を想起することにこそ芽生えるとした。

〔2〕 ベアーテ・クラールスフェルト（一九三九～）はドイツ出身のジャーナリスト。夫セルジュ・クラールスフェルト（一九三五～）とともに、ナチス犯罪を追及することを生涯の課題にした。詳細なドキュメント調査で、処罰されることなく生きている多くのナチス犯罪人を突き止め、司法の手に引き渡すことに貢献した。重要な犯罪人に、例えば、ヴィシー政権下のリヨンのゲシュタポ長官クラウス・バルビーなどがいる。

〔3〕 ニコライ記念柱（Nikolaisäule）は、ライプツィヒのニコライ教会に隣接する広場に立つモニュメント。一九八九年秋の東ドイツの平和革命で重要な役割を担った、民主化を求める市民の大規模なデモ行進を記念している。

第五章

(1) Jureit in: Frölich et al. (Hrsg.), *Das Unbehagen*, 36.

(2) 次の記事にあるハンネローレ・クラフトの発言。Martin Kessler, Teamwork in Israel: Hannelore Kraft und Christina Rau — das passt, in: *RP online*, www.rp-online.de/politik/deutschland/Hannelore-Kraft-und-Christina-Rau-das-passt_aid_972730.html(最終閲覧日二〇一一年三月八日).

(3) Leslie Fiedler, Cross the Border, Close the Gap, in: Wolfgang Welsch (Hrsg.), *Wege aus der Moderne. Schlüsseltexte der Postmoderne-Diskussion*, Weinheim 1988, 57-74, hier 73.

(4) Christine Zeuner, Citizenship Education in Kanada: Zwischen Integration und Selektion, in: Hermann J. Forneck et al. (Hrsg.), *Teilhabe an der Erwachsenenbildung und gesellschaftliche Modernisierung*, Baltmannsweiler 2006, 65-82.

(5) 二〇〇七年三月一日にバンクーバーで、ある市民権取得式に際して行なわれた、ジョン・ラルストン・ソウルの演説から引用。John Ralston Saul, Some thoughts on Canadian citizenship, http://www.johnralstonsaul.com/eng/articles_detail.php?id=72%E2%8C%A9=eng.(最終閲覧日二〇一一年一〇月). これを教えてくれたミーシャ・ガボヴィッチュに感謝する。

(6) Ghassan Hage, *Against Paranoid: Searching for Hope in a Shrinking Society*, Annandale, N. S. W. 2003, 100.

(7) Hanno Loewy, *Taxi nach Auschwitz. Feuilletons*, Berlin und Wien 2002, 4, 3.

(8) Dan Diner, Nation, Migration and Memory: On Historical Concepts of Citizenship, in: *Constellations* 4, Nr. I. 3 (1998), 293-306, hier 303.

(9) Michael Rothberg/Yasemin Yildiz, Memory Citizenship: Migrant Archives of Holocaust Remembrance in Contemporary Germany, in: *Parallax* 17, Nr. 4 (2011), 32-48.

(10) Wolfgang Michal, Wunschtraumata der Kinder, in: *Frankfurter Allgemeine Zeitung*, 22. 3. 2013, 43.

(11) Harald Welzer, Weitgehend ohne Moral, in: *Frankfurter Rundschau*, 16./17. 5. 2012, 32.

(12) Viola B. Georgi, *Entliehene Erinnerung: Geschichtsbilder junger Migranten in Deutschland*, Hamburg 2003.

(13) Jan Motte/Rainer Ohliger, Geschichte und Gedächtnis in der Einwanderungsgesellschaft: Einführende Betrachtungen, in: dies. (Hrsg.), *Geschichte und Gedächtnis in der Einwanderungsgesellschaft: Migration zwischen historischer Rekonstruktion und Erinnerungspolitik*, Essen 2004, 7-16.

(14) Ralston Saul, Some thoughts on Canadian citizenship.

（15） Severin Weiland, Zwickauer Zelle: Republik im Schockzustand, in: *Spiegel Online*, 13. 11. 2011.

（16） 彼の娘セミヤ・シムシェクは、つい最近、この不安な一一年間についての本を出版した。Semiya Simsek/Peter Schwarz, *Schmerzliche Heimat. Deutschland und der Mord an meinem Vater*, Berlin 2013.

（17） 次を参照。Mordserie: Friedrich spricht erstmals von Rechtsterrorismus, in: *Welt Online*, 13. 11. 2011, http://www.welt.de/politik/deutschland/article13714953/Friedrich-spricht-erstmals-von-Rechtsterrorismus.html（最終閲覧日二〇一三年六月一四日）.

（18） Ebd.

（19） Knigge, Zur Zukunft der Erinnerung, 10, 15.

（20） これら未来に関わるテーマにヴェルツァーとギーゼッケは言及していない。それどころか、ネオナチの危険をヴェルツァーははっきりと除外する。「民主主義を危険にさらす事柄は、（ネオナチのような）民主主義の決然たる敵対者に発するよりも、むしろ――例えば連邦国防軍の国内投入、拷問禁止の違反、人格権の軽視のような――現実的にはやむをえないかのように見える、諸規範の解体に発する」（Giesecke/Welzer, *Das Menschenmögliche*, 95）。

（21） Astrid Messerschmidt, *Weltbilder und Selbstbilder. Bildungsprozesse im Umgang mit Globalisierung, Migration und Zeitgeschichte*, Frankfurt/M. 2009, 205.

（22） Ebd.

（23） Wilhelm Heitmeyer, Gruppenbezogene Menschenfeindlichkeit in einem entsicherten Jahrzehnt, in: ders.（Hrsg.）, *Deutsche Zustände*, Frankfurt/M. 2012, 15-41; Beate Küpper, Gruppenbezogene Menschenfeindlichkeit in Deutschland. Bericht aus einem Langzeitprojekt, in: *Die Abwertung der Anderen. Theorien, Praxis, Reflexionen*, Frankfurt/M. 2011, 6-9.

（24） Navid Kermani, Rede zur Eröffnung der Hamburger Lessingtage（レッシング祭の開幕にあたり二〇一二年一月二二日にハンブルクでなされた演説の原稿）, 8.

（25） Hannes Zender, Die Neue Rechte zwischen Konservatismus und Rechtsextremismus. Neurechte Deutungsmuster am Beispiel der Debatte um Thilo Sarrazin（Magisterarbeit, Universität Heidelberg, 2011）.

（26） Matthias Deiß, «Acht Türken, ein Grieche und eine Polizistin — Die Opfer der Rechtsterroristen». この四三分間のフィルムは二〇一二年三月一二日にＷＤＲで放映された（http://www.youtube.com/watch?v=LrcYfAw6vso）。

(27) Bundespräsident trifft Hinterbliebene, in: *Frankfurter Allgemeine Zeitung*, 18. 2. 2013, http://www.faz.net/aktuell/politik/inland/rechtsextremismus/nsu-mordserie-bundespraesident-trifft-hinterbliebene-12084807.html（最終閲覧日二〇一三年六月一五日）.

(28) この展示は、ネットワーク〈ヘッセンにとどまろう〉〔BLEIB in Hessen〕のカッセル事務所で二〇一二年一一月から二〇一三年二月まで、それから、新しい要素を加えてカッセル大学で公開された。

(29) このプロジェクトの概要より。書類を送ってくれた芸術家たちに感謝する。

(30) 展示〈目をつぶる、フォトモーテル・カッセル、二〇一二年六月から九月〉〔Augenzu, Fotomotel Kassel, Juni-September 2012〕から引用。

(31) Paul Rusesabagina, *An Ordinary Man. An Autobiography*, London 2006, 190.

〔1〕ドイツの国籍法は、両親のうちどちらかがドイツ人であればその子をドイツ人とする血統主義を定めていた。しかし、一九九九年の法改正によって出生地主義が加えられ、ドイツで生まれた外国人の子供は、両親のうちどちらかが八年以上ドイツに合法的に滞在し、かつ、無期限の滞在資格を有していれば、ドイツ国籍を取得できるようになった。

トランスナショナルな視点

第六章

(1) Tzvetan Todorov, *Hope and Memory. Lessons from the Twentieth Century*, Princeton, NJ 2003, 142-143.

(2) Charles S. Maier, A Surfeit of Memory? Reflections on History, Melancholy and Denial, in: *History and Memory* 5, Nr. 2 (1993), 136-151, hier 143, 146.

(3) Ebd., 147.

(4) Dietmar Rothermund, Ismaël-Sélim Khaznadar. Aspects de la repentance（書評）, in: H-Soz-u-Kult (April 2013), http://www.h-net.org/reviews/showpdf.php?id=38938（最終閲覧日二〇一三年四月二三日）.

(5) Friedrich Nietzsche, Jenseits von Gut und Böse, in: ders., *Sämtliche Werke*, hrsg. v. Giorgio Colli und Martino Montinari, Berlin und New York 1988, Bd. V, 86.

(6) Martin Sabrow, Erinnerung als Pathosformel der Gegenwart, in: *Vorgänge. Zeitschrift für Bürgerrechte und Gesellschaftspolitik* 51, Nr. 2(2012), 4-15, hier 14, 10.

(7) Martin Sabrow, Held und Opfer. Zum Subjektwandel deutscher Vergangenheitsverständigung im 20. Jahrhundert, in: Frölich et al.(Hrsg.), *Das Unbehagen*, 46.

(8) Ebd., 53.

(9) Ebd., 54.

(10) Jie-Hyun Lim, Victimhood Nationalism in Contested Memories: National Mourning and Accountability, in: Aleida Assmann/Sebastian Conrad (Hrsg.), *Memory in a Global Age — Discourses, Practices and Trajectories*, Houndmills 2010, 138-162, hier 139.

(11) Sabrow, Erinnerung als Pathosformel, 11.

(12) Ebd.

(13) Micha Brumlik, Bildung nach Auschwitz im Zeitalter der Globalisierung, in: *Vorgänge. Zeitschrift für Bürgerrechte und Gesellschaftspolitik* 51, Nr. 2(2012), 41-50, hier 45.

(14) ここで付言するならば、これら国際的次元における異なる歴史像の摩擦では、公式の用語も問題含みの役割を演じている。犯罪の階梯には明確なヒエラルヒーがある。頂点にあるのは〈ジェノサイド〉の概念だ。その典型としてホロコーストが世界の人々の意識の中に確たる地位を築いた。はるか下方に位置づけられるのが〈大虐殺《マサカー》〉という概念である。自分が加害者の立場にいるのに気づいた人は、ジェノサイドの概念を何が何でも避けて、むしろ大虐殺という語に固執するだろう。これは、トルコの今日の公式路線に一致している。第一次世界大戦の陰でなされたアルメニア人の殺害が問題になるとき、トルコ国外では通常ジェノサイドという言い方をする。しかしトルコでは大虐殺としか言わない。しかしながら、被害者の立場で語る人は、逆に、ジェノサイドという語を大虐殺という語よりも好むだろう。このことを、ＺＤＦの三部作『我らの母たち、我らの父たち』に対する、あるロシアのテレビ司会者の最近の反応が示している。彼はこのテレビ映画を歴史の歪曲として非難した。彼に言わせれば、この映画はドイツの兵士たちによる二二〇〇万のロシア人の絶滅を見せなかった。「ドイツは私たちを急襲した。これは、ロシアの人々に対して犯された、人類史上最大のジェノサイドだった。しかし皆はホロコーストのことしか語らない」。Thomas Franke, Verkürzte Wahrheit, verfälschte Geschichte. Russische Medien kritisieren ZDF-Serie «Unsere Mütter, unsere Väter», Deutschlandfunk, 5. 5. 2013, Reporter: Thomas Franke.

(15) Friedrich Nietzsche, Vom Nutzen und Nachteil der Historie für das Leben, in: ders., *Werke in drei Bänden*, hrsg. v. Karl Schlechta, München 1962, Bd. 1, 214.

(16) Birgit Schwelling, Gedenken im Nachkrieg. Die «Friedland-Gedächtnisstätte», in: *Zeithistorische Forschungen/Studies in Contemporary History* 5, Nr. 2 (2008), http://www.zeithistorische-forschungen.de/16126041-Schwelling-2-2008 (最終閲覧日二〇一三年六月一五日).

(17) Jens Kroh, Das erweiterte Europa auf dem Weg zu einem gemeinsamen Gedächtnis?, in: Frölich et al. (Hrsg.), *Das Unbehagen*, 201–216, hier 215–216.

(18) 次を参照。Jan T. Gross mit Irena Grudzinska Gross, *Golden Harvest. Events on the Periphery of the Holocaust*, Oxford 2011.

(19) このタスク・フォースは二〇一二年に改称し、現在は〈国際ホロコースト想起同盟〉(ＩＨＲＡ)〔International Holocaust Remembrance Alliance〕という。

(20) Amtsblatt der Europäischen Union vom 27. 1. 2005: Holocaust, Antisemitismus und Rassismus. Entschließung des Europäischen Parlaments zum Gedenken an den Holocaust sowie zu Antisemitismus und Rassismus, eurlex.europa.eu/LexUriServ/LexUriServ.do?uri=OJ:C:2005:253E:0037:0039:DE:PDF.

(21) Dan Diner, *Gegenläufige Gedächtnisse. Über Geltung und Wirkung des Holocaust*, Göttingen 2007.

(22) Alon Confino, The Holocaust as a Symbolic Manual: The French Revolution, the Holocaust, and Global Memories, in: Haim Hazan/Amos Goldberg (Hrsg.), *Marking Evil: The Dialectic of Globalizing the Holocaust*, New York 2013.

(23) Ebd.

(24) Jens Kroh, *Transnationale Erinnerung. Der Holocaust im Fokus geschichtspolitischer Initiativen*, Frankfurt/M. 2008; ders., Das erweiterte Europa.

(25) Janusz Reiter, Fremde Federn: Geteilte Erinnerung im vereinten Europa, in: *Frankfurter Allgemeine Zeitung*, 7. 5. 2005,

8.

(26) Emmanuel Droit, Die Shoah: Von einem westeuropäischen zu einem transeuropäischen Erinnerungsort?, in: Kirstin Buchinger/Claire Gantet/Jakob Vogel (Hrsg.), *Europäische Erinnerungsräume*, Frankfurt/M. und New York 2009, 257–265.

(27) ホロコーストを生き延びた彼女の自伝はドイツ語でも刊行されている。Simone Veil, *Und dennoch leben. Die Autobiographie der großen Europäerin*, Berlin 2009.

(28) 演説の文言から引用。http://www.die-union.de/reden/altes_neues_europa.htm（最終閲覧日二〇一三年六月一四日）。サンドラ・カルニエテは自らの運命を次の本で語っている。Sandra Kalniete, *Mit Ballschuhen im sibirischen Schnee. Die Geschichte meiner Familie*, München 2005.

(29) Ebd.

(30) Entschließung 1481 (2006). これについては次を参照。Katrin Hammerstein/Birgit Hofmann, Europäische «Interventionen». Resolutionen und Initiativen zum Umgang mit diktatorischer Vergangenheit, in: Katrin Hammerstein et al. (Hrsg.), *Aufarbeitung der Diktatur — Diktat der Aufarbeitung? Normierungsprozesse beim Umgang mit diktatorischer Vergangenheit*, Göttingen 2008, 196–202.

(31) Kroh, Das erweiterte Europa, 215, 214.

(32) Brumlik, Bildung nach Auschwitz, 46.

(33) Entschließung des Europäischen Parlaments vom 2. April 2009 zum Gewissen Europas und zum Totalitarismus, http://eur-lex.europa.eu/legal-content/DE/TXT/PDF/?uri=CELEX:52009IP0213&from=DE.

(34) Charles S. Maier, Heißes und kaltes Gedächtnis: Über die politische Halbwertszeit von Nazismus und Kommunismus, in: *Transit* Nr. 22 (Winter 2001/2002), 153–165.

(35) Éva Kovács, Das Gedächtnis der Shoah als mémoire croisée der verschiedenen politischen Systeme, in: *Eurozine* (2007), http://www.eurozine.com/articles/article_2007-04-18-kovacs-de.html（最終閲覧日二〇一一年三月四日）.

(36) Claus Leggewie, *Der Kampf um die europäische Erinnerung. Ein Schlachtfeld wird besichtigt*, München 2011, 11.

(37) イレナ・ヴェイサイテとのインタビュー。Irena Veisaitė, The Lessons of the Holocaust, in: Joseph Levinson (Hrsg.), *The Shoah in Lithuania*, Vilnius 2006, 494.

(38) Uilleam Blacker/Alexander Etkind, *Memory and Theory in Eastern Europe*, Cambridge 2013, 6.

(39) Vgl. Zuzanna Bogumil, Stone, Cross and Mask: Searching for Language of Commemoration of the Gulag in the Russian Federation, in: *Polish Sociological Review* 177, Nr. 1(2011), 71–90.

(40) 二〇一一年三月七日付のパヴェル・テュッヘルの電子メールから抜粋。

(41) Blacker/Etkind, *Memory and Theory*, 12.

(42) 「国際的な」あるいは「想像のスーパー共同体」という概念については次を参照。Michel-Rolph Trouillot, Abortive Rituals: Historical Apologies in the Global Era, in: Jeffrey Olick et al.(Hrsg.), *The Collective Memory Reader*, Oxford 2011, 458–468, hier 462.

(43) Mark Osiel, Mass Atrocity, Collective Memory, and Law, in: Olick et al.(Hrsg.), *The Collective Memory Reader*, 468–470, hier 470.

(44) «Kalenderblatt: Vergebungsbitten im Petersdom»（ペーター・ヘルテル編集、ドイツ放送で二〇一〇年三月一二日に放送）, http://www.dradio.de/dlf/sendungen/kalenderblatt/1140262(最終閲覧日二〇一三年六月一四日).

(45) Michael Martens, Rednerische Irrfahrten, in: *Frankfurter Allgemeine Zeitung*, 26. 4. 2013, 1.

(46) Pascal Bruckner, *La Tyrannie de la Pénitence. Essai sur le masochisme occidental*, Paris 2006. 引用はドイツ語版による。Pascal Bruckner, *Der Schuldkomplex. Vom Nutzen und Nachteil der Geschichte für Europa*, Berlin 2008, 173.

(47) Ann Rigney, Transforming Memory and the European Project, in: *New Literary History* 43(2012), 607–628, hier 615.

(48) Dipesh Chakrabarty, History and the Politics of Recognition, in: Keith Jenkins/Sue Morgan/Alun Munslow (Hrsg.), *Manifestos for History*, London und New York 2007, 77–87.

(49) Ebd., 78.

(50) Ebd., 80. その典型が次の文献だ。Saul Friedländer, *Das Dritte Reich und die Juden*. Erster Band: *Die Jahre der Verfolgung: 1933–1939*, München 1998.

(51) Olick et al.(Hrsg.), *The Collective Memory Reader*; John Torpey, The Pursuit of the Past. A Polemical Perspective, in: Peter Seixas(Hrsg.), *Theorizing Historical Consciousness*, Toronto 2004, 240–255.

(52) Michael Rothberg, *Multidirectional Memory. Remembering the Holocaust in the Age of Decolonization*, Stanford, CA

2009, 1.

（53） Chakrabarty, History and the Politics of Recognition, 82.

（54） Rothberg, *Multidirectional Memory*, 313.

（55） 例えば、合衆国における奴隷制の想起や、ドイツにおける被追放者の想起について、〈ホロコースト化〉という言い方がなされる。次を参照。Eva Hahn, Über die Holocaustisierung des Vertreibungsdiskurses, in: *Jenseits von Steinbach. Zur Kontroverse um ein Vertreibungszentrum im Kontext des deutschen Opferdiskurses*, hrsg. v. Arbeitskreis geschichtspolitische Interventionen, Berlin 2010, 11-13.

（56） Rothberg, *Multidirectional Memory*, 11.

〔1〕 第二次世界大戦末期から一九四九年までの間に、かつてのドイツの東部領や東欧諸国から、大量のドイツ系住民が逃避したり、追放されたりした。その数は一五〇〇万人とも言われ、ドイツに向かう途中およそ二〇〇万人が、飢え、寒さ、病気、襲撃などで死亡したとされる。「反追放センター」(Zentrum gegen Vertreibung)は、一九九九年に、被追放者連盟が発表したプロジェクトで、ベルリンに、被追放者のための追悼記念施設を設置するというもの。二〇〇〇年九月には同名の財団が設立され、プロジェクトの実現を目指している。センターの活動は、ナチス・ドイツの戦争責任とホロコーストを相対化する歴史修正主義的なロビー運動、あるいは、戦前の領土回復を目指すナショナリズムの偽装ではないかとして、ドイツ国内やポーランド、チェコなどで批判を受けている。

〔2〕 正式名称は「故郷を追われたドイツ人の憲章」(Charta der deutschen Heimatvertriebenen)。被追放者の諸連盟によって一九五〇年八月にシュトゥットガルトで発表された。被追放者の「義務ならびに権利」として、復讐と報復の放棄、統一されたヨーロッパの構築、ドイツとヨーロッパの再建に参加することを宣言、さらに「神が授けた人類の基本的権利」である「故郷に対する権利」が承認され、実現されることを求めている。しかし、ナチス犯罪や他の被害者集団については述べられていない。

〔3〕 クルト・ヴァルトハイム(一九一八～二〇〇七)はオーストリアの外交官・政治家。国連事務総長(一九七二～八一)、オーストリア大統領(一九八六～九二)を歴任。大統領選挙に際して、第二次世界大戦中、ナチス・ドイツの情報将校として、ユーゴスラヴィアとギリシアで戦争犯罪に関与していた疑惑が浮上。ヴァルトハイムは疑惑を否定して当選するが、後に関与が明

らかになり、アメリカなど旧連合国を中心とする多くの国で「ペルソナ・ノン・グラータ」とされた。

第七章

（1） Jan Philipp Reemtsma, Wozu Gedenkstätten?, in: *Aus Politik und Zeitgeschichte* 25–26 (2010), 3–9, hier 3.
（2） Avishai Margalit, *The Ethics of Memory*, Cambridge, MA 2003, vii-ix.
（3） 彼はさらに〈覆うこと〉と〈抹消すること〉を区別し、前者の形式を支持している。否定的な経験を抹消することを、彼は実行可能な選択肢とは考えていないが、覆うこと、それについて語らないことは、そのかぎりではない。
（4） Christian Meier, *Das Gebot zu vergessen und die Unabweisbarkeit des Erinnerns. Vom öffentlichen Umgang mit schlimmer Vergangenheit*, München 2010.
（5） Vgl. Nicole Loraux, *La Cité divisée. L'oubli dans la Mémoire d'Athènes*, Paris 1997; Hinderk Emrich/Gary Smith (Hrsg.), *Vom Nutzen des Vergessens*, Berlin 1996; Gary Smith/Avishai Margalit (Hrsg.), *Amnestie, oder Die Politik der Erinnerung*, Frankfurt/M. 1997.
（6） William Shakespeare, *Richard II*, I, 1, 156; *The Complete Works of William Shakespeare*, hrsg. v. W. J. Craig, London 1959, 382.
（7） Tony Judt, The Past is Another Country: Myth and Memory in Postwar Europe, in: *Daedalus* 121 (Herbst 1992), 83–118, 87, hier 89.
（8） Randolph S. Churchill (Hrsg.), *The Sinews of Peace. Post-War Speeches by Winston S. Churchill*, London 1948, 200（マルコ・ドゥランティがこれを教えてくれた）.
（9） Aleida Assmann, *Ist die Zeit aus den Fugen? Aufstieg und Fall des Zeitregimes der Moderne*, München 2013.
（10） 次の文章を、ジャーナリストのハンス・ウルリヒ・ケンプスキーが、アデナウアーのテル・アヴィヴ訪問時の発言として記録している。「ナチ時代にはユダヤ人と同じくらいたくさんのドイツ人が殺されました……私たちはこの時代をいまや忘却の彼方に沈ませるべきです」。Konrad Adenauer, *Die letzten Lebensjahre 1963–1967. Briefe und Aufzeichnungen, Gespräche, Interviews und Reden*, Bd. II: September 1965 — April 1967, bearb. v. Hans Peter Mensing, Paderborn 2009. Rainer Blasius, *Akten zur Auswärtigen Politik der Bundesrepublik Deutschland, 1966*, München 1997.

（11） Hannah Arendt, *The Origins of Totalitarianism* (1951). 引用はドイツ語版によった。*Elemente und Ursprünge totaler Herrschaft. Antisemitismus, Imperialismus, Totalitarismus*, 9. Aufl., München 2003, xxix.

（12） Arendt, *Elemente und Ursprünge*, xxx.

（13） 「死の収容所の灰の中から、グロテスクな、新しい認識の木が育った。そして私たちは皆、その苦い果実を味わい、私たちの先祖が知らなかったことをいまや知った。すなわち、このことが起こりうるのなら、すべてが起こりうるということを」。Yosef H. Yerushalmi, *Diener von Königen und nicht von Dienern. Einige Aspekte der Geschichte der Juden*, München 1995, 55.

（14） Arendt, *Elemente und Ursprünge*, xxxi.

（15） Ebd.

（16） Ebd.

（17） Geoffrey H. Hartman (Hrsg.), *Bitburg in Moral and Political Perspective*, Bloomington 1986.

（18） Norbert Frei, *Vergangenheitspolitik. Die Anfänge der Bundesrepublik und die NS-Vergangenheit*, 2. Aufl., München 1997; Edgar Wolfrum, *Geschichtspolitik in der Bundesrepublik Deutschland: Der Weg zur bundesrepublikanischen Erinnerung 1948–1990*, Darmstadt 1999.

（19） これらの活動の概観を次の論文が与えてくれる。Pierre Hazan, Das neue Mantra der Gerechtigkeit. Vom beschränkten Erfolg verordneter Vergangenheitsbewältigung, in: *Der Überblick. Deutsche Zeitschrift für Entwicklungspolitik* 43, Nr. 1+2 (2007), 10–22. この論文は紛争後の正義の問題を扱っている。

（20） Marc Bloch, Für eine vergleichende Gesellschaftsbetrachtung in der europäischen Gesellschaft, in: Matthias Middell/Steffen Sammler (Hrsg.), *Alles Gewordene hat Geschichte. Die Schule der Annales in ihren Texten 1929–1992*, Leipzig 1994, 121–167, hier 159.

（21） Europäische Kommission, Arbeitsprogramm 2009; Kooperationsthema 8: Wirtschafts- und Sozialwissenschaften und Geisteswissenschaften, Rev. 18, http://ec.europa.eu/atwork/planning-and-preparing/work-programme/index_de.htm（最終閲覧日二〇一三年六月一八日）.

（22） これについては次の論文でより詳しく述べている。Aleida Assmann, Europe: A Community of Memory? Twentieth

Annual Lecture of the GHI, 16. November 2006, in: GHI *Bulletin* 40 (Frühjahr 2007), 11–25.

(23) Alexander und Margarete Mitscherlich, Nachwort, in: dies., *Die Unfähigkeit zu trauern. Grundlagen kollektiven Verhaltens*, München 1977, 365.

(24) Richard Sennett, Disturbing Memories, in: Patricia Fara/Keraly Patterson (Hrsg.), *Memory*, Cambridge 1998, 10–26, hier 14.

(25) Konrad Schuller, Sie schonen sich nicht. Polen debattiert »Unsere Mütter, unsere Väter«, in: *Frankfurter Allgemeine Zeitung*, 22. 6. 2013, 38. もっともシュラーは、この映画をポーランドのテレビで観た三七〇万のポーランド人が、腹立たしいくだりがあるにもかかわらず、一部は非常に異なった受けとめ方もしたことを強調している。

(26) Peter Jahn, *27 Millionen*, in: *Zeit Online* Nr. 25, 14. 6. 2007, http://www.zeit.de/2007/25/27-Millionen-Tote (最終閲覧日二〇一三年六月一八日).

(27) Luisa Passerini, Shareable Narratives? Intersubjectivity, Life Stories and Reinterpreting the Past, Berkeley Paper 11.-16. August 2002, 5, 14. 引用はオンライン版によった。bancroft.berkeley.edu/ROHO/education/docs/shareablenarratives.doc (最終閲覧日二〇一三年六月一五日).

(28) Péter Esterházy, Alle Hände sind unsere Hände, in: *Süddeutsche Zeitung*, 11. 10. 2004, 16.

(29) György Konrád, Aufruhr. Rede zur Eröffnung des 50-jährigen Bestehens der Aktion Sühnezeichen am 3. Mai 2008 im Haus der Kulturen der Welt in Berlin, www.asf-ev.de/fileadmin/asf_upload/aktuelles/Jubilaeum2008/gyoergy.pdf.

(30) Amos Oz, Israelis und Araber: Der Heilungsprozeß, in: *Trialog der Kulturen im Zeitalter der Globalisierung*, Sinclair-Haus Gespräche, 11. Gespräch, 5–8. Dezember 1998, Herbert-Quandt-Stiftung, Bad Homburg v. d. Höhe, 82–89, hier 83.

(31) これについては次を参照。Peter Reichel, Der Nationalsozialismus vor Gericht und die Rückkehr zum Rechtsstaat, in: ders./Harald Schmid/Peter Steinbach (Hrsg.), *Der Nationalsozialismus — Die zweite Geschichte: Überwindung — Deutung — Erinnerung*, München 2009, 22–61.

〔1〕「償いの印・平和奉仕活動」(Aktion Sühnezeichen Friedensdienste)は、ローター・クライシヒ(一八九八〜一九八六)の呼びかけで一九五八年に設立された、ドイツのプロテスタント系の市民組織。ドイツ国外のナチズムの被害者との和解を目指

し、若者ボランティアによる国際的な社会奉仕活動を展開している。

結　び——新たな想起の文化の諸前提

（1）Karl Jaspers, Wahrheit, Freiheit, Friede. Dankesrede zur Verleihung des Friedenspreises des Deutschen Buchhandels 1958, http://www.friedenspreis-des-deutschen-buchhandels.de/sixcms/media.php/1290/1958_jaspers.pdf（最終閲覧日二〇一三年六月一四日）.

（2）Jurij M. Lotman/Boris A. Ušpenskij, *The Semiotics of Russian Culture*, Ann Arbor, MI 1984, 3.

（3）Todorov, *Hope and Memory*, 142.

（4）Max Weber, Wissenschaft als Beruf（1919）, in: ders., *Schriften 1894–1922*, hrsg. v. Dirk Kaesler, Stuttgart 2002, 474–511, hier 502.

（5）Johan Huizinga, *Im Schatten von morgen. Eine Diagnose des kulturellen Leidens unserer Zeit*, Bern und Leipzig, 1936, 9.

（6）Torpey, *Politics and the Past*, 3.

（7）Knigge, Zur Zukunft der Erinnerung, 10–11.

訳者あとがき

本書は Aleida Assmann, *Das neue Unbehagen an der Erinnerungskultur. Eine Intervention*（München: C. H. Beck, 2. Auflage 2016）の全訳である。

著者のアライダ・アスマン（一九四七年生まれ）はドイツを代表する文化学者の一人で、一九九三年から二〇一四年まで、コンスタンツ大学の英語文学・一般文学教授を務めた。彼女の肩書きは文学教授だが、その仕事は、狭義の文学研究の枠をはるかに超えて、歴史人類学、メディア論、記号論など多岐にわたる。彼女の数多くの著作のうち、主要なものを以下に挙げよう（タイトルの日本語訳を〔　〕に示す）。

1. *Die Legitimität der Fiktion. Ein Beitrag zur Geschichte der literarischen Kommunikation*, München 1980〔虚構の正当性――文学的コミュニケーションの歴史への一寄与〕
2. *Arbeit am nationalen Gedächtnis. Eine kurze Geschichte der deutschen Bildungsidee*, Frankfurt/M.［u. a.］1993〔国民的記憶の制作――ドイツの教養理念の短い歴史〕
3. *Zeit und Tradition. Kulturelle Strategien der Dauer*, Köln［u. a.］1999〔時間と伝統――持続の文化的戦略〕
4. *Erinnerungsräume. Formen und Wandlungen des kulturellen Gedächtnisses*, München 1999〔安川晴基訳『想起の空間――文化的記憶の形態と変遷』水声社、二〇〇七年〕
5. *Einführung in die Kulturwissenschaft. Grundbegriffe, Themen, Fragestellungen*, Berlin 2006〔文化学入門

――基本概念、テーマ、問題設定〕

6. *Der lange Schatten der Vergangenheit. Erinnerungskultur und Geschichtspolitik*, München 2006〔過去の長い影――想起の文化と歴史政策〕

7. *Geschichte im Gedächtnis. Von der individuellen Erfahrung zur öffentlichen Inszenierung*, München 2007〔磯崎康太郎訳『記憶のなかの歴史――個人的経験から公的演出へ』松籟社、二〇一一年〕

8. *Das neue Unbehagen an der Erinnerungskultur*, München 2013〔本書〕

9. *Ist die Zeit aus den Fugen? Aufstieg und Fall des Zeitregimes der Moderne*, München 2013〔時間はばらばらになったのか?――近代の時間レジームの興亡〕

10. *Im Dickicht der Zeichen*, Berlin 2015〔記号の茂みの中で〕

11. *Formen des Vergessens*, Göttingen 2016〔忘却の形式〕

12. *Der europäische Traum. Vier Lehren aus der Geschichte*, München 2018〔ヨーロピアン・ドリーム――歴史から得た四つの教え〕

とりわけアライダ・アスマンは、夫でエジプト学者・宗教学者・文化学者のヤン・アスマンとともに「文化的記憶 kulturelles Gedächtnis」の概念を提唱し、人文学の諸分野を横断する新たな研究領域を拓いた。文化的記憶とは、ある集団がそれを介して自らの過去を選択的に再構成し、集合的アイデンティティを支えるための、組織化され、諸々のメディアによって客体化された、共通の知識の蓄えのことをいう。アスマン夫妻はこの概念で一つの文化理論を構想している。彼らの比喩を借りるならば、文化とは忘却の大海に浮かぶ島々だ。その周縁は絶えず忘却の波に洗われている。それゆえ、どの文化も、自己の連続性と独自性を維持するために、諸々の文化的テクニックを発展させ、規範的な「伝統」を能動的に構築していく。アスマン夫妻はこのコンセプトで、文化を一つの巨大な「記憶術」として捉え直し、集合的次元で繰り広げられる「想起」と「忘却」のダイナミズムに照明を当てた。アスマン夫妻のコンセプトは、二〇世紀前半に社会構成主義的な記憶理論を展開したモーリス・アルヴァックスの仕事を発展的に受け継ぎながらも、記憶が社会的に構築され、共有され、継承される際にメディアが果たす決定的な役割に着目し、集合的記憶の研究に新たな視点を導入した。アスマン夫妻の仕事は、同時期にシンボル分析による想起の社会史を展開したピエール・ノラの「記憶の場」のプロジェクト(一九八四～九二年)とともに、一九九〇年代以降の人文学における「記憶論的転回」を牽引した。なお、このテーマに関して日本語で読めるものに、アライダ・アスマンの主著の一つ『想起の空間』(前掲リスト4)がある。彼女はこの本で、文化的記憶のコンセプトを理論づけ、古代の記憶術から現代のインターネットにいたるまで、西洋における想起と忘却のメディア文化史を概観している。

アライダ・アスマンはまた、戦後ドイツの「想起の文化 Erinnerungskultur」をめぐるアクチュアルな問題についても積極的に発言している(前掲リスト6、7、8、12)。本書もこのテーマを扱っている。想起の文化とは、一九九〇年代から頻出するようになった語で、ナチズムとホロコーストの負の過去をめぐる、戦後ドイツの政治的・社会的・文化的な想起の営みを総称して用いられる。

ドイツの想起の文化――ナチズムの過去を自己批判的に想起し、その負の記憶を、現在の民主社会を支える資源に転換しようとする実践――は、一九八〇年代に西ドイツで輪郭を現し始め、再統一後の一九九〇年代以降、この国のさまざまな次元で営まれている。例えばベルリンを訪れると、都心の連邦議会議事堂とブランデンブルク門の隣に延びる広大な敷地に、「虐殺されたヨーロッパのユダヤ人のための記念碑」(通称「ホロコースト警告碑」、二〇〇五年除幕)がある。この国立の中央モニュメントは、国内外からドイツの首都にやってくる人々に、この国がかつて犯した途方もない罪を想起させている。あるいはドイツの町々を歩くと、足下の路面には、ナチ時代に迫害された人々を想起させる「躓きの石」がそこかしこにある。一〇センチ四方の真鍮製のプレートに、一人一人の被害者の名前と運命を簡潔な言葉で刻んだもので、彼らがかつて暮らしていた建物の前に置かれている。この石を設置し、維持しているのは、現在そこに住まう人々だ。

ドイツの想起の文化は、今日、この国の政治文化の柱の一つとして確立した観がある。しかし、この自己批判的な想起の実践に対する懐疑的な見方も少なくない。本書の原題を直訳すると『想起の文化に覚える新たな不快感——一つの介入』という（フロイトの著書『文化の中で覚える不快感』のもじり）。アスマンが本書で想起の文化を改めて検討するきっかけになったのも、昨今のドイツで、この実践に対する反発の声が高まっているからだという。副題にある「介入」という語が示しているように、アスマンは本書で、自らもその著書を通じて重要な理論的寄与をなしてきた想起の文化をめぐる、種々の批判的言説を取り上げ、それらの当否を吟味している。そのうえで、「想起の文化が、明白な問題を抱え、誤った展開を見せることがあるにもかかわらず、私たちの市民社会を支える要素であることを証明すること」（本書七頁）を意図している。

具体的にはどのような「不快感」の声があるのだろうか。本書の第一部で俎上に載せられる主な論点と、それに対するアスマンの反論を、いくつか要約的に紹介しよう。

批判一、ドイツの想起の文化は（ユダヤ人）被害者に集中している。その反面、加害者の姿は見えなくされている。その典型が、「虐殺されたヨーロッパのユダヤ人」に排他的に捧げられた、ベルリンのホロコースト警告碑だ。ドイツの想起の文化は自己欺瞞的である。ドイツ人は被害者に虚構的に同一化し、加害者を外在化することで、呪われた自国の歴史から救済されるという幻想を抱いている。

それに対してアスマンは概念を正確に区別する必要性を説く。彼女によれば、ドイツの想起の文化は、「被害者に同一化する」想起ではなく、「被害者に寄り添う」想起の実践だ。想起の文化は戦後すぐに誕生したわけではない。過去は過ぎ去るにまかせたいという欲求と、過去を直視しなければならないという責任感のせめぎあいの中で、数十年をかけて徐々に確立してきた。ナチズムとホロコーストの過去は戦後しばらく忘れられた。(西)ドイツでは、一九六〇年代にいたるまで、戦争世代(親世代)はナチズムの過去を黙殺することに、社会統合と国家再建の実際的な解決策を見出した。それに対して、六〇年代末に学生運動を担った子世代(いわゆる「六八年世代」)は、沈黙を破り、親世代の「褐色の過去」を告発した。自国が犯した罪とその被害者を想起する今日のドイツの想起の文化は、一九八〇年代に壮年に達したこの世代が築いていったものだった(アスマン自身がこの世代に属している)。この転回の核心にあるのが「人権」という新しい価値観だ。もろく傷つきやすい一人一人の生の尊厳。歴史の強者から、歴史の中で虐げられた人々に視線を向け直し、彼らの声に耳を傾け、彼らの苦しみを承認し、彼らの思い出に共感的に関与すること。アスマンによれば、この「倫理的な転回」こそ、ドイツの想起の文化の核心をなすという。

批判二、ドイツの想起の文化は否定的な過去にばかり執着している。ナチズムの過去の過剰な想起がインフレーションを起こし、想起の文化は内容が空疎になった。この遍在する否定的な過去の専制の中で、肯定的な未来のパースペクティヴは収縮している。ドイツ人はいつまでも過去にこだわるのではなく未来に目を向けるべきだ。なぜなら、時代の生き証人の退場とともに、ナチズムの過去との直接的な結び付きは消滅している。それはもはや間接的な記録の中にしか存在しなくなる。ホロコースト後の第四世代と第五世代にとって、ナチ時代は完全に歴史化する。このまま過去を過ぎ去るにまかせてよい。

また、ドイツの想起の文化は、ある否定的な根源的出来事を想起し、それとの自己批判的な距離化を通じて、政治的な責任意識を生み出そうとする。しかし、ドイツ人は今日、盤石な民主主義を所有している。それゆえ想起の文化の役割は終わった。そもそも、アイデンティティは否定的な経験にではなく、肯定的な経験にしか基づかせることができない。ドイツ人は、もうそろそろ肯定的な価値を支えにすべきであり、自己を否定的に過去から定義するのはやめるときにきた。

この批判に対するアスマンの反論は以下のとおりだ。過去は簡単に過ぎ去るにまかせることはできない。出来事の中には、過去から現在にまでつながり、この国の市民として忘れてはならないものがある。肯定的な歴史経験だけではなく、否定的な歴史経験も、今日の私たちを形作っている。私たちは、先行する諸世代の行為(彼らが犯した不正も含めて)の直接的・間接的な結果である(このことを例えばテッサ・モーリス゠スズキは「歴史の連累」と呼んだ。『批判的想像力のために――グローバル化時代の日本』平凡社ライブラリー、二〇一三年)。私たちは確かに、先行世代の犯した不正に対して「罪」はない。しかし、その不正の結果が現在まで続いているならばそれを是正する「責任」が、そして、過去に犯された不正が忘却されるのを防ぎ、被害者の苦しみを共感をもって想起する「責任」がある。先行世代の「罪」、過去の重み、死者への負債を、後継世代が「歴史的責任」として引き受けること。この責任意識こそ、ドイツの想起の文化の道義的支柱をなしている。

また、アスマンによれば、かつて近代化理論が想定していたように、過去と未来は対立しているのではない。想起するということは、過去に固着して、現在と未来を捨てることではない。記憶(想起と忘却)はパフォーマティヴな営みであり、ある可能的未来に向けて、過去と選択的に関係を取り結びながら自己を築いていく、現在の能動的なプロセスだ。文化的記憶のダイナミズムでは、「ある歴史が自分たちの歴史として受け止められ、そうして社会の自己理解の基礎になり、政治的な〈私たち〉を構成するにいたる」(本書七三頁、強調は引用者)。ドイツの想起の文化は、ナチズムとホロコーストの負の記憶を、今日の市民社会の基本的合意(民主主義、法治国家、人権)を支える資源に、そしてその社会に対する責任感に変える。民主社会は決してこれをかぎりに完成するものではなく、絶えず点検に付され、更新されなければならない。ナチズムとホロコーストの過去はその参照点であり続ける。したがって想起の文化に終わりはない。

もっとも、アイデンティティとは不断に形成されるプロセスであるならば、想起それ自体が目的と化さないようにしなければならない。また、変化する状況と課題に応じて、想起の形を柔軟にしていかなければならない。「それゆえに問うべきは、世代が次に、あるいはさらにその次に交代したあとにもなお、この想起の文化に未来があるのかど、、うかではなくて、むしろ、この想起の文化はいかに形作られねばならないか」(本書四頁)だ。

今日、ナチズムとホロコーストの過去を自己批判的に想起することは、公的規範としてドイツの政治文化に定着した。しかしまさにそれゆえに、目下、さまざまな課題に直面している。本書の第二部(一一一頁以下)で、アスマンはそれらの課題に言及しているが、それらの具体的な解決策を提示しているというよりも、ドイツの想起の文化が今後取るべき方向を示している。

ドイツの想起の文化の直面している課題の一つが、ドイツ国内における記憶の分裂だ。これはさらに(少なくとも)二つの問題に分けられる。まず、ドイツが二〇世紀に経験した二つの独裁制——ナチ独裁と東ドイツのSED(ドイツ社会主義統一党)独裁——の記憶をどう両立させるかという難題がある。ホロコーストは今日の連邦共和国の「創建神話」になった。しかしその一方で、SED独裁の記憶は周縁的であり、その地位はいまだ不安定だ。ホロコーストの「唯一無二性」の規範を前にして、スターリニズムの犯罪を指摘しようとする人は、(かつての歴史家論争のときのように)ナチス犯罪の相対化と矮小化を狙う歴史修正主義者である、という嫌疑をかけられることがある。ナチ体制の記憶と東ドイツの記憶を、一方を他方で覆い隠すことなく、また互いに相対化させることなく、どう共存させるか。アスマンはここでも概念の区別を提案する。それが「過去の保持」と「過去の克服」の区別だ。この二つの想起の枠組みは目的が異なる。「過去の保持」はナチズムの過去との取り組みに関わる。それは、今日の市民社会を支える基本的合意を守っていくために、ナチズムとホロコーストの負の記憶を永続的に想起し、次世代に繋ぐことを目指す。他方の「過去の克服」は東ドイツの抑圧体制の想起に関わる。モデルは一九九〇年代の南米や南アフリカの真実和解委員会に求められる。この場合には、同じ社会に暮らす元被害者と元加害者が過去の不正を共に想起し、被害者の苦しみを承認することで、和解と社会統合を目指す。さらにアスマンは、東ドイツの独裁制の記憶をドイツ国内で閉ざすのではなく、被害者の経験を、他のヨーロッパ諸国が抱えるスターリニズムのトラウマ的記憶と結び合わせることを提案する。そうすることでヨーロッパ規模での想起の連帯の可能性が開けるという。

第二の問題は、移民社会が現出した今日、ドイツの想起の文化をどう形作っていくかという課題だ。想起の文化は、「ドイツ人」のアイデンティティを、ホロコーストという否定的な根源的出来事を通じて基礎づける。しかし、「ドイツ人」であることを加害者の子孫という出自に求めることは、現在の多元社会にあって、逆説的にも、想起の共同体を民族化してしまうことになる。公的規範としての想起の文化に、国外からの移住を背景に持つ非ドイツ系の市民をいかに参与させるか。それと同時に、これらの市民が参加しやすいようにいかに開いていくか。移民の社会統合という喫緊の課題を抱えるドイツで、想起の文化が直面している難問である。また、近年ドイツで移民に対するテロ事件が頻発している。その背景として、ドイツ人社会の間で「他者」に対する偏見・無関心が広まっていることをアスマンは指摘する。戦後の(西)ドイツは、ナチズムの自己批判的な想起を通じて、今日の民主社会を確立してきた。アスマンは、昨今の排外主義の高まりに対して、他者の社会的承認、共感、政治的連帯の必要性を説く。そのためのモデルをドイツの想起の文化の成功例が提供するという。

アスマンは、本書の第三部(一五一頁以下)で、視点をドイツ国内からヨーロッパのトランスナショナルな文脈に移す。冷戦終結後、ヨーロッパの記憶は大きく二つに分裂している。一方は、ホロコーストを準拠点とする西欧の記憶の編成、他方は、スターリニズムの犯罪を準拠点とするかつての東欧ブロック諸国の記憶の編成だ。両者を分かつ境界線がヨーロッパの中央を走っており、両者はいまだ架橋されていない。さらにヨーロッパ連合の内部でも、かつての戦争当事国の間、加害国と被害国の間で、さまざまな記憶の対立・衝突がある。これら諸国民の記憶はそれぞれが閉ざされた物語を紡いでいる。それらの物語の競合は新たなヨーロッパ・アイデンティティの構築を妨げる。アスマンは、ヨーロッパ統合を見据えて、諸国民の記憶の争いを克服するために、新たな想起のモデルを提案する。それが「対話的な想起」だ。同じ暴力の歴史で結ばれた国や地域が、相手のトラウマ的な歴史の中で自らが演じている役割を認識し、相手の苦しみをも共感的に想起すること。このモデルは、モノローグに堕しがちな国民的記憶の壁を開放し、共通のヨーロッパの意識を構築することを助けるという。対話的な想起とは、しかし、唯一の記憶を構築することではなく、多様性・多義性を含み込んだ共有可能な記憶の交換の場を構築することを意味する。このモデルは、例えば川本隆史のいう「記憶のケア」のコンセプトとも相通ずるだろう（「思想の言葉：記憶のケアから記憶の共有へ」『思想』第九六七号）。国民的記憶の凝り固まった「神話」をほぐしてゆき、競合する複数の記憶の中で、「部分的に重なり合う合意」を探り当てる努力を積み重ね、そうして、共有可能な認識を目指す営みだ。

アスマンは本書で繰り返し、ドイツの想起の文化が示す可能性――加害者の子孫が歴史的責任を引き受け、被害者に寄り添いながら、自国のトラウマ的な暴力の歴史をも自己像に受け入れ、国や民族を超えた普遍的な想起の共同体に参入すること――が、民主的な市民社会の未来にとっていかに肝要かを説く。

アスマンによれば、ここで問題となっているのは、歴史上まったく新しい種類の想起の実践だ。一九世紀に発明された国民的記憶は国民国家を単位としている。それは、同じ言語・民族・文化・領土の観念に基づく「エスニック・

ナショナリズム」を背景とする、同質的で閉鎖的な（想像上の）想起の共同体だ。国民的記憶の文法は一面的で自己称揚的である。勝利者としてであれ、受難者としてであれ、もっぱら肯定的な自己像を媒介する。そのイメージにそぐわない出来事は排除される。それは内向きの閉じた物語（神話）を紡ぐ。それに対して今日のドイツの想起の文化は、冷戦終結とグローバル化の時代にあって、前世紀的な国民的記憶を乗り越えていく可能性を秘めている。その核心において想起の文化は、ハーバーマスが説いたような、憲法パトリオティズムを支えとする「ポスト・ナショナリズム」の思想に基づく。この想起の実践が参照しているのは、人権という普遍主義的な原理だ。国や民族や宗教への帰属を超えたところにある、傷つきやすい個々の人間の生の尊厳という思想。歴史の強者から弱者への視線の転回。トラウマ的な暴力の被害者の（声にならない）声への「応答責任」。この責任はなんらかの境界線で途切れるのではなく、ユダヤ人であれ、ドイツ人であれ、あるいは日本人であれ、等しく呼びかけの対象になりうる。名を持ち、来歴のある、かけがえのない一人の人間の痛みを、共感をもって悼むこと。国、民族、宗教、ジェンダー、世代の境界線を越えて、一人の人間として他者とつながっていくこと。この人間と人間の連帯に基づく共感こそ、諸々の記憶の競争や衝突を、共通の関与と責任という対話的な形式に変えていくのを可能にするとアスマンはいう。

ドイツでは、個々の市民の道義的な責任意識に支えられ、また、政治家たちのその都度の現実政策的で冷静な判断に基づいて、忘却から想起へと切り替えがなされた。アスマンは、それを今度はトランスナショナルな枠組みで、内向きのモノローグ的な想起から、対話的な想起に広げていくべきときだという。戦争・植民地支配・独裁・ジェノサイドといった、共通の暴力の歴史で互いに結ばれ、くすぶる対立の火種を抱える社会や国々が、互いに相手の声に耳を傾けながら、共通の未来を開くために、ともに想起すること。ヨーロッパは今、その端緒にある（自国優先主義と排外主義を掲げるポピュリズムが各国で勢いを強めている現況にあって、アスマンのこの提案は切実さを増している）。ひるがえって東アジアは、日本はどうだろうか。ここでは一方的な忘却と、内向きのモノローグが優勢ではないだろうか。いまだ想起の手前にあるのではないだろうか。記憶(想起と忘却)はパフォーマティヴな営みである。記憶は、その都度の現在において、過去と能動的に関係を取り結びながら、望ましい未来(自己像)を構築していく不断のプロセスだ。死者に応答するために、同じ過ちを繰り返さないために、和解を実現して共通の未来を開くために、自国の負の過去をも想起すること。他者性を排除した内向きの物語に閉じこもるのか、あるいは己を開き、隣人との対話的な想起に乗り出すのか。どちらがよりよい「私たち」の構成にいたる道だろうか。

最後になったが、岩波書店の吉川哲士さんに、心からお礼を申し上げたい。吉川さんには二〇一五年八月の『思想』特集号(「想起の文化——戦争の記憶を問い直す」)からお世話になった。本書は一部分(第七章)をまずこの特集号に載せていただいた。さらに全編を訳すよう提案してくださり、作業に際しては、拙い訳に粘り強くお目を通していただき、数多くの的確なご批判を賜った。本書をこうして上梓できるのも吉川さんのおかげです。ここに記して感謝の意を表します。

二〇一八年一二月

訳　者

人名索引

アーレント，ハンナ　Arendt, Hannah　174, 201 f.
アイゼンハワー，ドワイト・D　Eisenhower, Dwight D.　198
アイヒマン，アードルフ　Eichmann, Adolf　31, 54, 87, 194
アヴェルブーフ，マリアンネ　Averbuch, Marianne　114
アウクシュタイン，ヤーコプ　Augstein, Jakob　93
アデナウアー，コンラート　Adenauer, Konrad　48, 163 f., 167, 198, 200
アドルノ，テオドーア・W　Adorno, Theodor W.　203
アメリー，ジャン　Améry, Jean　45
アリー，ゲッツ　Aly, Götz　40
アリストテレス　Aristoteles　40, 206
アルヴァックス，モーリス　Halbwachs, Maurice　11 f., 14
アンダーソン，ベネディクト　Anderson, Benedict　81
イェッセ，エッカルト　Jesse, Eckard　124
イェルシャルミ，ヨセフ・H　Yerushalmi, Yosef H.　201
イム・ジヒョン(林志弦)　Lim, Jie-Hyun　159
ヴァイツゼッカー，リヒャルト・フォン　Weizsäcker, Richard v.　56, 123, 167, 204
ヴァルザー，マルティン　Walser, Martin　6, 92
ヴァルトハイム，クルト　Waldheim, Kurt　170
ヴィヴィオルカ，アネット　Wieviorka, Annette　82 f.
ヴィルコミルスキー，ビンヤミン(別名ブルーノ・グロージャン)　Wilkomirski, Binjamin (alias Bruno Grosjean)　39, 64 f., 101
ウィンフリー，オプラ　Winfrey, Oprah　189
ヴェイサイテ，イレナ　Veisaitė, Irena　176
ヴェイユ，シモーヌ　Veil, Simone　171
ヴェーラー，ハンス＝ウルリヒ　Wehler, Hans-Ulrich　74 f.
ヴェラースホフ，ディーター　Wellershoff, Dieter　40
ヴェルツァー，ハラルト　Welzer, Harald　3, 56, 60, 72–77, 82, 96 f., 106 f., 113, 115, 137
ウスペンスキー，ボリス　Ušpenskij, Boris　220
エシュコル，レヴィ　Eshkol, Levi　200
エステルハージ，ペーテル　Esterházy, Péter　214
オーウェル，ジョージ　Orwell, George　15
オズ，アモス　Oz, Amos　215
オランド，フランソワ　Hollande, François　83
オリック，ジェフリー　Olick, Jeffrey　178
カーデルバッハ，フィリップ　Kadelbach, Philipp　36
ガートン・アッシュ，ティモシー　Garton Ash, Timothy　59
ガウク，ヨアヒム　Gauck, Joachim　125, 147
カッターマン，ヴェーラ　Kattermann, Vera　25
カネッティ，エリアス　Canetti, Elias　225
カルニエテ，サンドラ　Kalniete, Sandra　171–173
カンデル，エリック　Kandel, Eric　21

キーゼヴェッター，ミシェレ　Kiesewetter, Michèle　147
ギーゼッケ，ダーナ　Giesecke, Dana　60, 72, 96
ギーゼン，ベルンハルト　Giesen, Bernhard　169
クニッゲ，フォルクハルト　Knigge, Volkhard　26-29, 82, 142, 146
クノップ，グイド　Knopp, Guido　32 f.
クラールスフェルト，ベアーテ　Klarsfeld, Beate　125
グラス，ギュンター　Grass, Günter　69, 92, 101 f.
クラフト，ハンネローレ　Kraft, Hannelore　131 f.
クリューガー，ルート　Klüger, Ruth　163
クロー，イェンス　Kroh, Jens　164, 173
グロス，ヤン・トマシュ　Gross, Jan Tomasz　166
ゲーリング＝エッカルト，カトリーン　Göring-Eckardt, Katrin　120, 122
ケールマイアー，ミヒャエル　Köhlmeier, Michael　87 f.
ゲオルギ，ヴィオラ　Georgi, Viola　138
ケラーマン，リーザ　Kellermann, Lisa　148
ケルナー，ヨハネス・B　Kerner, Johannes B.　88
ケルマーニ，ナヴィッド　Kermani, Navid　144
コヴァーチ，エヴァ　Kovács, Eva　175
コーゴン，オイゲン　Kogon, Eugen　31
コール，ヘルムート　Kohl, Helmut　69 f., 163 f., 204
ゴールドハーゲン，ダニエル　Goldhagen, Daniel　32
コゼレック，ラインハルト　Koselleck, Reinhart　13-20, 22 f., 25, 27, 65 f., 68, 108, 187
コニッツァー，ヴェルナー　Konitzer, Werner　65 f., 164
コルヴィッツ，ケーテ　Kollwitz, Käthe　164
コルディッツ，シュテファン　Kolditz, Stefan　36
コルン，ザロモン　Korn, Salomon　120
コンフィーノ，アロン　Confino, Alon　169
コンラッド，ジェルジ　Konrád, György　214
ザブロウ，マルティン　Sabrow, Martin　155-157
ザラツィン，ティロ　Sarrazin, Thilo　145
シーダー，ロルフ　Schieder, Rolf　93 f.
シェイクスピア，ウィリアム　Shakespeare, William　107
シェーンボーム，イェルク　Schönbohm, Jörg　119
シェッツレ，ヘレーナ　Schätzle, Helena　148
シェルスキー，ヘルムート　Schelsky, Helmut　44
シムシェク，エンヴェル　Simsek, Enver　140
ジャクソン，アンドリュー　Jackson, Andrew　153
ジャット，トニー　Judt, Tony　198
シューレ，クリスティアン　Schüle, Christian　107
シュタインバッハ，エーリカ　Steinbach, Erika　161
シュトルツ，オリヴァー　Storz, Oliver　41
シュナイダー，クリスティアン　Schneider, Christian　51-53, 60-62
シュペーア，アルベルト　Speer, Albert　32
シュミート，ハラルト(歴史家)　Schmid, Harald　70 f.
シュミット，カール　Schmitt, Carl　184
シュミット，ハラルト(テレビ司会者)　Schmidt, Harald　89-91
シュラー，ヴォルフガング　Schuller, Wolfgang　129

シュラー，コンラート　Schuller, Konrad　212
ジョルダーノ，ラルフ　Giordano, Ralph　49
シラク，ジャック　Chirac, Jacques　83
シルマッハー，フランク　Schirrmacher, Frank　4, 62
スターリン，ヨシフ・W　Stalin, Josef W.　167, 170 f., 174, 176 f., 184 f.
スナイダー，ティモシー　Snyder, Timothy　171
スローターダイク，ペーター　Sloterdijk, Peter　49
セネット，リチャード　Sennett, Richard　212
ダーウィン，チャールズ　Darwin, Charles　179
ダグラス，メアリー　Douglas, Mary　80
チャーチル，ウィンストン　Churchill, Winston　198, 201
チャクラバルティ，ディペッシュ　Chakrabarty, Dipesh　183, 185 f.
ツツ，デズモンド・ムピロ　Tutu, Desmond Mpilo　207
ディナー，ダン　Diner, Dan　136
ディンク，フラント　Dink, Hrant　149
デリダ，ジャック　Derrida, Jacques　77
ド・ゴール，シャルル　De Gaulle, Charles　198
トゥスク，ドナルド　Tusk, Donald　213
トーピー，ジョン　Torpey, John　59, 75, 108
トドロフ，ツヴェタン　Todorov, Tzvetan　10, 152
ニーチェ，フリードリヒ　Nietzsche, Friedrich　4, 18, 28, 109, 155, 162, 177, 220, 222
ニコリッチ，トミスラフ　Nikolić, Tomislav　180
ネルー，ジャワハルラール　Nehru, Jawaharlal　169
ノイマン，ベルント　Neumann, Bernd　119 f.
ノルテ，エルンスト　Nolte, Ernst　104
ハージ，ガッサン　Hage, Ghassan　134
ハーバーマス，ユルゲン　Habermas, Jürgen　18, 69, 77, 105
ハイトマイヤー，ヴィルヘルム　Heitmeyer, Wilhelm　143 f.
ハイン，アントーニア　Heyn, Antonia　148
バウアー，フリッツ　Bauer, Fritz　203
パッセリーニ，ルイーザ　Passerini, Luisa　214
バディウ，アラン　Badiou, Alain　98 f.
バトラー，ジュディス　Butler, Judith　92
バベロフスキ，イェルク　Baberowski, Jörg　171
ヒトラー，アードルフ　Hitler, Adolf　32, 38, 40 f., 49, 62, 88, 107, 149, 157 f., 160, 171 f., 174, 177, 185, 212, 217
ヒルグルーバー，アンドレーアス　Hillgruber, Andreas　85
ヒルバーグ，ラウル　Hilberg, Raul　135
ファウレンバッハ，ベルント　Faulenbach, Bernd　120, 175
フィードラー，レスリー　Fiedler, Leslie　133
フィッシャー，ヨシュカ　Fischer, Joschka　75
ブービス，イグナーツ　Bubis, Ignaz　70
フォア，ジョナサン・サフラン　Foer, Jonathan Safran　112
フォーゲル，ハンス＝ヨッヘン　Vogel, Hans-Jochen　69
フックス，アンネ　Fuchs, Anne　39
フライク，エーゴン　Flaig, Egon　90 f.
ブライトン，イーニッド　Blyton, Enid　34
ブラント，ヴィリー　Brandt, Willy　178, 213
フリードリヒ，ハンス＝ペーター　Friedrich, Hans-Peter　141

ブルームリク，ミヒャ　Brumlik, Micha　161, 174
ブルクハルト，ヤーコプ　Burckhardt, Jacob　109
フルシチョフ，ニキータ　Chruschtschow, Nikita　172
プレスナー，ヘルムート　Plessner, Helmut　44
フロイト，ジークムント　Freud, Sigmund　1 f., 109, 203, 207, 258
ブローダー，ヘンリク・M　Broder, Henryk M.　89
ブロック，マルク　Bloch, Marc　11, 211
ブロックハウス，グードルーン　Brockhaus, Gudrun　91
ペーション，ヨーラン　Persson, Göran　168
ヘルツォーク，ローマン　Herzog, Roman　80, 168
ヘルベルト，ウルリヒ　Herbert, Ulrich　38
ヘルマン，エーファ　Herman, Eva　88-90
ヘンティッヒ，ハルトムート・フォン　Hentig, Hartmut v.　69
ベンヤミン，ヴァルター　Benjamin, Walter　18, 203
ホイジンガ，ヨハン　Huizinga, Johan　223
ホー・チ・ミン　Ho Chi Minh　51
ホーネッカー，エーリヒ　Honecker, Erich　225
ホフマン，ニコ　Hofmann, Nico　34, 36 f., 40, 62 f., 93
ボリバル，シモン　Bolívar, Simón　169
ホルクハイマー，マックス　Horkheimer, Max　203
ボルスト，アルノ　Borst, Arno　103
ボレイン，アレックス　Boraine, Alex　207
マイアー，クリスティアン　Meier, Christian　195-197, 213, 222
マイケルズ，ウォルター・ベン　Michaels, Walter Benn　189 f.
マッツィーニ，ジュゼッペ　Mazzini, Giuseppe　169
マルガリート，アヴィシャイ　Margalit, Avishai　193, 195
ミッチャーリヒ，アレクサンダー　Mitscherlich, Alexander　31, 41 f., 62, 203, 212
ミッチャーリヒ，マルガレーテ　Mitscherlich, Margarete　31, 41 f., 62
ムントロース，ウーヴェ　Mundlos, Uwe　140
メイヤー，チャールズ・S　Maier, Charles S.　153-156, 175, 182, 189
メッサーシュミット，アストリート　Messerschmidt, Astrid　143
メッツ，ヨハン・バプティスト　Metz, Johann Baptist　67, 205
メルケル，アンゲラ　Merkel, Angela　217
毛沢東　Mao Tse Tung　51, 184
モリスン，トニ　Morrison, Toni　189
モロトフ，ヴャチェスラフ　Molotov, Vyacheslav　177
ヤーラウシュ，コンラート　Jarausch, Konrad　76
ヤヴォルスキ，ルードルフ　Jaworski, Rudolf　103
ヤスパース，カール　Jaspers, Karl Theodor　219
ユーライト，ウルリーケ　Jureit, Ulrike　52 f., 60-65, 67 f., 86, 101, 123
ヨズガト，ハリト　Yozgat, Halit　148
ヨハネ・パウロ二世，教皇　Johannes Paul II., Papst　180
ライター，ヤーヌシュ　Reiter, Janusz　171
ラインハルト，カール　Reinhardt, Karl　109
ラッツィンガー，ヨーゼフ（教皇ベネディクト一六世）　Ratzinger, Joseph（Papst Benedikt XVI.）　180
ラッド，ケヴィン　Rudd, Kevin　179

リグニー，アン　Rigney, Ann　182
リッベントロップ，ヨアヒム・フォン　Ribbentrop, Joachim v.　177
リフキン，ジェレミー　Rifkin, Jeremy　150
リューゼン，イェルン　Rüsen, Jörn　19
リュッベ，ヘルマン　Lübbe, Hermann　3, 41-48, 53-57, 63, 85-87, 90 f., 93, 104 f., 123, 199
ルーマン，ニクラス　Luhmann, Niklas　94
ルクセンブルク，ローザ　Luxemburg, Rosa　169
ルセサバギナ，ポール　Rusesabagina, Paul　150
レヴィ，ハンノ　Loewy, Hanno　135
レーガン，ロナルド　Reagan, Ronald　204
レーニン，ウラジーミル・I　Lenin, Wladimir I.　169
レームツマ，ヤン・フィリップ　Reemtsma, Jan Philipp　20, 22, 25, 193
レゲヴィー，クラウス　Leggewie, Claus　176
レプシウス，M・ライナー　Lepsius, M. Rainer　50, 53, 117 f.
ロスバーグ，マイケル　Rothberg, Michael　162, 188-191
ロトマン，ユーリー　Lotman, Jurij　220
ロンメル，エルヴィン　Rommel, Erwin　32

アライダ・アスマン(Aleida Assmann)
1947年，ドイツ・ガッダーバウム(現ビーレフェルト市)生まれ．コンスタンツ大学名誉教授(英語文学・一般文学)．主な著書に『想起の空間』(1999)，『過去の長い影』(2006)，『記憶のなかの歴史』(2007)など．マックス・プランク研究賞(2009)，エルンスト・ローベルト・クルティウス賞(2011)，カール・ヤスパース賞(2017，ヤン・アスマンと共に)，バルザン賞(2017，ヤン・アスマンと共に)，ドイツ出版協会平和賞(2018，ヤン・アスマンと共に)などを受賞．

安川晴基
1973年，広島県生まれ．名古屋大学大学院人文学研究科准教授．専攻はドイツ文学．訳書に，アライダ・アスマン『想起の空間——文化的記憶の形態と変遷』(水声社，2007)，ヤン・アスマン『エジプト人モーセ——ある記憶痕跡の解読』(藤原書店，2017)などがある．

想起の文化——忘却から対話へ　　アライダ・アスマン

2019年1月25日　第1刷発行
2022年12月15日　第3刷発行

訳　者　安川晴基《やすかわはるき》

発行者　坂本政謙

発行所　株式会社 岩波書店
〒101-8002 東京都千代田区一ツ橋2-5-5
電話案内 03-5210-4000
https://www.iwanami.co.jp/

印刷・三陽社　カバー・半七印刷　製本・牧製本

ISBN 978-4-00-023736-9　　Printed in Japan

記憶の政治
——ヨーロッパの歴史認識紛争
橋本伸也
四六判二四二頁
定価二七五〇円

紛争化させられる過去
——アジアとヨーロッパにおける歴史の政治化
橋本伸也 編
A5判三三四頁
定価四六二〇円

ホロコーストと戦後ドイツ
——表象・物語・主体
高橋秀寿
四六判二六二頁
定価三〇八〇円

戦禍を記念する
——グアム・サイパンの歴史と記憶
キース・L・カマチョ
西村明・町泰樹 訳
A5判三一四頁
定価五九四〇円

忘却のしかた、記憶のしかた
——日本・アメリカ・戦争
ジョン・W・ダワー
外岡秀俊 訳
A5判三六六頁
定価三三〇〇円

その日の予定
——事実にもとづく物語
エリック・ヴュイヤール
塚原史 訳
四六判一六六頁
定価二三一〇円

岩波書店刊
定価は消費税10%込です
2022年12月現在